信息技术支持下的教育系统变革

杨宗凯　杨　浩　主编

基于教师形象特点的教学视频设计

实证研究与启示

杨九民◎著

科学出版社

北　京

内 容 简 介

“师者，所以传道受业解惑也。”教师在教与学这一亘古至今的教育活动中扮演着关键角色，无论是传统的面对面教学，还是 21 世纪风靡全球的线上教学视频授课，提升教学效果始终是人们的共同目标。因此，如何设计教师形象以提高教学视频效果，成为人们关注的重要问题。

本书从现实问题出发，首先调查了教学视频中教师形象特点的应用现状；然后以多媒体学习中基于社会线索的原则、社会存在感理论、情绪记忆和镜像神经元为理论基础，对教学视频中教师的手势、眼睛注视以及其他形象特点对学习的影响展开了阐述，并介绍了笔者所在团队已展开的相关研究，为本书研究提供了实践支撑；最后对教学视频中教师的形象设计提出了理论和实践指导。

本书可供教师、在线教育相关研究者以及从事教学视频开发的工作人员阅读和使用。

图书在版编目（CIP）数据

基于教师形象特点的教学视频设计：实证研究与启示/杨九民著. —北京：科学出版社，2021.11

（信息技术支持下的教育系统变革/杨宗凯，杨浩主编）

ISBN 978-7-03-070592-1

Ⅰ.①基… Ⅱ.①杨… Ⅲ.①多媒体教学-教学研究 Ⅳ.①G434

中国版本图书馆 CIP 数据核字（2021）第 228668 号

责任编辑：卢 森 黄雪雯 / 责任校对：王晓茜

责任印制：李 彤 / 封面设计：润一文化

科学出版社出版

北京东黄城根北街 16 号

邮政编码：100717

http://www.sciencep.com

北京建宏印刷有限公司 印刷

科学出版社发行 各地新华书店经销

*

2021 年 11 月第 一 版 开本：720×1000 1/16

2023 年 1 月第二次印刷 印张：17 3/4

字数：320 000

定价：99.00 元

（如有印装质量问题，我社负责调换）

丛书编委会

PREFACE 丛 书 序

21 世纪被称为信息社会，信息技术代表着当今最先进生产力的发展方向，给社会的方方面面带来了一系列深刻的变化，这使得我们不得不思考：信息技术是如何支持现有教育系统的变革的？未来的教育将如何变革？我们该如何学习才能应对未来信息技术引领下的社会变革？

作为教育技术领域内的学者，我们试图通过本套丛书，从信息技术支持下教育变革的过程和特点，以及学习科学、学习环境、技术应用、对数字时代学习者要求的变迁等多个角度，为大众理解和认识信息技术与教育教学深度融合的过去、现在与未来，把握信息时代教育创新发展的内在逻辑与外部动力，理解信息技术与教育变革的关系提供新思路。

信息技术支持下的教育变革是持续性过程。教育相关领域的发展、应用和演进方向等无一不在持续、动态发展中，从未间断，并长期不断深入。比如“新兴”的学习科学，其实也是在变革的道路上一路走来没有停顿。学习科学的历史从最初研究动物学习，发展到研究机器学习和人的学习，具有内在的发展逻辑。当前基于设计的研究、会话分析、知识建构与认知导师、多媒体学习、电脑支持的协作学习以及教育大数据与数据分析等，无一不是学习科学演进过程中学习研究之方法论和研究方法上的变化与创新。

信息技术支持下的教育变革是系统性创新。教育系统中的主要组成部分无一不发生显著性变革，比如学习环境、教与学的方式和学习者等学习系统的要素，悉数都在发生变革。学习环境从传统的物理学习空间发展到网络学习空间、BYOD（自带设备），以及虚实结合的混合学习空间。学校教育从过去单纯的以知识为中心的培育转向对人的情感、个性、德性、智慧等的培育。这些转变使得教与学的方式从传统的集体授课、小组学习和个别化学习，发展为目前的数字化学习、非正式学习、场馆学习以及活动建构等。对学习者的能力的要求也从原来的 3R（reading，读；writing，写；arithmetic，算）发展到 21 世纪技能的 4C（critical thinking，批判性思维能力；communication，沟通能力；collaboration，合作能力；creativity，创造能力）能力框架。

信息技术支持下的教育变革是实践性的体现。教育是一门实践性、应用性很强的学科，这一特点在它的变革中显得十分突出。比如，开放教育与在线学习的变革是具体而实用的，其围绕教学进行分析、设计、开发、实施和评估。再如，随着 MOOC 平台建设和应用的普及，对在线开放课程的相关内容的研究成为必然。新时代的“互联网+课程”“互联网+教学”“互联网+教学管理”理论方法与创新路径，促使我国“互联网+教育教学”的发展成为研究的热点问题。随着在线教学的普及与深入，在线视频课程中的教师呈现也成为广大教育工作者关注的问题，比如教师教学中的角色设定、形象呈现以及教师对手势与眼睛注视等肢体语言的使用。研究和掌握其特征与技巧，对增强视频教学效果、加强优质资源建设、促进教育信息化发展具有十分积极的意义。

信息技术支持下的教育变革是层次性推进的。尽管教育系统的变革从整体上是全面、全方位的，但其不是一蹴而就、同时发生的。随着时代的变迁和技术的扩散，它的变革重点在不断发生变化，带有鲜明的时代特征，比如进入信息时代后引人关注的学习者信息素养等。信息素养是信息时代公民的基本素养，是学习者应对未来信息化环境下的生活、学习、工作要求所必须具备的核心素养之一，对于提升我国教育的国际竞争力、促进创新人才培养具有重要意义。深入分析信息素养的内涵与信息素养评价的意义与价值、指标与方法，结合我国实际情况，探究影响我国义务教育阶段学生信息素养水平的关键因素，构建一套全面、科学、系统的义务教育阶段学生信息素养的评价指标体系，是21世纪人才培养质量的重要保证。

本丛书依托2014年度教育部哲学社会科学研究重大课题攻关项目“信息技术支持下的教育教学模式研究”，聚焦信息技术支持下教育系统的一系列变革，围绕教育教学改革发展中遇到的重大问题，以有效机制的构建为引领，引导环境与资源优化配置，促进应用模式创新，使信息技术成为促进教育公平、提升教育质量的有效手段，特别是成为推动教学模式变革的有力支撑，并对信息技术支持教育教学模式创新的一系列基本理论问题和重大现实课题进行了探索，取得了一系列重要成果。本丛书试图体现教育发展与变革的主要特征，既有全景俯瞰，又有纵深聚焦，以给广大学科教师、教学研究人员、教学管理人员、教育信息化从业者和教育技术工作者提供一个相对清晰的变革图景，为大家开展研究与实践抛砖引玉。

杨宗凯　杨　浩

2020年3月

FOREWORD 前　言

“互联网+”时代，教育教学在发生着深度变革，包括教育教学模式、教学资源建设路径、知识生成方式和学习者学习方式等，都发生了翻天覆地的变化。中共中央办公厅、国务院办公厅在《加快推进教育现代化实施方案（2018—2022年）》中明确指出，要“大力推进教育信息化。着力构建基于信息技术的新型教育教学模式、教育服务供给方式以及教育治理新模式。促进信息技术与教育教学深度融合，支持学校充分利用信息技术开展人才培养模式和教学方法改革”。以慕课（即大规模开放在线课程，massive open online course，MOOC）、微课和翻转课堂等为代表的教学视频在推进教育教学变革方面发挥了巨大作用。《中国互联网发展报告2020》显示，截至2020年3月，中国在线教育用户规模达4.23亿，网络视频（含短视频）用户规模达到8.50亿。截至2019年4月，我国上线的MOOC已有1.25万门，超2亿人次参与其中。教育部实施的“六卓越一拔尖”计划2.0明确提出，要建设一流本科课程“双万计划”，即建设10 000门左右国家级和10 000门左右省级一流本科课程，包括具有高阶性、创新性、挑战度的线上、线下、线上线下混合式、虚拟仿真和社会实践各类型课程。具体任务是建设3000门左右线上金课、7000门左右线上线下混合式金课和线下金课、1000门左右虚拟仿真金课、1000门左右社会实践金课（吴岩，2019）。

教学视频是在线课程中最主要的教学资源，其被广泛传播并被学习者普遍接受的主要原因有四个：第一，它能够促进不同国家及地区间的教育公平，以及教育资源的均衡发展。享受优质教育资源不再是精英群体的“特权”，普通大众也能享受到哈佛大学、耶鲁大学等国际名校的教育资源。在我国，成都七中的“一块屏幕”改变了贫困地区、少数民族地区孩子的命运，就是一个典型案例，通过分享教学视频，边远地区的孩子也享受到了优质的教育资源。第二，教学视频提供的是基于网络的、灵活的、开放的优质教学资源，能够为学生大规模的自主学习、教师的个性化精准教学提供服务（钟绍春等，2014）。第三，与传统的课堂学习相比，教学视频允许学习者随时随地学习。学习者可以根据自己的学习兴趣选择合适的内容，或根据自己的知识经验水平选择相应的学习材料，或根据知识的难易程度来调整学习节奏，完全做到以自我为中心。第四，相比于传统的在线学习资源，如 PPT、文字材料和语音材料等，教学视频可以有效地将视听觉结合起来，更加生动地呈现知识，增加了学习的生动性和趣味性。

在教学视频中，作为传道、授业、解惑的主体，教师的作用自然是无可替代的。研究发现，作为教学活动的组织者和实施者，教师的形象能够增强视频教学的代入感，使学习者获得接近于现实课堂的学习体验（于青青，李晓明，2015）。据统计，76.9%的学习者认为教师出现在画面中是有必要的，且 83.73%的课程教学视频中含有教师形象（徐鹏，2018）。由此可见，教师在教学视频中的重要性得到了学习者和视频开发者的双重认可。那么，教学视频中的教师是如何影响学习者学习效果（学习成绩）的？教学视频中的教师形象应该具有什么特点？教师的不同形象特点对学生学习效果的影响是否相同？以往大量的研究表明，教师形象不同，对学习者的注意力、学习满意度、拟社会互动（para-social interaction，PSI）和学习效果的影响也不同（杨九民，2014；Pi et al.，2019）。本书探讨的教师形象特点主要包括教师的手势、眼睛注视、图像呈现比例、景别、站姿（身体朝向）、言语风格、面部表情和服饰等。

基于教学视频中教师的形象特点，本书探讨了它们是如何影响教学视频的教学效果的，从而更准确地揭示了教学视频中教师形象的作用，也对后续制作教学视频具有一定的参考价值。本书内容主要包括三大部分：第一部分主要回答“教学视频中教师形象有哪些特点，以及这些特点是如何影响学习的”这一问题，包括教学视频中教师形象特点应用现状（第一章）和教师形象特点影响教学视频效果的理论基础（第二章）；第二部分主要回答“教学视频中教师的哪些形象特点影响了学习”这一问题，包括教学视频中教师手势（第三章）、教学视频中教师眼睛注视（第四章）、教学视频中教师其他形象特点（第五章）及教学视频中教师形象特点影响学习的实证研究（第六章）；第三部分主要回答“应当如何设计教学视频中的教师形象”这一问题，包括教学视频中教师形象呈现的理论与实践启示（第七章）。

本书的研究源于笔者的博士学位论文《在线视频课程中教师对学习过程与效果的影响》，在视频课程与教师发展研究团队近 10 年的共同努力下，逐步形成了以视频教学中教师手势、眼睛注视、站姿和面部表情等为核心变量的系列综合研究。本书的研究都来源于一线教学实践的真实问题，并且通过一系列科学、严谨的实验研究，如行为实验研究、眼动实验研究、脑电实验研究等，揭示了教学视频中教师形象特点对学习的影响，然后回归视频教学实践，探究录制教学视频时教师形象设计的原则与要素等。也就是说，本书的研究源于真实视频教学实践，之后又回到视频教学实践本身，是理论研究与实践应用紧密结合的产物。因此，本书具有以下几个特点。

第一，本书所研究的问题源于真实视频教学中的问题，之后又回到视频教学实践本身。例如，本书之所以探索教师是否需要呈现在教学视频中的问题，是因为在开展在线课程时，我们发现有些教学视频呈现了教师形象，而有些教学视频没有呈现教师形象，于是我们抱着一种好奇的心理，对教师形象在教学视频中的作用这一问题，开展了长达近 10 年的研究。之后，我们又把得到的研究结论反馈到视频教学实践中，来指导一线教师的教学实践。

第二，本书是国内较早系统地对教学视频中教师形象特点的作用开展实证研究的专著之一。本书不仅通过行为实验探索了教师在视频教学中的作用，而且采用眼动技术和脑电技术等较新的研究技术，深入剖析了教学视频中教师形象特点影响学习者学习的认知神经机制，以期得出科学、可靠的研究结论。

第三，本书理论体系完善，研究思路缜密。首先，概括介绍了教师形象特点影响教学视频效果的理论基础、教师形象特点的概念及分类等。其次，分章节地论述了教学视频中教师形象特点对学习者学习效果的影响，并深入剖析了影响机制及其对教学视频设计的启示等。最后，基于上述研究，总结了教学视频中教师形象呈现的理论与实践启示。本书的每一项研究都遵照以下研究设计路线：问题提出—实验探索—揭示规律—教学应用。

我们希望通过本书对现阶段教学视频中教师形象特点相关研究的梳理，并基于实证研究结果的总结，得出教学视频中教师形象特点及其影响学习者学习的认知神经机制，从而较为全面地呈现该领域的研究概貌，一方面能够丰富教学视频的理论研究，另一方面能够为教学视频的设计提供一定的指导意见。

本书是教育部哲学社会科学研究重大课题攻关项目“信息技术支持下的教育教学模式研究”成果之一，也是国家自然科学基金面上项目“社会性交互对视频课程教与学影响的认知神经机制与应用研究”成果之一。

本书自编写之初至面世历时近五年，包含了视频课程与教师发展研究团队近10 年的努力及成果。在成书过程中，团队成员勠力同心、协同合作，对实证研究进行了全面、系统的梳理，对书稿逐章逐节修改，逐字逐句检查，以确保各部分之间既条理分明又逻辑紧密，内容具备科学性、准确性和易读性，力求尽善尽美。本书中使用了很多教师的图片和在线教育视频的截图，凡未注明出处的均为本书课题组自行拍摄。

在此，首先要感谢陕西师范大学皮忠玲研究员，感谢她为书稿框架的搭建提供的宝贵建议，为实证研究的落实提供的鼎力支持，以及为书稿内容的梳理付出的巨大努力。此外还要感谢章仪、朱芳芳、刘彩霞和徐珂，她们不仅为本书部分内容的编写贡献了力量，还为本书的出版做了大量的协助性工作，确保全书的言语表达和格式具有一致性并符合出版规范，力争做到表达准确规范，语言通俗易懂。

其次要感谢吴长城、喻邱晨、戴晨艳、于琦、孟倩、陈闻楠和艾思佳。感谢他们辛苦且认真的编辑工作。此外，武永洁、余慧芬、宋晓雪、张俊英、钱爱平、郭璐、吴晓玲、曹亚辉、曹艳、许智慧、易田、王林、韩佳雪、谷兰兰、张亚博、周炜琛、李丽、刘晓莉、李欢欢、唐满嫆、刘雪熠和郭培育也为本书的出版做出了贡献。

最后要感谢在本书出版过程中提供帮助的所有业内同行，包括为我们提供研究指导的周宗奎教授、提供实验条件的高闯教授和赵庆柏教授，以及提供实验设备的蔡星老师，没有他们的帮助，本书可能不会面世。

文章千古事，得失寸心知。尽管我们始终以戒慎之心潜心治学、成书，但仍然难言完美无缺，不足之处，在所难免。恳请各位同行与读者不吝赐教，以使其不断臻于完美，以不负师友所望。学海无涯，吾辈当上下求索。

杨九民

CONTENTS 目 录

第一章

教学视频中教师形象特点的应用现状

“互联网+”时代，在线学习得到蓬勃发展，教学视频作为在线课程中最主要的教学资源，深受教师和学习者的喜爱。但是教学视频种类繁多，在探究教学视频中教师形象特点之前，对其应用现状进行梳理至关重要。

本章首先介绍了教学视频的两种分类方式：第一种为基本分类，包括录屏式、交互式、教师与 PPT 结合式、实景拍摄式、研讨式和动画式六种形式；第二种分类则根据教师呈现方式，将教学视频分为教师融合式、教师嵌入式和课堂实录式三种。此外，在不同的教学视频中，教师的形象特点有所差异，本章对教学视频中教师的手势、眼睛注视、图像呈现比例、景别、位置、站姿、言语风格、面部表情和服饰等进行了概述，以帮助读者了解有关教师形象的教学视频的应用现状。

第一节

教学视频的分类

随着 MOOC、翻转课堂、微课的发展，教学视频的重要性日益凸显。根据不同的角度，可以将教学视频划分成不同的类型。本节将从基本分类和教师的呈现方式两个方面，介绍教学视频的分类。不过需要指出的是，本节的分类仅涉及教学视频的视觉画面，并不涉及教学设计、言语表达等方面。

一、教学视频的基本分类

教学视频可以从多角度进行分类。于青青（2014）从制作形式的角度，将目前开放的 MOOC 中的教学视频分为内录式和外录式。王健等（2014）在研究教学视频呈现方式对学习者自主学习效果的影响时，将教学视频呈现方式分为四种，分别是视频类有解说字幕、视频类无解说字幕、图文类有解说字幕和图文类无解说字幕。同时，随着科学技术的不断发展，动画类教学视频逐渐进入人们的视野，并获得了广泛应用。由于在线开放课程教学视频形式多样，目前尚无统一的归类标准。本书通过观看、统计、分析国内外网络平台上的教学视频，将教学视频划分为录屏式、交互式、教师与 PPT 结合式、实景拍摄式、研讨式和动画式六种形式。

（一）录屏式教学视频

录屏式教学视频的制作主要依赖于录屏软件（如屏幕录像专家 Camtasia Studio

等），以录制教学幻灯片为主，如图 1-1-1 所示。录屏式教学视频的制作过程比较简单，不需要高难度的技术手段和复杂的后期编辑，可以由主讲教师独立完成，画面以教学内容为主，配上教师的同步言语解说就可以。由于教师没有出镜，所以这类教学视频对教师的穿着、姿态、肢体语言等并没有过多要求，但要求教师的言语表达具有较强的感染力。

幻灯片式教学视频

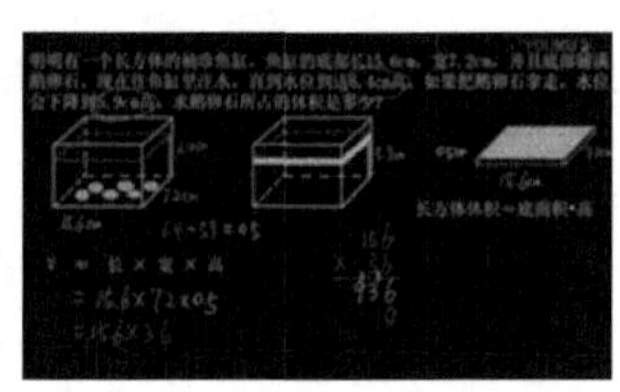
计算机录屏式教学视频

可汗学院式教学视频

图 1-1-1　录屏式教学视频示意图

资料来源：《大学日语提高篇》. http://www.icourse163.org/course/XJTU-1002736005

《可汗学院：五年级数学》. http://v.youku.com/v_show/id_XMzUwMDc1MDkyOA==.html

录屏式教学视频操作简单、制作效率高，因此受到了广大教师的青睐。同时，录屏式教学视频的具体呈现方式多种多样，常见的有幻灯片式教学视频、计算机录屏式教学视频以及可汗学院式教学视频（图 1-1-1）。

1. 幻灯片式教学视频

幻灯片式教学视频是指使用录屏软件录制屏幕上的幻灯片。这类教学视频一般都配有教师的言语解说，通过在幻灯片上对讲解内容进行勾画、标注来引导学习者学习。但是也有少数幻灯片式教学视频无教师解说，而是配以舒缓的音乐，让学习者在优美的轻音乐中品味内容，这类教学视频适宜展现具有情节性、故事性及思考性的内容，目前多被用在中小学教师继续教育培训中。

幻灯片式教学视频中不呈现教师形象，较容易让学习者产生孤独感，甚至导致他们在学习过程中注意力投入不足，因此，在制作这类教学视频时，需要注意的是幻灯片的制作应主题突出，色彩搭配鲜艳明亮，以能充分吸引学习者的注意力（于青青，2014）。

2. 计算机录屏式教学视频

计算机录屏式的教学视频是指制作者在计算机中安装录屏软件，录制教师在显示屏中的操作步骤和流程，并同步录制教师的授课声音。这类教学视频中不出现教师、实物教具及现实环境，仅仅显示电脑屏幕上的文字、图片及流媒体内容，因此，适用于计算机编程类、软件教学类课程。

尽管这类教学视频的制作对计算机软硬件的要求不高，对制作者的技术要求也比较低，但是制作的教学视频需要内容工整、格式规范，教学内容必须能在屏幕上充分展示，教师在讲授时，需要注意的是要理清教学思路，放慢语速，把握节奏，言语表达应当突出重点（张晓景，2017）。

3. 可汗学院式教学视频

可汗学院式教学视频是由可汗学院创始人——萨尔曼·可汗（Salman Khan）独创并发展壮大的，相比于幻灯片式教学视频，这类教学视频更原始化，在授课过程中，教师全程手写。此外，这类教学视频是通过绘图软件、录屏软件、手写设备以及电脑外置麦克风制作而成的，可以把复杂的推导过程，一步一步清晰地展示给学习者，为学习者营造一对一的讲解氛围。这种呈现方式更具有亲和力，适合需要使用大量板书的课程，如数学公式的推导以及理工类课程的教学演示（于青青，2014）。

可汗学院式教学视频的制作对教师有较高的要求，具体体现在教师需要具有清晰的教学思路，并在讲授时放慢语速、把握节奏、突出重点等。此外，教师需要进行手写输入的相关练习，因为屏幕与手写板是分离的，在手写板输入时，需要一边抬头看屏幕，一边在手写板上书写（张晓景，2017）。

（二）交互式教学视频

交互式教学视频是指借助一定的计算机技术，把交互体验与传统的线性视频进行融合而制作出的一种新型视频，目的是将学习互动融入教学视频中，从而弥补传统教学视频缺乏交互的不足。随着信息通信技术的不断发展，教学视频学习过程中的交互手段也有了新的发展。3G 网络的推出，使得学习中的短信互动成为可能（郑洁琼等，2012）。此外，哔哩哔哩网站的兴起，把弹幕这种交互形式引入了教学视频中，学习者通过与他人分享观点相互启发，并且在表达自己的观点时也能够进行反思，进而促进深度学习（Lin et al，2017）。交互式教学视频越来越多地被应用于在线学习中，来提高学习者的参与度。

1. 嵌入问题的交互式教学视频

嵌入问题的交互式教学视频是指将学习问题嵌入教学视频中，通过问题和反馈来实现教学视频的交互功能，使学习者观看视频的同时回答相应的问题（舒少全，2016），如图 1-1-2 所示。

嵌入问题的交互式教学视频

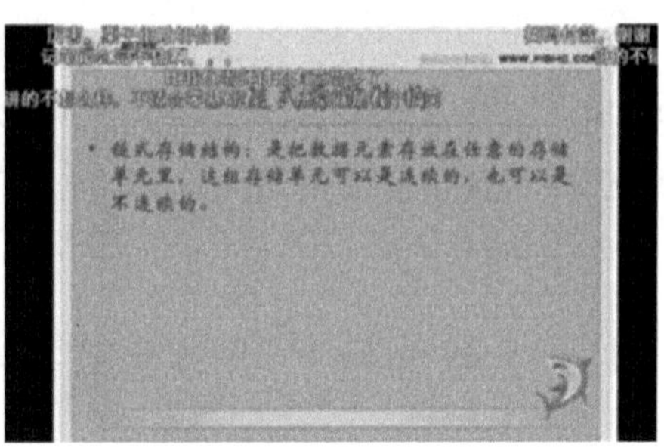

弹幕式教学视频

图 1-1-2　交互式教学视频示意图

资料来源：《机率》. http://www.coursera.org/learn/prob1

《数据结构和算法》. http://www.bilibili.com/video/av2975983?from=search&seid=9212448288498238790

这类教学视频一般是先按照知识点顺序将视频切割成视频片段，在每一个知识点的结束处嵌入相应的学习问题，要求学习者在观看视频时必须回答对问题后才能进行下一步的学习，且在学习者作答后，视频会自动给予学习者反馈。在观看视频的过程中，学习者通过回答问题来明晰自己对前面知识点的掌握程度，自行决定是否回到前面重新观看，观看视频的次数和顺序由学习者自主选择，最后通过限制回答问题的次数和提供积极反馈，来降低学生每一次回答问题的错误率。

2. 弹幕式教学视频

弹幕是一种新兴的视频评论功能，日本“Niconico”视频动画网站推出了受动画、漫画和游戏（animation，comics，games，ACG）亚文化群体青年欢迎的弹幕功能，首创了受众在视频播放页面上进行实时互动交流的技术，构建了一个既可以边看视频边看弹幕，又可以同时和其他受众边看边交流的互动场景（谭雪芳，2015）。

与传统的视频论坛在视频下方显示评论不同，弹幕是在视频画面上从右向左飘过的、密集的即时评论字幕（本刊编辑部，2011）。弹幕本质上是一种冲破时空限制的互动交流工具，一旦用户完成对视频内容的评论并将其发送出去，评论将同步到相关的视频时间点并立即显示在视频画面中，所有观众在观看视频时都能看到该评论。弹幕依附于视频存在，突破了时空的限制，具有即时反馈性、强社交互动性、评论表达方式多样化、碎片化、针对性以及匿名性等特点，能够缓解用户在观看视频过程中的孤独感，激发用户的参与度并为其带来较为强烈的社会存在感及归属感（江含雪，2014）。

弹幕式教学视频是指学习者在视频课程学习过程中，针对教师讲授的知识点和提问，以文本的形式将自己的即时感想和反思表达出来，以使其他学习者能够观看到并得到启发或感悟，从而达到交互的目的。

（三）教师与 PPT 结合式教学视频

只录制幻灯片的教学视频容易让学习者感到枯燥，偶尔有教师的出现可以吸引学习者的注意力，从而提高学习效率（Pi & Hong，2016），因此，教师与 PPT 结合式的教学视频更能促进学习者的学习。教师与 PPT 结合式的教学视频是指将独立录制的教师讲解画面与演示文稿相结合而成的视频形式。根据画面呈现方式的不同，可以将其细分为三种类型：分屏式教学视频、画中画式教学视频和演播厅录制式教学视频，如图 1-1-3 所示（张家华等，2009）。

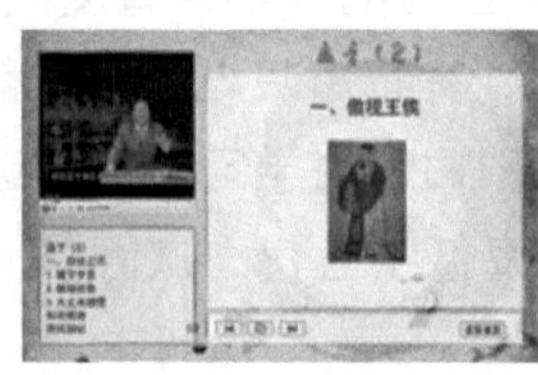

分屏式教学视频　　画中画式教学视频　　演播厅录制式教学视频

图 1-1-3　教师与 PPT 结合式教学视频示意图

资料来源：《孟子》. http://www.bilibili.com/video/av53862605/?redirectFrom=h5

《心理学：我知无不言，它妙不可言》. http://www. icourse163.org/course/CCNU-1002124005

1. 分屏式教学视频

分屏式教学视频是一种较为常见的视频呈现方式，一般分为两种，即二分屏式与三分屏式。二分屏式包括教师图像区与 PPT 内容区两个区域；而三分屏式包括教师图像区、目录导航区与 PPT 内容区三个区域。

分屏式教学视频的开发，主要是利用后期软件将教师授课视频和 PPT 进行同步组合，因此从技术角度来说，其制作并不复杂，关键在于如何进行教学设计、合理安排视频布局和演示文档（谢维奇，翟璐璐，2003）。

2. 画中画式教学视频

画中画式教学视频是由独立录制的教师讲解画面与演示文稿相叠加制作而成的，即教师在通过录屏软件录制幻灯片的同时也需要录下自己，在后期制作时根据需要进行叠加，如图 1-1-3 所示。画面中教师的图像可大可小，也可间隔出现。

画中画式教学视频与分屏式教学视频的区别在于，分屏式教学视频中的教师画面与 PPT 画面有明显的区分界限，而画中画式教学视频中的教师图像是叠加在幻灯片上的。

3. 演播厅录制式教学视频

演播厅录制式教学视频的制作过程相对复杂，不仅拍摄时需要进行灯光及幕布、机位等拍摄环境的布置，而且后期剪辑时通常需要使用抠像技术将教师的图像单独抠出。简言之，其制作过程就是教师站在绿幕前讲课，通过后期抠像，将教师与幻灯片进行合成，如图 1-1-3 所示。制作这样的教学视频需要投入一定的时间和人力。另外，演播厅的布置不同，拍摄的视频也不一样。例如，有的演播厅会放置一个用来显示幻灯片的大显示屏作为背景，教师站在显示屏前讲课；有的演播厅无法显示幻灯片，教师则需要站在绿幕前讲课。

演播厅录制式教学视频在录制时通常没有学习者的参与，教师需要直视镜头，在讲授教学内容时需要将镜头假想成学习者，并适当增加一些眼神以及肢体互动。

（四）实景拍摄式教学视频

实景拍摄式教学视频是指在与课程相关的地方进行教学视频的拍摄。典型的实景拍摄式教学视频有课堂实录式与实地拍摄式，如图 1-1-4 所示。

1. 课堂实录式教学视频

课堂实录式教学视频的拍摄地点一般在教室，是一种与教师平时讲课最为接近的视频，视频内容以教师为主，以幻灯片或板书为辅，同时包含相应的学生，如图 1-1-4 所示。这类视频一般是在教师真实授课时拍摄的，录制时长一般为一节课（如 45 分钟），故时长较长。

虽然这类教学视频的时长较长，内容较完整，但视频重点不突出（方其桂，2019）。为了更好地达到教学效果，建议通过后期剪辑，添加重点突出的课件，并设计教师授课画面和课件画面镜头的切换。

《我的发现 日积月累》（课堂实录式）

《电力系统继电保护技术》（实地拍摄式）

《轮滑基础教程》（实地拍摄式）

《牛顿第一定律》（实地拍摄式）

图 1-1-4　实景拍摄式教学视频示意图

资料来源：《我的发现 日积月累》. http://www.sp910.com/shipin/yuwen/4nj/101211.html
《电力系统继电保护技术》. http://www.icourse163.org/course/HAUE-1003363042
《轮滑基础教程》. http://www.icourse163.org/course/NEU-1003242021
《牛顿第一定律》2018ITeach 大赛优秀作品

2. 实地拍摄式教学视频

实地拍摄式教学视频是指在与课程相关的地方进行教学视频的拍摄。拍摄地点不局限于教室，而是根据课程内容灵活选择拍摄场地，如图 1-1-4 所示。既可以到发电厂讲解人类对能源的使用，也可以到平坦的路面讲解轮滑技巧。像物理、生物、化学等需要大量实验的课程，拍摄地点可以选在实验室。

实地拍摄式的教学视频能够为学生营造身临其境的感觉，但是因为制作成本较高，目前应用并不广泛。此外，在拍摄特殊场景时，还需要考虑天气、灯光、噪声等影响因素。

（五）研讨式教学视频

研讨式教学视频是将访谈类电视节目的形式应用于教学视频中，由两个或两个以上的教师以对话的形式讲解教学内容，且所处环境较灵活，如图 1-1-5 所示。在访谈的过程中，教师能够循序渐进地将知识寓于对话之中，以使授课内容更具故事性。这样既能够吸引学习者的注意力，又能够让学习者了解更多人的观点。

图 1-1-5　研讨式教学视频示意图

资料来源：《人工智能与信息社会》. http://www.icourse163.org/learn/PKU-1003471009?tid=1206555201#/learn/content?type=detail&id=1211384016

（六）动画式教学视频

动画式教学视频是利用 Flash 动画技术和绘画艺术制作的教学视频，如图 1-1-6 所示。动画式教学视频的作用在于，它能够有效地帮助学习者在学习过程中理解需要空间想象的抽象图形以及图形的运动变化过程，理解不便于真人演示和实物展现的内容。例如，小学语文写字课的笔顺教学，中学数学的几何、物理、化学等课程都适合运用动画式教学视频。学习者在观看视频的同时，可以按照实验步骤操作虚拟实验器材。此外，动画的模拟性还能够生动形象地表现出实验现象。

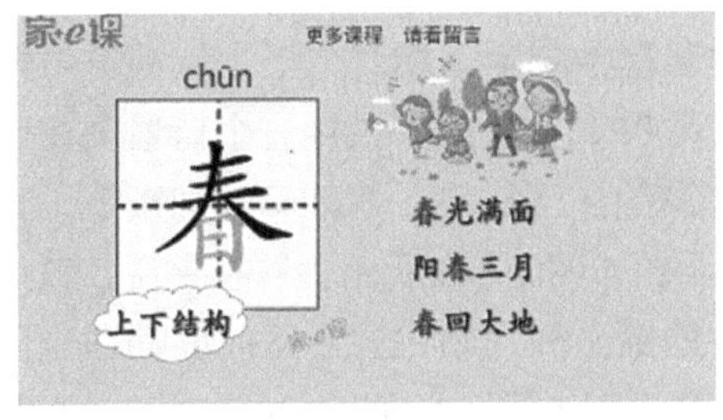

《春夏秋冬》（语文一年级下册）

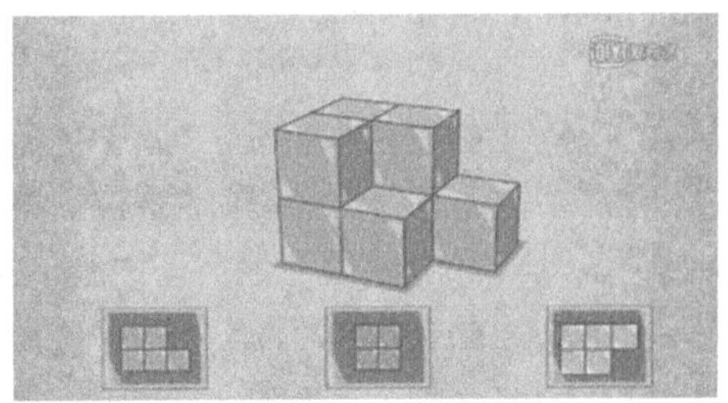

《立体几何：三视图》

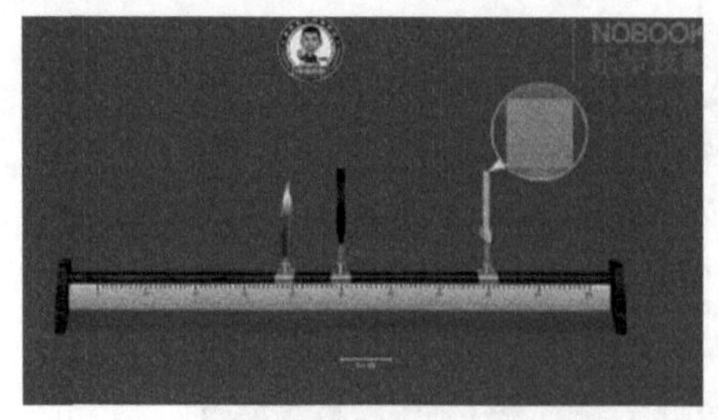

《凸透镜成像》

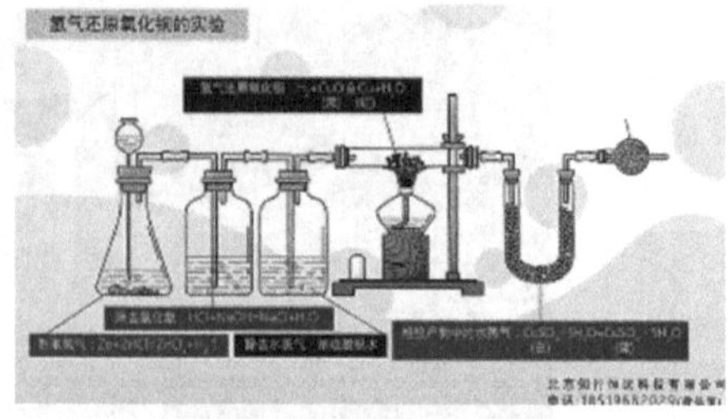

《氢气氧化还原铜化学实验》

图 1-1-6　动画式教学视频示意图

资料来源：《春夏秋冬》. http://v.qq.com/x/page/m0837dq4ha9.html

《立体几何：三视图》. http://www.iqiyi.com/w_19rtreznwl.html

《凸透镜成像》. http://v.qq.com/x/page/k0808gbdjo7.html

《氢气氧化还原铜化学实验》. http://www.iqiyi.com/w_19s9frie1x.html

二、教学视频中教师的呈现方式

教学视频中影响学习者学习效果的因素有很多，其中以网络为基础的视频课程的时空分离性容易导致学生产生孤独感，降低学习兴趣，而教师的出现能够吸引学生的注意力，从而提高学生的学习效率。通过对同时含有教师图像和 PPT 的相关视频的分析，我们归纳出了三种形式的视频资源：教师融合式（教师图像与 PPT 融合在一起）、教师嵌入式（教师图像以独立背景嵌入 PPT 中）和课堂实录式（教师图像与 PPT 显示屏相结合）。

（一）教师融合式

教师融合式教学视频在国内外在线开放课程中应用得相对广泛。从视觉效果上看，在教师融合式视频中，教师图像会融入 PPT，与 PPT 共用一个背景。在这种环境下，PPT 能够呈现形式多样、内容丰富的学习材料，如动画、视频等，而教师大多以半身像呈现，且讲解时伴有体态语，如图 1-1-3 所示。一般来说，教师融合式视频有两种制作方法：第一种是直接拍摄，教师站在显示屏前面的适当位置讲解，拍摄者用摄像机直接拍摄教师以及显示屏上同步呈现的 PPT 内容。需要注意的是，拍摄时不拍摄显示器边框。第二种是后期合成，首先在电脑上通过录屏软件录制屏幕上的 PPT，然后在绿幕前拍摄教师授课形象，利用抠像技术抠出教师图像，最后利用视频编辑软件将录屏 PPT 与教师图像融合。

（二）教师嵌入式

教师嵌入式教学视频在国内外在线开放课程中都有呈现，但相比国内而言，其在国外的在线开放课程中应用得更为广泛一些。在这种类型的教学视频中，教师图像多以小窗口的形式嵌入在视频画面中，一般在 PPT 的右下角或者是右上角，如图 1-1-3 所示。

（三）课堂实录式

课堂实录式教学视频在国内外在线开放课程中应用得最为广泛。国内早期的教学视频多以这种形式呈现。教师站在显示屏或投影幕布旁进行讲授或者来回走动进行讲授，如图 1-1-4 所示。拍摄者拍摄教师在这种真实环境下的授课，通常会拍摄出显示屏或投影幕布的边框。相比前两种而言，这种教学视频呈现形式单一，拍摄与后期制作所耗费的人力和物力都比较小。

第二节 教学视频中的教师形象特点

随着 MOOC、翻转课堂、微课的迅速发展，教学视频的重要性日益凸显。通过观察不难发现，不同的教学视频中，教师的形象特点有一定的差异，如有的教师的眼睛注视着镜头，有的教师的眼睛会看向幻灯片。研究发现，作为教学视频视觉画面的元素之一，教师形象的呈现方式对教学视频的教学效果具有重要影响（Pi et al.，2017b）。基于此，笔者从国内外主流在线学习平台中精心选取了多门在线课程为研究样本（具体课程来源分布与数量见表 1-2-1），来探究现有教学视频的呈现形式，并着重分析了有教师形象的教学视频中教师的手势、眼睛注视、图像呈现比例、景别、位置、站姿、言语风格、面部表情和服饰等方面的特点，以期为其他研究者探索有教师形象的教学视频的效果提供参考依据。

表 1-2-1　在线课程来源及其数量

地区	课程来源	课程数量（门）
国外	Coursera	56
	Udacity	40
	edX	41
国内	清华学堂在线	27
	央视网中国公开课	30
	新浪公开课	10
	中国大学 MOOC	14
总计		218

资料来源：杨九民，陶彦，罗丽君. 2015. 在线开放课程教学视频中的教师图像分析：现实状况与未来课题. 中国电化教育，（6）：59-63

一、教师手势

手势是人类的第二语言，借助手势，人们可以传递各种信息，表达各种情感。手势是一种手部动作，手和手臂的移动、姿势的调整、触碰某人、各式各样的节拍动作均被研究者视为手势。手势通常伴随言语表达同步发生，有一定意义，能向观察者传达一些信息（Kendon，2004），因此，教师手势是教师教学行为的重要组成部分，同时影响着学习者的学习效果（Macedonia et al.，2011）。通过对传统面对面教学活动的观察发现，教师在授课过程中，会习惯性地伴有手势（Roth & Welzel，2001），如教师在使用问题解决策略向学习者传达信息时，约 39%的信息使用手势进行传达（Goldin-Meadow et al.，1993）。对数学课堂进行分析发现，数学教师每分钟内会平均使用 5～7 个非言语的手势动作（Flevares & Perry，2001）。

通过对国内外在线学习平台的教学视频进行分析发现，大部分教学视频呈现了教师手势。据统计，有教师形象的教学视频中，86%的教师在教学过程中使用了手势，并且主要使用节拍性手势、指示性手势和描述性手势（象征性手势和隐喻性手势）（McNeill，1992），如图 1-2-1 所示。例如，当教师在教学过程中需要调节言语表达速度和节拍时，可以使用节拍性手势，即手掌有节奏地上下浮动或前后移动；当教师在教学过程中讲到重点时，可以使用指示性手势，即指向物理环境的某个物体或某个方位；当教师在讲解圆形这一几何概念时，可以使用描述性手势，即教师用手在空中画一个圆形。以往相关研究发现，教师手势在视频教学中发挥着重要作用，如引导学习者的注意力，提高他们的学习效果等（Pi et al.，2017a；Pi et al.，2019）。

节拍性手势

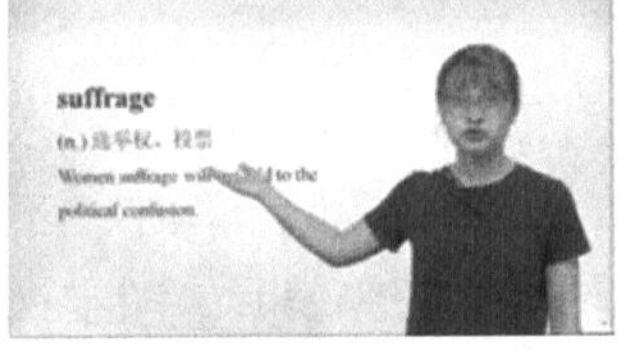

指示性手势

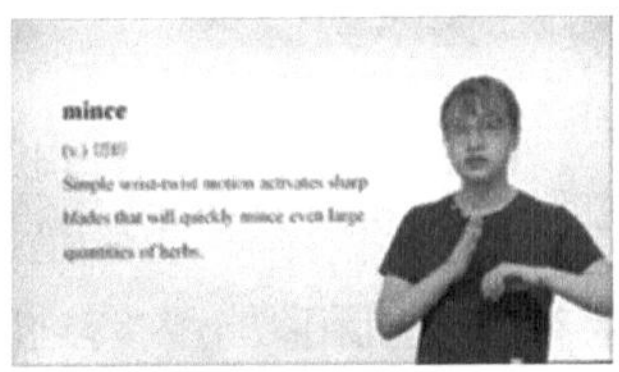

描述性手势

图 1-2-1　教师手势分类

二、教师眼睛注视

眼睛注视一直以来都是社会认知研究的重要领域之一，研究者对眼睛注视的关注远远多于面孔中其他的社会性信息。对眼睛注视的加工是理解他人意图、情绪、目的、行为和注意焦点的重要基础（Ganel et al.，2005）。近年来，研究者逐渐关注教学视频中教师眼睛注视的作用，教师的眼睛注视可以分为直视目光（eye contact/direct gaze）、目光引导（guided gaze / gaze guidance）和目光回避（averted gaze），如图 1-2-2 所示。

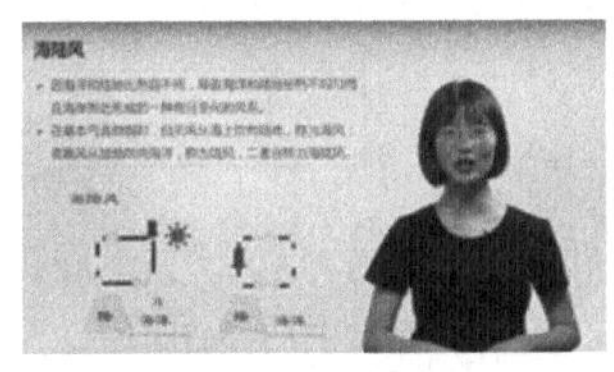

直视目光

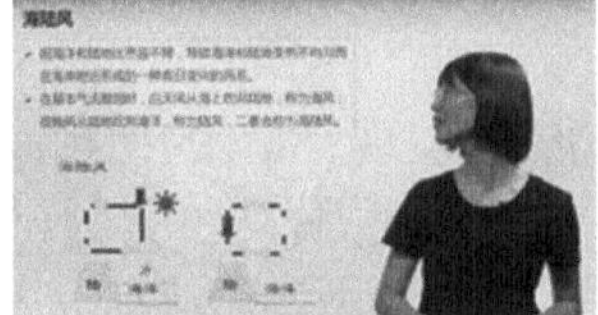

目光引导

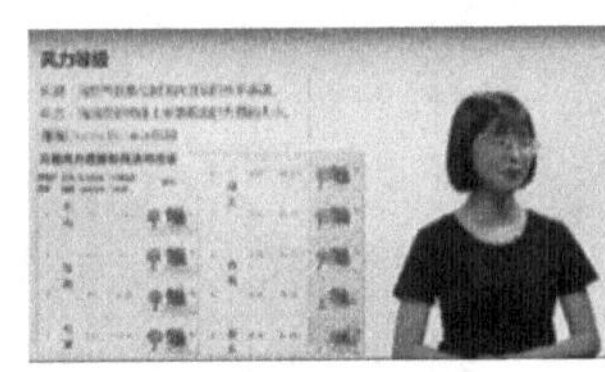

目光回避

图 1-2-2　教师眼睛注视分类示意图

（一）直视目光

直视目光又称目光接触，是指两个相互交流的个体之间相互注视，发生目光接触的现象。在教学视频中，教师与学生的目光接触是指在教学视频录制过程中，教师直视摄像机，就像在与学生进行眼神交流一样，此时，学习者会产生一种置身真实课堂、与教师面对面交流的感觉。

（二）目光引导

在多媒体学习中，目光引导是指教学视频中的教师将目光从摄像机转向正在讲授的学习内容，也就是说，教师在授课过程中，不是全程盯着摄像机的，而是会在摄像机和教学内容之间转换。研究表明，教学视频中教师的目光引导能够吸引学习者的注意力，使其关注教师当前所讲的内容（Pi et al.，2019）。

（三）目光回避

目光回避，也称偏离注视，是相对于目光接触而言的。人们在面对面交流时，若一方注视着另一方，而另一方却不与其有目光接触，转而注视其他方向，如左侧或右侧，就称为目光回避。就制作教学视频而言，目光回避是指教师不直视摄像机，头部偏离摄像机的方向，同时也不看向教学内容（如 PPT 或者教具），仿佛教师在与视频中的其他学习者互动，容易导致屏幕前的学习者无法与教师产生眼神交流。需要指出的是，虽然目光回避与目光引导都是不看向摄像机，但是它们也有区别：目光回避是既不看向摄像机也不看向教学内容；而目光引导一开始是看向摄像机的，与学习者产生眼神接触之后，为了引导学习者的注意，才转向教学内容。

笔者通过对 218 门课程的统计发现，85%的视频课程中的教师采用了直视目光和目光引导。这说明，在教学过程中，教师大多通过直视目光与学习者进行眼神交流，以激发他们的社会反应，从而实现师生之间的神经活动同步，促进学习。此外，教师也会通过目光引导来吸引学习者注意其讲授的内容，进而促进他们的学习。据笔者所知，目前尚缺乏比较教学视频中教师的直视目光、目光引导和目光回避的作用的研究。

三、教师图像呈现比例

教师图像呈现比例是指教师图像占视频画面的比例。其计算方法为：在观看教学视频时，对呈现教师图像的画面进行截图，然后测量截图的宽度、高度以及教师图像的宽度、高度，统计数据后分别算出视频画面截图和教师图像的面积，用教师图像面积除以视频画面截图面积再乘以100%就得到了教师图像呈现比例。以图1-2-3为例，首先，测量教学视频截图的宽度（X）和高度（Y），计算教学视频截图的面积 $S=X\times Y$；然后，测量教学视频中教师图像的宽度（x）和高度（y），计算教师图像的面积 $s=x\times y$；最后，计算出教师图像呈现比例，即 $\frac{s}{S}\times 100\%$。如果在一门课程的教学视频中，教师图像的大小在不断变化，则以出现次数较多的教师图像大小为准。

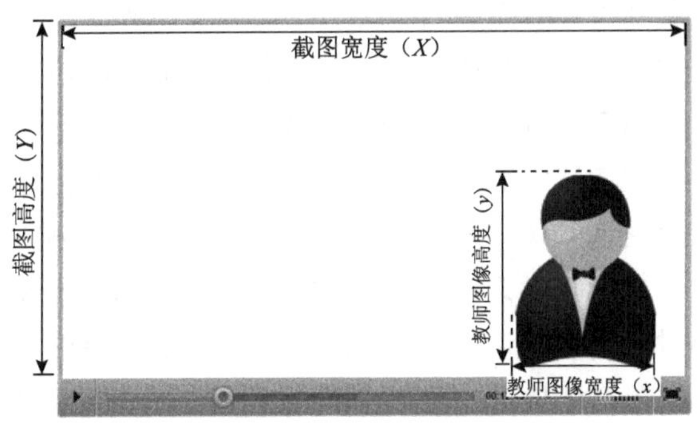

图1-2-3　含有教师图像的教学视频中教师图像呈现比例

我们经过截图、测量、统计，分别得到教师融合式、教师嵌入式和课堂实录式教学视频中教师图像的呈现比例及相应的课程数量，结果如图1-2-4所示。

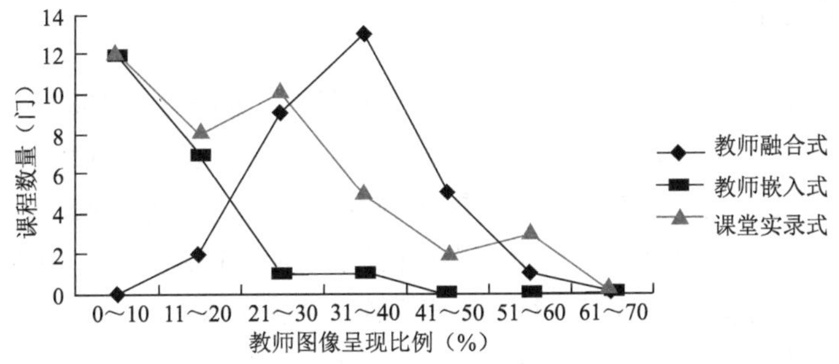

图1-2-4　不同教学视频中教师图像呈现比例及相应的课程数量

资料来源：杨九民，陶彦，罗丽君. 2015. 在线开放课程教学视频中的教师图像分析：现实状况与未来课题. 中国电化教育，（6）：59-63

在图1-2-4中，横轴表示这三类教学视频中教师图像呈现比例的不同范围，纵轴表示教师图像呈现比例不同范围所对应的课程数量。整体而言，教师图像呈现比例跨度比较大，范围为 1%～60%。其中，教师融合式教学视频中教师图像呈现比例在 21%～30%和 31%～40%两个范围内对应的课程数量较多，总共为 22 门，占所有教师融合式课程数量的 73.3%。教师嵌入式教学视频中教师图像呈现比例在 0～10%和 11%～20%两个范围内对应的课程数量较多，总共为 19 门，占所有教师嵌入式课程数量的 90.4%，根据具体统计数据，我们还发现，教师图像呈现比例多在 10%左右。课堂实录式教学视频中教师图像呈现比例在 0～10%、11%～20%和 21%～30%三个范围内对应的课程数量较多，总共为 30 门，占所有课堂实录式课程数量的 75.0%。

国外学者 Homer 等的研究发现，由于教师图像并不是学习内容本身，在教学视频中呈现教师图像可能会增加学习者的认知负荷（Homer et al.，2008）；然而，也有学者认为，尽管在教学视频中呈现教师图像有可能增加学习者外在的认知负荷，但同时也能让学习者在观看教学视频的过程中产生一种和“真人”互动的感觉，而这正是社会存在感强调的内容（Tu，2000）。换句话说，教师图像的呈现一方面可能会增加学习者的认知负荷，对其学习产生消极影响；另一方面会加强学习者的社会存在感，对其学习产生积极作用。因此，在设计教学视频中的教师图像时，要考虑其对学习者的认知负荷和社会存在感两方面的影响。笔者的实证研究发现，教师图像呈现比例通过影响学习者的认知负荷和社会存在感，进而影响他们的学习效果。本书对在线开放课程平台中教师图像呈现比例的分析，可以为未来相关研究提供参考。

四、教师景别

景别一般分为远景、全景、中景、近景和特写（尚慧琳，2007）。远景表现的范围空间较大，用来展示环境全貌；全景通常用来表现被摄人物全身；中景用来表现被摄人物膝盖以上部分或景物较大的局部画面；近景用来表现被摄人物胸部以上或物体局部的画面；特写用来表现被摄人物肩部以上或某些被摄对象细部的画面。根据上述景别的分类，结合笔者所观看的含有教师图像的 206 门课程的教学视频，笔者分别统计出了 Coursera、Udacity、edX、清华学堂在线、央视网中国公开课、新浪公开课以及中国大学 MOOC 中的教师景别类型及其课程数量，如表 1-2-2 所示。

表 1-2-2　教师景别类型及其课程数量　　单位：门

课程来源	课程数量	特写	近景	中景	全景	远景
Coursera	50	5	17	28	0	0
Udacity	37	2	20	15	0	0
edX	41	1	11	29	0	0
清华学堂在线	24	0	9	13	2	0
央视网中国公开课	30	0	2	28	0	0
新浪公开课	10	0	1	9	0	0
中国大学 MOOC	14	0	1	13	0	0
总计	206	8	61	135	2	0

资料来源：杨九民，陶彦，罗丽君. 2015. 在线开放课程教学视频中的教师图像分析：现实状况与未来课题. 中国电化教育，（6）：59-63

需要说明的是，本书将教师腰部或者膝盖以上的画面都界定为中景画面。一门课程中，教师景别是变化的，通常由两种或两种以上的景别交替出现，我们以出现次数较多的教师景别为准。

根据表 1-2-2 的数据统计，笔者绘制了教师景别比例图，如图 1-2-5 所示。从图 1-2-5 中可以看出，教学视频中的教师景别一般不采用全景和远景，这两种景别所占比例几乎为 0；中景所占比例为 65.5%，应用最为广泛；近景所占比例为 29.6%，特写所占比例为 3.9%。在研究样本中，仅国外的教学视频中采用了教师特写的方式。

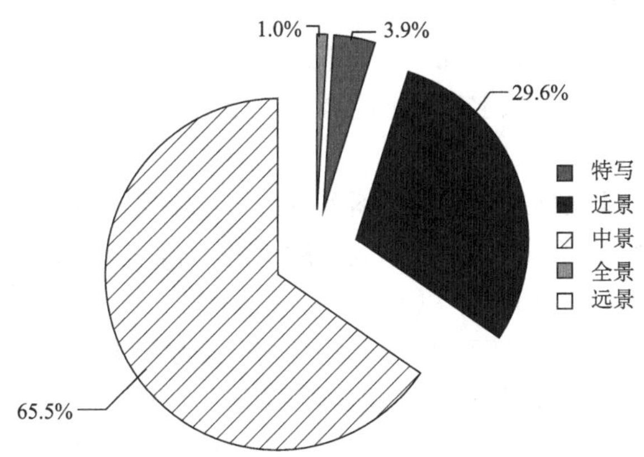

图 1-2-5　教师景别比例图

资料来源：杨九民，陶彦，罗丽君. 2015. 在线开放课程教学视频中的教师图像分析：现实状况与未来课题. 中国电化教育，（6）：59-63

在图 1-2-5 中，近景和中景所占比例之和为 95.1%，因此，笔者对这两种景别的课程进行单独分析，具体如表 1-2-3 所示。从中可以看出，近景在国外教学视频中的使用比例比国内高；但使用中景的比例，不论是国内还是国外都比采用近景的比例高，且国内使用中景的比例比使用近景的比例高得多。中景能很好地表现人物上身肢体的活动范围，面部、手及手臂是人体表达情感和意思较为活跃和多变的部位，人们常借助它们传递信息，而近景能拉近被摄人物与观众之间的距离，双方容易产生一种交流感（尚慧琳，2007）。但不同教师景别对学习者学习是否有影响以及有多大影响，需要从心理学层面加以进一步研究。

表 1-2-3　国内外课程教师景别对比

课程来源	课程数量（门）	近景	中景
		课程数量（门）/占比（%）	课程数量（门）/占比（%）
国外	128	48/37.5	72/56.3
国内	78	13/16.7	63/80.8

资料来源：杨九民，陶彦，罗丽君. 2015. 在线开放课程教学视频中的教师图像分析：现实状况与未来课题. 中国电化教育，（6）：59-63

教学视频呈现方式不同，教师景别的选择也不同。教师图像呈现比例与其在画面中的重要程度呈正相关（徐鹏，2018）。徐鹏通过研究发现，在交叉式画面中，教师的讲授是重点，因此，教师图像以中景的 1/3 比例呈现最适合学习者观看；在抠像式的画面中，教师授课和课件展示同等重要且互为补充，因此，教师图像多以近景的 2/9～1/3 比例呈现；而在分屏式和调度式画面中，以突出课件内容为主，教师图像退居次要位置，因此，教师图像多以远景的 1/9～2/9 比例呈现。在呈现教师图像时，要根据教学视频的不同呈现方式来选择不同的教师景别，以及教师图像的呈现比例。

此外，选择教师景别还应考虑学科差异。虽然学习者与屏幕之间的距离相对固定，但学习者能够通过教师景别的变化感受到不同的视距，从而影响对画面的关注重点。景别由大到小的变化（远景—全景—中景—近景—特写）使得安全距离逐渐缩短，学习者在视频画面中得到的感知元素也随之减少，视频画面强加给学习者的主观情绪则越来越浓，反之同理。文科类课程一般需要学习者更多的感性投入，并与教师和学习内容之间进行情感交流；而理科类课程则以理性思维加工为主，需要学习者理性地梳理学习内容的逻辑。因此，在制作教学视频时，还应根据学习内容所属的学科类别，来选择合适的教师景别。

五、教师位置

在不同的教学视频中，教师位置变化多样。在某一段教学视频中，教师的位置也有所变化。教师在视频中的不同位置会影响学习者的注意力，进而影响他们的学习效果。笔者将视频画面三等分，分别为左、中、右，统计出 Coursera 与清华学堂在线的教学视频中教师在视频中的位置，如表 1-2-4 所示。

表 1-2-4　Coursera 与清华学堂在线课程中教师位置统计　　单位：门

课程来源	课程数量	教师不同位置的课程数量		
		左	中	右
Coursera	50	15	12	23
清华学堂在线	24	9	10	5
总计	74	24	22	28

资料来源：杨九民，陶彦，罗丽君. 2015. 在线开放课程教学视频中的教师图像分析：现实状况与未来课题. 中国电化教育，（6）：59-63

从表 1-2-4 中可以看出，教师图像在视频中左、中、右位置的课程数量差别不大。为了使教学视频更加符合学习者的认知特点，未来需要关注的问题是，教师图像的不同位置及位置是否变化对学习者学习效果的影响。

在教师嵌入式教学视频中，教师图像以小窗口形式被嵌入到 PPT 中，因此，位置十分灵活。经归纳，在教师嵌入式教学视频中，教师图像的位置有七种：左上、左中、左下、中、右上、右中、右下。其中，左上、左中、左下是将视频画面的左边区域三等分为上、中、下三部分。在一段视频中，教师图像的位置会发生变化，统计时以出现位置较多的为准。如表 1-2-5 所示，教师图像出现在视频右下角的数量明显多于其他位置。在教师嵌入式教学视频中，需要关注的是教师图像的七种不同位置对学习者学习效果的影响，以为选择教师图像位置提供比较科学的依据。

表 1-2-5　教师嵌入式教学视频中教师图像位置的统计　　单位：门

课程数量	教师图像不同位置的课程数量						
	左上	左中	左下	中	右上	右中	右下
21	2	3	2	1	2	3	8

资料来源：杨九民，陶彦，罗丽君. 2015. 在线开放课程教学视频中的教师图像分析：现实状况与未来课题. 中国电化教育，（6）：59-63

六、教师站姿

人们普遍相信，教师形象的呈现可以增强学习者利用教学视频的学习效果，因此，含有教师形象的教学视频在各大在线开放课程中得到广泛使用。在实际教学过程中，教师会经常使用不同的站姿来帮助学习者理解抽象的学习内容。在传统课堂教学情境中，有关教师站姿对学习者学习效果影响的研究比较多。近年来，随着在线视频课程的普及，研究者开始关注教学视频中教师站姿对学习者学习过程和学习效果的影响（Sueyoshi & Hardison，2005；Valenzeno et al.，2003）。

教师站姿，即教师的身体朝向，一般有正面朝向和侧面朝向两种，如图 1-2-6 所示。正面朝向是指教学视频中教师的身体和头的方向正对着摄像机镜头；侧面朝向则是指教学视频中教师的身体和头的方向与摄像机镜头之间存在 1°～90°的夹角。不同的研究对侧面朝向的界定不同：一是指教师身体带动头部向左或向右转动一定角度（Hietanen，2002）；二是指教师站在讲台前不动，摄像机偏离一定角度（Beege et al.，2019）。尽管已有研究者探究了教师侧面朝向对学习者学习效果的影响，但大多是与正面朝向的对比研究。侧面朝向的不同角度究竟是否会对学习者产生影响，以及具有什么样的影响，尚不明确。

正面朝向

侧面朝向

图 1-2-6　教师站姿分类示意图

已有研究发现，教师站姿不仅影响学习者学习过程中的注意力，而且影响学习者与教师之间的互动感，以及学习者的学习效果（Beege et al.，2017，2019）。详细介绍将在第五章第三节中呈现。

七、教师言语风格

教师的言语风格是指教师在讲解过程中对教学内容进行讲述和分析时的语言风格。目前较常见的一种分类是把言语风格分为第一/二人称会话和第三人称会话（Cooper et al.，2018）。例如，相同的一句话，教师运用第一人称会话讲授是：“Photoshop 是一款优秀的图形图像处理软件，并被广泛应用于多个领域，下面我们一起来思考并说出 Photoshop 的优缺点”；而运用第三人称会话讲授是：“Photoshop 是一款优秀的图形图像处理软件，并被广泛应用于多个领域，下面请小明思考并说出 Photoshop 的优缺点”。

笔者对 218 门在线课程进行统计分析后发现，92%的课程中的教师言语风格为第一/二人称，少部分课程使用第三人称。有学者的研究发现，当教师使用第一/二人称讲授时，学习者可以在观看学习材料的过程中产生一种和教师互动的感觉，从而增强沉浸感、临场感及学习效果（Cooper et al.，2018）。

因此，教师在录制教学视频时，其言语风格也值得注意，当涉及到人称代词时，建议采用第一/二人称来提高学习者与教师的互动感，从而提高他们的学习效果。

八、面部表情

面部表情就是人的面部表情动作，即通过眼部肌肉、颜面肌肉和口部肌肉的变化来表现各种情绪状态，如开心、悲伤、恐惧、焦虑、兴高采烈、受挫、失望、愤怒、愉悦、厌恶、兴奋、害羞、内疚和着迷等。尽管表达情绪的词语非常丰富，但这些词语却难以转化为可以在实验室研究的具体状态和变量。教师面部表情与教师情绪紧密相连，情绪是面部表情的内在基础，面部表情是情绪的外在表达。

学者通过研究发现，人们面部表情所表达的情绪，不存在文化差异（Ekman & Friesen，1971）。换句话说，不管你是来自美国、中国还是巴布亚新几内亚，表达高兴、悲伤、恐惧、愤怒等基本情绪时的面部表情在全人类基本都是一致的，如图 1-2-7 所示。

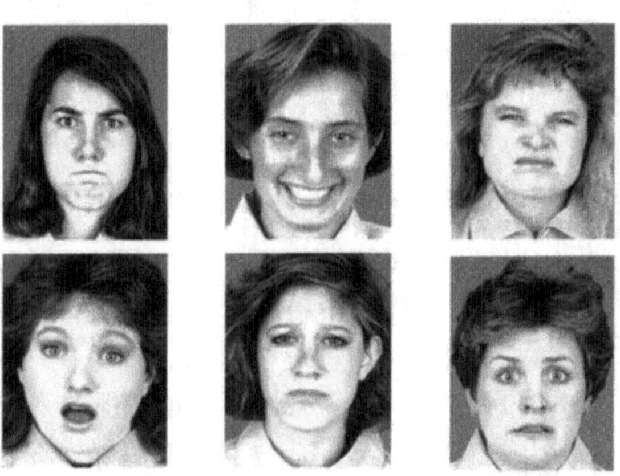

图 1-2-7 不同文化下的情绪表情

资料来源：葛詹尼加等. 2011. 认知神经科学：关于心智的生物学. 周晓林等译. 北京：中国轻工业出版社：317

同样，教师的面部表情可以传达其情绪，且这种情绪会影响学习者的学习效果（Um et al.，2012；Mayer，2020）。例如，有研究表明，当学习者在学习过程中体验到各种不同的情绪时，会影响他们的学习效果和认知加工（Gazzaniga et al.，2011）。教育研究者通常将情绪分为积极情绪、中性情绪和消极情绪。目前研究主要比较诱发学习者的积极情绪或中性情绪，是否会对其学习效果具有不同的影响，而研究结果一致认为，积极情绪有助于学习者提升学习效果（Fiedler et al.，2003）。

总而言之，当教学视频中呈现教师形象时，教师的面部表情在传达他自己的情绪的同时，也影响着学习者的学习认知过程和结果。

九、教师服饰

服饰就是指人的服装和佩饰，是人类生活的日常必需品。它既以人的穿着方式、服装、饰品等物质为前提，又反映着人的心理情感、主观意愿；不仅能满足人们生理上的需求，还能满足人们心理和精神上的需求。在生理层面，服饰主要起着御寒、保暖、遮羞等方面的作用；在心理和精神层面，服饰起着美化人的外表、整饰容貌、满足个性化和自我表现等方面的作用。

服饰作为文化的载体之一，在人与人之间的交往中传达着各种信息，而这些信息能够对人产生重要的影响。作为师生交互活动中的关键因素之一，教师的服饰将对整个交互活动具有重要影响。教师服饰是传播师生交互信息的载体之一，那教师服饰在这一过程中是否会产生一定的教育作用呢?

已有研究发现，在教学视频中，教师的服饰会影响学习者对教师专业水平的判断，进而影响他们的学习效果（Beege et al.，2019）。教学主题不同，教师的着装风格也会不同。例如，在医学类的教学视频中，教师会穿白大褂或工作服来体现其专业性；在体育类教学视频中，教师会穿特定的运动服饰来体现其专业性（图 1-2-8）。研究者根据教师着装与教学主体的相关程度将教师服饰分为两种类型：专业型和非专业型（Beege et al.，2019）。

笔者通过对 218 门国内外在线开放课程进行分析发现，国内外教师较少根据教学主题着专业型服饰。国内教师大多穿西装、衬衫等，少部分穿裙子、牛仔裤等；国外教师也大多穿衬衫。有研究发现，教师服饰对学习者的心理和行为都有显著影响。教师穿专业型服饰，一方面可以降低学习者的外在认知负荷（Beege et al.，2019）；另一方面可以给学习者带来更高的参与感和学习满意度（Beege et al.，2017）。

图 1-2-8　中国大学 MOOC“篮球”课程视频

资料来源：《篮球》. http://www.icourse163.org/course/NEU-1003247016

十、对未来研究课题的展望

通过以上分析，我们可以归纳出教学视频中教师形象呈现的一些特质。比如，94.5%的在线开放课程中呈现了教师图像，且教师图像呈现比例的跨度比较大，范围为 1%～60%，且在教师不同呈现方式的教学视频中，教师图像呈现比例集中的范围也不相同；教师近景画面和中景画面所占比例之和为 95.1%；教师在视频画面中的呈现位置比较灵活；95%的在线开放课程中教师都运用了不同站姿；等等。这些数据初步揭示了教师形象在国内外在线开放课程教学视频中应用的现实状况。

基于以上分析，笔者认为未来对教学视频中教师形象的探索可以在心理学的层面上从以下几个方面展开。

1）在教师图像、教学内容、教学效果这三个主要变量之间建立起关联，如可以分别研究在讲授不同知识（如陈述性知识与程序性知识）时，教师图像的呈现对学习者学习效果的影响。同时，还可以研究教师图像持续呈现与教师图像间断呈现对学习者学习效果的影响。

2）含有教师图像与 PPT 的教学视频有三种类型：教师融合式、教师嵌入式与课堂实录式。未来，我们可以研究这三种不同类型的教学视频对学习者学习效果的影响，并通过对比实验来揭示其对学习者学习效果的不同影响。

3）可以分别研究教师融合式、教师嵌入式与课堂实录式教学视频中教师图像的最佳呈现比例；同时，还可以研究在教学内容与视频类型相同的条件下，教师图像呈现比例不变和教师图像呈现比例不断变化对学习者学习效果的影响。在一段教学视频中，有时还会交替出现教师融合式和教师嵌入式两种教学视频类型，因此，研究者可以研究单一教学视频类型和两种教学视频类型交替出现对学习者学习效果的影响。

4）可以研究教师不同景别（如近景和中景）对学习者学习效果的影响，在二者之间建立相关关系；同时，还可以研究教师景别不变与不断变化对学习者学习效果的影响。当然，这些研究都需要从认知心理学层面上展开。

5）可以分别研究教师图像在不同位置、教师图像位置不变与不断变化对学习者学习效果的影响；同时，还可以单独研究在教师嵌入式教学视频中，教师图像的七种不同位置对学习者学习效果的影响。

6）可以研究教师有无站姿以及不同站姿对学习者学习效果的影响；同时，还可以研究教师站姿不变与教师站姿不断变化对学习者学习效果的影响。

7）教师图像呈现比例、教师位置与教师站姿等因素可能不是独立的，可以研究这些因素间的交互作用，找到这些变量之间的关系并建立相关模型。

十一、总结

在线开放课程教学视频的研究领域非常广阔，本节为未来探索教学视频中教师呈现方式对学习效果的影响提供了基本的数据信息、参考依据和研究方向。本节所作的分析只是在线开放课程教学视频研究中的冰山一角，还需相关研究者、技术人员、教育工作者一起努力，为在线开放课程教学视频事业贡献自己的力量。

第二章

教师形象特点影响教学视频效果的理论基础

随着 MOOC、翻转课堂、微课的发展，教学视频的重要性日益凸显，而教师形象的加入可能会对教学视频的学习效果产生影响（杨九民等，2015）。基于此，越来越多的研究者开始关注教师形象特点对教学视频效果的影响，包括教师图像呈现比例、教师景别、教师位置、教师站姿等。

本章阐述了有关教师形象特点影响教学视频效果的四个理论，以帮助读者了解本书研究的理论基础。

第一节
多媒体学习中基于社会线索的原则

线索是指在多媒体学习中采用非内容信息，如颜色、箭头、闪烁、教师手势与面部表情等吸引学习者注意，引导学习者关注重要内容，从而促进其学习效果的一种教学设计方式（王福兴等，2013）。线索不仅能够用于强调特定的内容或观点，而且能够在不影响学习内容和结构的同时，让学习者更高效地学习。

根据线索是否包含社会信息，可以将线索分为社会线索和非社会线索。其中，社会线索是指可能会引发学习者的社会反应，使其在学习过程中进行更深层次的认知加工，从而提高其学习效果的线索。Mayer 在《剑桥多媒体学习手册》（*The Cambridge Handbook of Multimedia Learning*）中，基于社会线索提出了四项原则，即个性化原则、语音原则、图像原则和具身原则。在具体介绍每一种原则之前，我们先来了解社会线索是如何影响学习者学习的，它的理论基础是什么。

一、社会代理理论

Mayer 等（2004）认为，在多媒体学习环境中可以通过以下两种途径来促进有意义的学习：一是从认知层面减少学习者的认知负荷；二是从社会层面激发学习者的学习动机。目前，研究者主要关注认知层面的设计，而较少关注社会层面的设计。

那么，如何设计多媒体学习环境社会层面的元素呢？Mayer（2005a）认为，社会线索是多媒体学习环境社会层面设计的主要元素，并提出了社会代理理论来解释社会线索的作用，其理论框架如图 2-1-1 所示。该理论认为，当教学材料中具有社会线索（如声音、眼神、表情、手势动作等）时，其可以激发学习者的社会反应，如“教师想教给我什么呢”，这种社会反应又可以促进学习者的主动认知加工，即更加努力地选择、组织和整合学习内容，从而提高学习效果。反之，当教学材料中不具有社会线索时，学习者的社会反应则无法被激发，也就不能促进学习者的主动认知加工，最终导致学习效果无法得到提升。

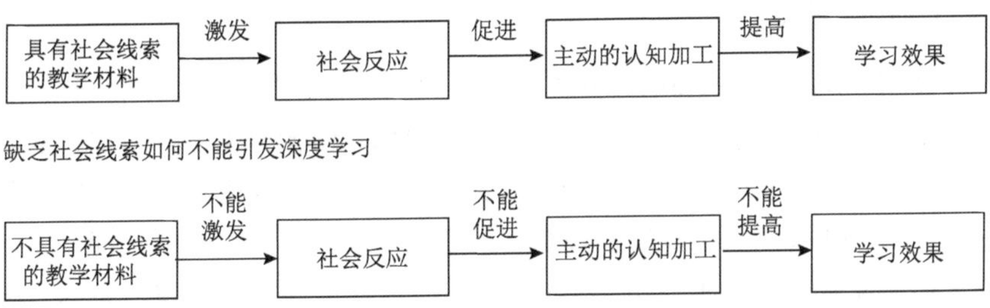

图 2-1-1　有无社会线索对于学习效果的影响

资料来源：Mayer R E. 2005. Principles of multimedia learning based on social cues: personalization, voice, and image principles. ***Information Design Journal***, 16(1): 81-83

总而言之，社会代理理论旨在从社会层面分析多媒体教学信息中的社会线索对学习效果的影响，因此，该理论可以被看作对多媒体学习认知理论的增强或补充。

二、基于社会线索的原则的具体内容

Mayer（2005a）把社会线索分为个性化线索、语音线索、图像线索和具身线索。其中，个性化线索是指教师传达教学内容时采用的语言风格，如正式风格或会话风格；语音线索是指教师授课时的声音特点，如人声或机械声；图像线索是指是否呈现教师形象；具身线索是指在教学视频中，教师的形象是否包含拟人化的动作，如面部表情、手势、眼睛注视或其他拟人化的行为，如图 2-1-2 所示。基于此，Mayer 提出了个性化原则、语音原则、图像原则和具身原则。

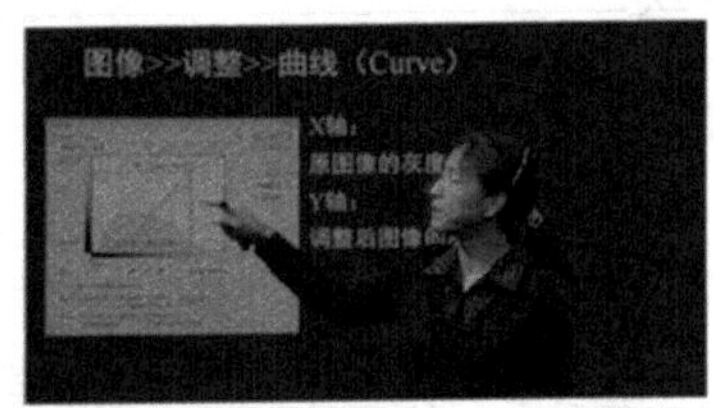

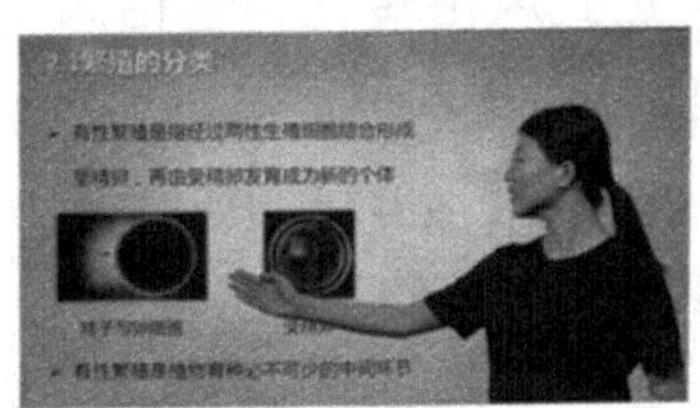

图 2-1-2　视频课程中教师的手势引导+目光引导

资料来源：Pi Z, Zhang Y, Yang J, et al. 2019. All roads lead to rome: Instructors' pointing and depictive gestures in video lectures promote learning through different patterns of attention allocation. ***Journal of Nonverbal Behavior***, 43(4): 549-559

Pi Z, Zhang Y, Zhu F, et al. 2019. Instructors' pointing gestures improve learning regardless of their use of directed gaze in video lectures. ***Computers & Education***, 128: 345-352

（一）个性化原则

1. 个性化学习

个性化原则认为，当教师采用会话风格而不是正式风格讲解知识时，更有利于学习者学习（Mayer，2005a）。所谓正式风格，即教学视频中的文本信息或者教师采用客观而正式的语言来传达教学内容；而会话风格则是指视频中教师的讲解采用第一/二人称，以及主动或互动的形式来传达信息。例如，教师在讲解“闪电形成”这一知识点时，正式风格的表达为：“当人们抬起头向上看时，他们会发现，那朵云的顶部延伸到了冻结高度以上。此时云的上部都变成了微小的冰晶。”会话风格的表达为：“当你抬起头向上看时，你会发现，你的那朵云的顶部延伸到了冻结高度以上。此时你的云的上部都变成了微小的冰晶。”由此可以看出，正式风格与会话风格的主要差异在于，教师采用哪种人称进行讲解。需要指出的是，正式风格与会话风格的差异强调的是语言风格，材料内容不存在差异。

个性化原则得到了一系列实证研究的支持。例如，Moreno 和 Mayer（2000）比较了教师采用会话风格和正式风格讲解“闪电形成”时学习者学习效果的差异。结果发现，当教师采用会话风格时，学习者取得了更好的学习效果。这一研究结论在其他类型的学习材料（如环境科学知识）中也被证实。

综上所述，个性化线索作为在线教学视频中一种常见的社会线索，可以被看作教师的一种语言风格，了解个性化原则的具体内容对于探究个性化线索，包括教师的会话风格在教学视频中的影响效果和作用机制是十分重要且有意义的。个性化原则认为，当教师采用会话风格时，其表达会更加贴合人的日常表述，并且十分生动形象，有利于提高学习者的学习效果。

2. 将正式风格转化为会话风格的方法

将正式风格转换为会话风格的方法，首先，可以通过将第三人称的主语转变为第一/二人称，如在讲解“闪电形成”中，将所有第三人称的“云”替换成“你的云”，所有的“人们”替换成“你”。其次，可以增加教师向学习者表达自己主观感受的句子，如“天呐，我都可以想象那里面得有多冷！”但是需要注意的是，从正式风格向会话风格转变时，变化的只是语言风格，材料内容需保持不变。除此之外，礼貌用语也可以被看成是一种特殊的个性化原则。例如，在 McLaren 等（2011）的研究中，通过将“通过如下计算得到结果：（10.6×1）/1000”这种直接的表述转化为礼貌的表述“那么让我们按照如下算式进行计算得出结果：（10.6×1）/1000”，来探究个性化线索的作用。

（二）语音原则

另一种可能影响学习者对多媒体教学信息的社会反应的社会线索是叙述时的声音。Mayer 在《剑桥多媒体学习手册》中指出，当视频中的语音使用标准的人声讲话时，教学视频能够给学习者一种与真人对话的感觉。虽然用电子合成器合成的声音也能讲述同样的内容，但是无法营造出一种与真实的人直接对话的感觉。因此，Mayer 提出了语音原则，即相比于机器的声音，使用人声进行表达时，学习者的学习会更深入。

语音原则也得到了许多实证研究的支持。例如，Mayer 等（2003）比较了机器合成的口音、非标准化的口音（相当于中国的方言）与标准化口音（相当于中文的普通话）对学习的影响，结果发现，尽管使用机器合成的声音和非标准化的口音都能清晰地传达教学内容，但相较于通过标准化口音教学视频进行学习的学习者，通过前面两种声音学习的学习者在迁移测试中的成绩较差。后续也有一些研究得到了相同的结论。例如，Atkinson 等（2005）比较了学习者分别在一名使用机器合成的声音和使用人声的卡通人物 Peedy 的指导下学习算术。结果发现，在迁移测试中，在使用机器合成声音指导下学习的学习者的成绩低于使用人声指导下学习的学习者。

随着研究的深入，研究者提出，语音原则也存在边界条件，即当多媒体学习材料的视觉画面中呈现了负面的社会线索（Mayer & Dapra，2012），如教学代理做出了非拟人行为，那么人声的优势就可能会丧失。

综上所述，教学代理或真人教师的语音作为教学材料的重要组成因素，其特征对学习者的学习产生了重要影响。

（三）图像原则和具身原则

图像原则和具身原则主要关注的是，多媒体学习材料中教学代理或真人教师形象是否呈现，以及如何呈现的问题。

1. 图像原则

图像原则关注的是多媒体学习材料中加入教学代理或真人教师形象对学习者学习的影响。其中，教学代理是指为了引导学习者学习而在计算机屏幕上呈现的人物形象，一般是具有拟人化特点的动物或卡通人物，也可以是真实人物；真人教师则是指教学活动中真实的教师（王福兴等，2017），如图 2-1-3 所示。

卡通人物教学形象

真人教师形象

图 2-1-3　教学代理图示

资料来源：Focusky 官方视频教程. http://www. focusky. com. cn/video-tutorials/official-tutorial
中国大学生 MOOC《Python 语言程序设计》. http://www. icourse163. org/learn/BIT268001?tid=1206073223#/learn/content?type=detail&id=1210530377&cid=1212669611&replay=true

多媒体学习材料中呈现教学代理或真人教师形象对学习者学习的影响并不一定是积极的，也可能是消极的或无影响（Mayer，2005a）。因此，图像原则指出，教学代理或真人教师形象是否能够促进学习者学习，存在一些边界条件，如教学代理或真人教师形象是否使用手势等。

2. 具身原则

当多媒体学习材料中呈现教学代理或真人教师形象时，教学代理和真人教师形象所呈现的线索，如手势、面部表情、身体动作或和屏幕前的学习者产生的眼神交流等会对学习者的学习产生重要影响，具体表现为，当他们做出手势、面部表情、身体动作，或和屏幕前的学习者产生眼神交流等时，有助于促进学习者学习，这就是具身原则，并已获得了广泛验证。例如，Baylor 和 Kim（2009）发现，当教学代理做出面部表情或者手势时，有助于学习者对学习材料的理解。此外，还有研究者探究了教学视频中真人教师形象对学习者学习的影响。例如，Pi 等（2017a）探讨了教学视频中教师指示性手势对学习者注意力分配和学习效果的影响，结果发现，教师指示性手势不仅能够引导学习者分配更多的注意力于相应的教学内容上，还能够提高他们的学习效果。

具身原则已被诸多实证研究验证，其主要内容可以总结为两方面：一是当多媒体学习材料中的教学代理具有拟人化特征时，如手势、眼睛注视和面部表情等，可以促进学习者学习；二是当多媒体学习材料中呈现真人教师形象时，其手势、眼睛注视、站姿等会对学习者的学习效果产生重要影响。

三、总结

Mayer（2005a）通过对多媒体学习相关研究的梳理和综述，提出了基于社会线索的四项原则，即个性化原则、语音原则、图像原则和具身原则。这些原则表明，在多媒体学习材料中加入教学代理时，要恰当运用社会线索，采用会话风格，教学代理的声音要与人声相类似，还要注意社会线索发挥作用的边界条件；此外，教学代理的具身形象特点，如手势、眼神交流和面部表情等，对学习者的视频学习效果和社会存在感均有重要影响。

第二节
社会存在感理论

近年来，随着在线开放课程的兴起，在线教育已成为一种普遍的学习方式。有关调查显示，在高等教育中，超过 580 万名学生至少选修了一门在线课程。然而，大部分在线教育活动是在人机交互的虚拟学习环境中进行的，学习者与教师之间、学习者与学习者之间缺少面对面的交流，导致学习者在学习时会产生孤独感，即缺乏社会存在感（腾艳杨，2013）。社会存在感是影响学习效果的一个重要因素，也是影响在线学习的关键性情感因素（李辉，黄堂红，2007）。有研究者认为，教师图像就是一种典型的社会线索，在教学视频中呈现教师图像能够创设一种良好的学习氛围，让学习者身临其境地体验与真人互动的感觉，这与社会存在感理论强调的内容相符（喻静敏，2017）。

一、社会存在感的起源与界定

作为在线学习中的一个核心概念，社会存在感源自 Mehrabian（1969）提出的

“接近性”概念，即与交互对象的心理距离。他认为非语言线索如面部表情、身体动作、眼神接触等，可以增强交互对象的真实存在感，而这种感觉能引起个体更强烈、直接和积极的情感交互。许多沟通研究领域的学者在研究媒体交互（如传真机、语音邮件和视频会议）时都采用了这一概念。Short 等（1976）认为，如果媒体不能传递 Mehrabian 提出的非语言线索，就会对人际沟通产生消极影响。他们还界定了社会存在感的定义，即在媒体互动过程中，个体对媒体人物、交互环境的感知程度以及对在沟通过程中形成的互动关系的感知程度。

之后，许多研究者将这一概念引入在线学习中，认为社会存在感是在线学习中的一个重要社会特性，并且会影响在线学习效果。然而，目前关于社会存在感的界定存在不同的观点。例如，Gunawardena 和 Zittle（1997）认为，社会存在感是个体采用媒体技术进行沟通时，感知到的“真实的人”的程度。Tu 和 McIssac（2002）则把社会存在感与在线学习环境中其他成员的人际关系联系起来，认为社会存在感是用来衡量学习者在在线学习中体验到的社区的感觉，以及感知到的与社区中其他成员联系的程度。Lyons 等（2012）强调社会存在感是在不同媒体中参与社会互动时，个体主观感知到的与他人的心理联系。Picciano（2002）专门定义了在线开放课程中的社会存在感，即学习者感知存在，以及与其他学习者和教师的联系的能力。

我国也有部分学者对“社会存在感”这一概念提出了自己的理解。例如，徐琦（2008）认为，社会存在感是指在虚拟环境中，个体被感知为“真实的人”的程度及与他人联系的程度。这与 Gunawardena 和 Zittle（1997）的观点一致。汪羽（2013）则认为，社会存在感是在在线学习过程中，学习者通过媒体感知到自身存在的一种心理效果，以及在与媒体人物互动过程中产生的主观感受。

综上所述，尽管学者对社会存在感的界定存在不同观点，但他们共同强调了两个方面：第一，个体在虚拟环境中感知到的“真实的人”的程度；第二，个体在虚拟环境中感知到的与他人的心理和情感联系的程度。因此，我们可以将“社会存在感”理解为，学习者在在线学习中感知到“真实的人”，以及与他人（包括媒体人物、其他学习者和教师）之间的心理联系程度。

二、社会存在感理论的发展

社会存在感理论的发展可以被划分为三个阶段（表 2-2-1）。第一阶段是 20 世纪 70 年代，代表人物是 Short 等，研究重点主要是电子通信。Short 等（1976）发现，有些媒介（如视频）具有高社会存在感，而另外一些媒介（如音频）具有低社会存在感。更重要的是，他们相信具有高社会存在感的媒介可以被看成是社会性的和人性化的，而具有低社会存在感的媒介是不具人性化的。

表 2-2-1　社会存在感理论发展阶段

阶段	时间	主要代表人物	研究重点
阶段一	20 世纪 70 年代	Short 等	电子通信
阶段二	20 世纪 80 年代至 90 年代早期	Rutter、Kiesler 和 Walther 等	组织或商业环境中的计算机媒介通信
阶段三	20 世纪 90 年代中期至今	Gunawardena、Tu 和 Swan 等	在线学习中的社会存在感问题

第二阶段是 20 世纪 80 年代至 90 年代早期，代表人物是 Rutter、Daft 以及 Lengel、Kiesler 和 Walther，研究重点主要是组织或者商业环境中的计算机媒介通信。具体来说，就是采用社会存在感理论来解释以计算机为媒介的通信缺乏人性化的原因。Walther（1992）认为主要原因在于计算机媒介通信中缺乏非语言线索和关系线索。

随着研究的不断深入，研究者开始关注在线教育中的社会互动，并进一步发展了社会存在感理论，这就是社会存在感理论发展的第三阶段，时间为 20 世纪 90 年代中期至今，代表人物是 Gunawardena、Rourke、Tu 和 Swan 等，研究重点为在线学习中的社会存在感问题。Gee（1996）认为，早期的计算机媒介通信研究很少在教育环境中探讨其社会互动性。事实上，在教育环境下尤其是在在线教育环境下，在线交流和互动方面有很大的差别。教育是一种社会实践，任何形式的学习环境都应该支持社会实践和社会学习过程（Shea et al.，2001）。之所以早期的在线教育研究者批判在线教育，是因为他们认为这种环境下的教育缺乏社会线索，会影响教学效果（Berge & Collins，1995）。尽管存在这些批判，随着互联网的发展，在线教育依然在蓬勃发展，参与在线教育的人数每年都在增加（Allen & Seaman，2006；Tallent-Runnels et al.，2006）。部分研究发现，在线教育环境会让学习者产生孤独感和孤立感（Grubb & Hines，2000；Cole，2000），但大量研究者对此提出反驳，认为虽然计算机媒介通信缺乏非语言线索和关系线索，但它可以提供具有社会性和人际交互性（Gunawardena，1995；Gunawardena & Zittle，1997），甚至是超人际性（Walther，1996）的交互，可以帮助学生建立社会存在感。于是，相关研究者开始探讨在线教育的社会性，并开始考虑在在线教育环境中，到底哪些因素会影响社会交互的产生。

社会存在感理论发展的第二阶段与第三阶段之间存在一个重要差别，即在第二阶段，研究者主要关注媒介工具；而在第三阶段，研究者主要基于该理论研究如何在在线学习环境中使学习者之间的交互更具人性化和社会化，关注的重点是学习者，而非媒介工具。

目前，社会存在感理论主要用于解释学习者在在线学习环境中的社会互动。

三、社会存在感的测量

由于研究者对社会存在感的界定存在差异，所以产生了不同的测量工具。例如，Garrison 等（1999）强调学生（或教师）在学习时，感受到自己是“真实的人”的能力；而 Picciano（2002）则更强调学生对社区的归属感。目前，Gunawardena 和 Zittle（1997）、Rourke 等（1999）以及 Tu（2002）的社会存在感测量工具是最具影响力的。接下来，笔者将分别介绍这些工具。

（一）社会存在感量表

早期阶段，Gunawardena 和 Zittle（1997）主要研究社会存在感和教育情境中以计算机为媒介的通信。Gunawardena（1995）编制了一个包括 17 个项目的两极问卷，该问卷采用 5 点计分（从消极到积极），如“以计算机为媒介的通信是更具有社会性还是更不具有社会性”。这一问卷主要用于测量用户对媒体的感知，而非“真实的人”或“在此处”的感觉。此后，Gunawardena 和 Zittle（1997）对这一问卷进行了改编，合作编制了“社会存在感量表”（social presence scale），该量表包括 14 个项目，同样采用 5 点计分，如“计算机通信是很好的社会交互媒体”，被试用 1—5 来表示他的赞同程度，“1”表示“非常不同意”，“5”表示“非常同意”。该量表的内部一致性信度系数为 0.88，说明该量表可以较好地测量社会存在感，在领域内具有较大的影响力。

（二）社会存在感指标

不同于 Gunawardena 和 Zittle（1997）的自报告式量表，Rourke 等（1999）通过分析网络讨论来测量社会存在感。他们将社会存在感分为三个维度，即情感反应、互动反应和内聚反应，并制定了这三个维度的具体指标，如表 2-2-2 所示。后来，他们将这一测量方法推广至网络阅读。

表 2-2-2　社会存在感指标

维度	具体指标
情感反应	情感表达；运用幽默；公开自我
互动反应	延续主线；引用他人信息；赞美；表示感谢；同意他人；提问
内聚反应	称呼语；致意；提及小组时用包括全部的代名词

资料来源：侯琳琳. 2012. 虚拟学习社区社会存在感研究. 大连：辽宁师范大学

Rourke 等（1999）通过考察两门研究生水平的网络课程的学生的社会存在感，对社会存在感指标的信度、效度进行了评价。结果发现，除了研究者假定的一些对社会存在感具有影响的潜在变量，如运用幽默和情感表达外，其他指标都具有较高的稳定性。然而，Rourke 等指出，社会存在感指标是用来分析在线教育会议的，而不是针对某个研究群体的，因此，研究者如果使用这一工具测量社会存在感，在推广他们的研究结果时需要谨慎。他们进一步指出，他们不确定计算机媒介通信的社会存在感的 12 个指标是否是等价的，也就是说，他们不确定这 12 个指标在问卷中的权重是否相同。Garrison 在 2008 年美国教育研究年会上提出，社会存在感指标还有待进一步修订。

（三）社会存在感和隐私问卷

Tu（2002）批判了早期阶段的研究，认为早期的测量方法，如 Gunawardena（1995）编制的问卷，与 Short 等（1976）并没有多大差异，都不能很好地测量个体在计算机媒介通信中知觉到的社会存在感。同时，他还认为，Gunawardena 和 Zittle（1997）编制的社会存在感问卷没有考虑到以往研究中提到的其他变量，如接收者、主题、隐私、任务、社会关系和沟通风格等。因此，Tu（2002）基于 Steinfield（1986）的计算机通信态度问卷以及 Fulk 等（1987）和 Witmer（1997）的主观隐私问卷的部分内容，编制了社会存在感和隐私问卷（social presence and privacy questionnaire，SPPQ）。

该问卷包括五个因子：社会情境、网络沟通、交互、系统隐私和隐私感受。这五个因子能够解释 82.33%的总变异，其内部一致性系数为 0.74～0.85。其中隐私感受中的网络隐私与社会存在感具有较低的相关性，因此，其可能不应该作为社会存在感的一个维度。然而，在后续研究中，Tu 还是将隐私感受中的社会隐私作为社会存在感的一个维度了（Tu & McIsaac，2002；Tu & Corry，2004）。

在本书中，社会存在感问卷大多来自笔者博士学位论文中所采用的社会存在感量表（表 2-2-3）。该量表由 8 个题目构成，内部一致性系数为 0.57，采用 7 级评分制，由“非常不同意（记 1 分）”到“非常同意”（记 7 分）。其中，第 4、6、8 题为反向计分题，其余题目采用正向计分。总分越高，代表学习者感知到的社会存在感越高；得分越低，则学习者感知到的社会存在感越低（杨九民，2014）。

表 2-2-3 社会存在感量表

题号	题项	非常不同意	比较不同意	不同意	说不清楚	同意	比较同意	非常同意
1	当视频结束后，我感觉自己从一次旅行中回到现实世界							
2	当再看视频时，我感觉它为我提供了另一种新的世界；当视频结束后，我感觉这个新的世界突然消失了							
3	当再看视频时，我感觉自己沉浸在了视频为我创造的世界中							
4	在看视频过程中，我从没有忘记自己在做实验							
5	当再看视频时，虽然我的身体在实验室中，但是我的心已经进入视频为我创造的世界中							
6	视频为我创造的世界对我来说，似乎仅仅是“我看过的一些东西”而不是“某些我去过的地方”							
7	当再看视频时，与现实世界相比，视频为我创造的世界更具真实感或当下感							
8	在看视频的过程中，我的心在实验室，并不在视频为我创造的世界中							

资料来源：杨九民. 2014. 在线视频课程中教师对学习过程与效果的影响. 武汉：华中师范大学

四、总结

社会存在感理论自 1976 年被提出以来，已经积累了大量的研究结果，研究方法、测量手段也都在逐步完善。随着在线学习、远程学习、多媒体学习等方式越发受到人们的欢迎，如何增强学习者的社会存在感也越来越受研究者和教学设计者的重视。在线视频中的教师形象作为一种社会线索，能够让学习者在学习过程中仿佛身临其境，体验与真人互动的感觉。纵观各类在线开放课程的教学视频，不难发现，不同的教学视频中的教师形象特点也有所差异，如有些教学视频中的教师景别为远景，而有些教学视频中的教师景别为近景。那么，教师形象特点是否会影响学习者在学习过程中的社会存在感呢？研究这一问题，对设计和制作教学视频是非常重要的。

第三节 情绪记忆

情绪记忆是一个涉及情绪与认知关系的重要话题。Kleinsmith和Kaplan于1963年首次报告了情绪在记忆中的重要地位后，情绪记忆受到了心理学界的广泛关注，包括情绪研究领域的重视，以及记忆研究领域的重视，情绪与记忆之间的作用机制已然成为研究的热点。

情绪记忆是指对曾经体验过的情绪和情感的记忆。尽管引起情绪和情感的事件已经过去，但情绪和情感的体验仍然保存在记忆中，并且在一定条件下，这种情绪和情感又会被重新体验（中国大百科全书数据库，2009）。例如，人们对汶川大地震、非典等重大事件总是“记忆犹新”。那么，这种情绪记忆是如何被存储的呢？情绪与记忆是如何相互影响的呢？又对在线视频学习、多媒体教学有哪些影响呢？本节将着重介绍有关情绪记忆的研究。

一、情绪记忆的提出及分类

（一）情绪记忆的提出

1984年，Ribot（1903）首次提出“情绪记忆”这一概念，他认为情绪记忆是指对过去情绪的恢复。这一概念引起了研究者的广泛关注。然而，在对于情绪记忆的界定上，不同学者有着不同的看法。例如，Urban（1901）认为情绪记忆是情绪持续性和进化的预设，是对过去情绪状态的记忆。其中，情绪状态是一种包括感知、情绪、情感和心境的混合式状态。LeDoux（1994）认为情绪记忆是大脑形成情绪刺激记忆的过程。我国学者钱国英从信息加工的角度对情绪记忆进行了界定，即情绪记忆指对情绪信息（或情绪状态下中性刺激）的编码、存储，并在一定情况下进行检索和提取的过程，情绪信息包括情绪的主观体验、情绪的生理和行为反应及情绪刺激（钱国英，2008）。

（二）情绪记忆的分类

1. 真实和错误的情绪记忆

依据记忆内容的真实性，可以将情绪记忆分为真实的情绪记忆和错误的情绪记忆。真实的情绪记忆就是对情绪记忆的内容进行如实反应，是记忆研究常用的因变量指标（钱国英，2008）。相反，错误的情绪记忆是指一个人错误地将一个从未发生过的情绪事件认成了他以前有过的反应。之所以会出现这种错误，是因为人的记忆具有重构的特征（Bartlett，1967），换句话说，个体的记忆会主动填充回忆中缺失的片段，在这个填充过程中，错误的情绪记忆就可能发生。

2. 一般情绪记忆、闪光记忆和创伤记忆

依据情绪的唤醒程度，可以将情绪记忆划分为一般情绪记忆、闪光记忆和创伤记忆。其中闪光记忆和创伤记忆的唤醒值较高。闪光记忆是指对鲜明的、重要的公众事件的记忆（Shum，1998），如前文提到的汶川大地震等。闪光记忆具有鲜活、详细、持久等特点。创伤记忆是目前心理学研究的一个热点，但是仍未有明确的定义，从病理学的角度看，创伤是指伤口或者身体的外部伤害；从精神病理学的角度看，创伤是指一种心理上的内部伤害，尤其是由情绪打击引起的大脑伤害或者由身体产生的行为障碍（钱国英，2008）。

3. 积极情绪记忆和消极情绪记忆

依据情绪的效价，可以将情绪分为积极情绪和消极情绪，其中积极情绪是指个体由于体内外刺激、事件满足个体需要而产生的伴有愉悦感受的情绪，如快乐、满意、自豪、感激和爱等（郭小艳，王振宏，2007）。相反，由于体内外刺激、事件无法满足个体需要而产生的伴有痛苦感受的情绪则被称为消极情绪，如忧愁、悲伤、愤怒、紧张、焦虑、痛苦、恐惧、憎恨等。因此，情绪记忆又可以分为积极情绪记忆和消极情绪记忆，目前，这种分类方式在研究中的应用较为广泛。

二、情绪记忆的理论模型

有关情绪记忆的理论模型主要包括 Bower 的连接语义网络模型、Philippot 等的情绪记忆整合模型、LeDoux 的情绪记忆模型、Lang 的生物信息模型、Leventhal 的层次加工模型、Teasdal 的整合认知子系统模型和 Damasio 的初级与次级情绪系统，下面对前三种模型进行具体论述。

（一）Bower 的连接语义网络模型

Bower 提出的连接语义网络模型是情绪记忆的第一个理论模型，该模型认为每一种基本情绪都是以结点的形式在记忆网络中表征的，如愉快、愤怒、恐惧等，复合情绪是由基本情绪的众多结点同时激活而构成的。激活一种情绪的同时，与此情绪相关的内容也会被激活。例如，当厌恶情绪结点被激活时，与其相关的表情行为、自主反应模式、唤醒评价，甚至与其相关的事件的命名都将被激活，如图 2-3-1 所示。

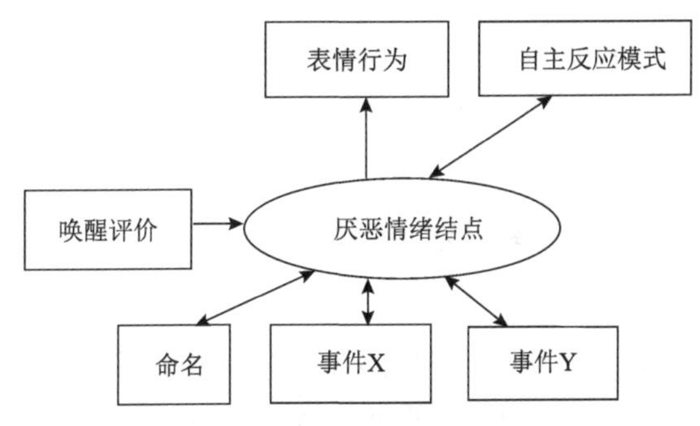

图 2-3-1　Bower 的连接语义网络模型

资料来源：王振宏，蒋长好. 2008. 情绪记忆的理论模型. 西北师大学报（社会科学版），45（4）：112-117

（二）Philippot 等的情绪记忆整合模型

Philippot 等提出的情绪记忆整合模型认为，基于不同的记忆类型存在两种认知系统：一种是以图式为基础的，能够自动和内隐地进行加工的“图式加工”（schematic processes）；另一种是以情节和语义知识为基础的，能够通达意识的“命题和反思加工”（propositional and reflexive processes）。

如图 2-3-2 所示，图式加工是个体在体验情绪事件的过程中对感觉指标和身体反应之间联系记录的抽象表征。图式加工和身体反应系统之间能够互相激活，并且图式是基于实际体验形成的，因此具有个体特异性。同时，随着知觉和认知的发展，个体能够从知觉加工中对目标进行识别，进而形成概念，并由之发展出命题和反思加工系统。命题和反思加工系统具有反思的性质，因而能够自动启动加工过程，允许自我反思，进而引发情绪过程，如通过心理想象诱发情绪等。这两种反应是相辅相成的，即有意识地对情绪体验进行思考，能够唤醒图式加工系统，同时由知觉加工引起的图式加工系统也能够激活命题和反思加工系统。

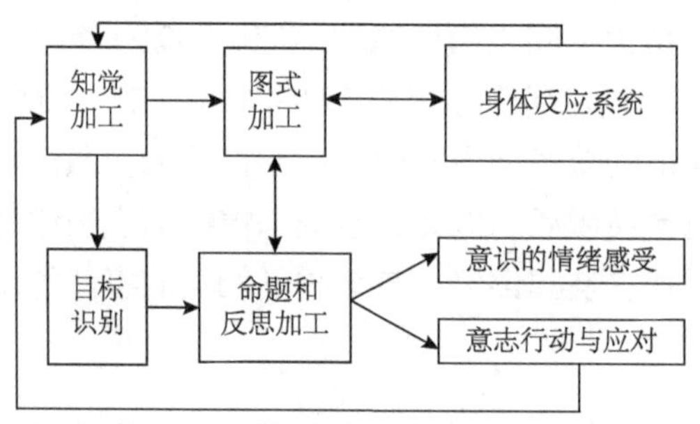

图 2-3-2　Philippot 的情绪记忆整合模型

资料来源：王振宏，蒋长好. 2008. 情绪记忆的理论模型. 西北师大学报（社会科学版），45（4）：112-117

（三）LeDoux 的情绪记忆模型

首先，LeDoux（1994）认为情绪是激活储存在情绪记忆系统中的特殊类型信息的结果。情绪记忆系统独立于意识陈述性记忆系统，是在意识之外进行情绪反应和情绪运算的，即情绪的发生不需要意识的参与。

其次，杏仁核是存储情绪记忆系统的脑结构。杏仁核评价刺激的情绪意义，并通过“丘脑–杏仁核的感觉输入通路”和“丘脑–皮层回路（包括在到达杏仁核之前通过丘脑和感觉皮层的感觉输入通路）”对刺激的情绪意义与情境的特征联结进行编码。

由上述三个理论模型可知，不同的理论模型有着不同的侧重点和改进方向，并对深入研究情绪记忆具有重要意义。基于对这些理论的了解，下面来介绍情绪记忆的神经基础。

三、情绪记忆的神经基础

情绪记忆的主要神经基础是杏仁核，杏仁核回路是情绪调节的关键。对于杏仁核回路的研究大多是以恐惧条件反射为基础发展起来的，恐惧条件反射的范式是将一个中性刺激与一个令人厌恶的结果进行匹配，从而让这个中性刺激也变得让人讨厌（Gazzaniga et al.，2011）。Gazzaniga 等的实验流程如下：首先，在实验前，检测老鼠对于特定刺激的反应，并追踪在学习之后这些反应会有怎样的改变。在前期训练阶段，灯亮的时候老鼠不会有恐惧反应，因为灯亮只是一个中性刺激。但老鼠的足部受到电击之后，会因为害怕而跳起来，因为电击是一个令老鼠厌恶的刺激。如果在后面的训练中灯亮都与电击一同出现，即灯一亮就电击，那么灯亮就与电击联系起来了。实际上，只要灯光亮起，老鼠即便没有受到电击，也会产生惊跳。此外，若这种已与电击联系的灯亮再与另一个厌恶刺激如噪声相联系，那么在同样是灯亮单独出现的情况下，老鼠产生的惊跳也会更强烈。然而，这种反应会随着时间消逝，也就是说，如果中性刺激长时间不与厌恶刺激同时出现，那么它们之间的联系就会消退，灯亮就会还原为一个中性刺激。恐惧条件反射是人们研究大脑中情绪记忆相关脑区活动的重要手段，许多利用这种条件反射范式设计的实验既为探究大脑结构功能提供了线索，又为研究内隐性情绪记忆的神经机制提供了方法和途径。

杏仁核与情绪的重要关系首先是在一系列的动物实验中发现的。例如，1936 年，Heinrich 和 Paul 发现杏仁核损伤的猴子会对应该引发恐惧反应的物体不再产生回避行为，即失去了恐惧情绪。越来越多的动物实验都证实，杏仁核在情绪诱发中扮演着重要角色，研究者开始探讨人类情绪是否也与杏仁核有密切关联。人类脑成像研究显示，当个体面对情绪性刺激时，其杏仁核会被激活（Dalgleish，2004）。目前，杏仁核在情绪记忆中的关键性作用已经得到一致认可（吴润果，罗跃嘉，2008）。

传统心理学认为，意识经验是情绪的必然成分。例如，早期的詹姆士-兰格情绪学说认为，情绪的主观体验是生理变化的结果，它不仅强调情绪的“生理改变”，也强调对这种改变的“主观体验”，即意识。但随着情绪的认知神经相关研究的深入发展，研究者发现，个体对于情绪事件的加工也可以是无意识的（吴润果，罗跃嘉，2008）。无意识的情绪加工是一种个体意识不到的，但可以诱发个体情绪体验、行为或生理反应的心理加工过程，包含注意、知觉等认知加工过程（陈丽等，2015）。例如，LeDoux（1994）提出的神经模型就表明情绪刺激可得到快速及自动化的加工处理。廖声立和陶德清（2004）的研究也证明，无意识情绪加工可以通过情绪刺激物的阈下呈现和掩蔽呈现两种方式启动。

同时，有意识的情绪加工和无意识的情绪加工的神经回路存在一定的差异（吴润果，罗跃嘉，2008）。有意识的情绪加工涉及的脑区包括背外侧前额皮层（dorsolateral prefrontal cortex，DLPFC）、眶额皮层（orbitofrontal cortex，OFC）、前扣带回（anterior cingulate cortex，ACC）及皮层下的杏仁核等。外界情绪事件通过丘脑到达皮层，最后到达杏仁核，这种皮层参与的加工方式是一个复杂的认知过程，因此，加工速度较慢；而无意识的情绪加工是在皮层下进行的，情绪事件由丘脑直接传输至杏仁核，较符合条件反射的特征。不过在这两种情绪加工的神经通路中，杏仁核都扮演着重要角色（吴润果，罗跃嘉，2008）。

四、如何诱发情绪

在教学过程中使用不同的设计元素来影响学习者的情绪，即情绪设计（emotional design）。在多媒体学习中，外部情绪诱发和内部情绪设计是当前最常用的两种诱发情绪的方法。目前的研究主要关注诱发的积极情绪和中性情绪对多媒体学习效果的不同影响，因此，下面介绍的情绪诱发途径都与如何诱发积极情绪和中性情绪相关。

（一）外部情绪诱发

外部情绪诱发是指在学习之前，通过与学习材料内容无关的信息来诱发学习者的情绪。这种诱发的方式主要有三种：第一种是通过观看情绪性电影片段来诱发学习者的情绪。例如，通过观看《憨豆先生》的电影片段来诱发积极情绪。第二种是通过播放音乐来实现，即在播放音乐的同时，让学习者回忆以往经历中的情绪性事件，重新体验事件发生时的情绪。例如，Knörzer 等（2016）让被试一边听莫扎特的《嬉游曲》，一边细致地回忆他们亲身经历的一个开心事件并做笔记，以此来诱发他们的积极情绪。第三种是通过让被试阅读具有强烈情绪色彩的语句并体验语句所表达的情绪含义来诱发情绪。例如，Park 等（2015）让被试阅读 25 个预先设定好顺序的陈述句，积极情绪诱发组的被试阅读诸如“这再好不过了”“活着真好”等语句，并告知被试语句中表达了一种情绪状态，让其去深入体会。

因此，外部情绪诱发是在学习者进行正式的学习活动之前，通过观看情绪性电影片段、听音乐和阅读文本材料等来诱发情绪，从而影响其后续学习活动的。

（二）内部情绪设计

内部情绪设计是指利用课程教学中使用的学习材料来诱发学习者的情绪。研究者认为，可以利用内部情绪设计影响学习者的认知过程，进而影响他们的学习效果，这就是在线学习的情绪-认知模型（Mayer，2019；Plass et al.，2014）。

内部情绪设计通常对学习材料的视觉元素进行设计。例如，可以采用高饱和度的暖色来诱发积极情绪，如龚少英等（2017）通过在学习材料中运用自然事物原有的色彩，来诱发学习者的积极情绪；还可以采用拟人化的婴儿圆脸来诱发情绪，如 Um 等（2012）通过将拟人化婴儿圆脸呈现在学习材料中，来诱发学习者的积极情绪。此外，还有研究者通过改变教学活动中人物形象的面部表情、颜色和外形，来诱发学习者的情绪（Plass et al.，2014），如 Plass 等（2014）发现，当人物形象使用愉快的面部表情和暖色调时，诱发了学习者的积极情绪；而当人物形象使用悲伤的面部表情和中性颜色时，诱发了学习者的悲伤情绪。总之，内部情绪设计是通过对学习材料进行设计，来诱发学习者情绪，影响他们正在进行的学习活动的认知过程，进而影响他们的学习效果的。

对比两种情绪诱发的途径，我们不难发现，这两种方式具有很大的区别。首先，在诱发时间点上，外部情绪诱发发生在学习之前，而内部情绪设计发生在学习过程中；其次，在诱发时长上，外部情绪诱发情绪的时长通常短于学习过程的时长，而内部情绪设计诱发情绪的时长贯穿于整个学习过程。相关研究表明，相较于内部情绪设计，外部情绪诱发产生的情绪作用消退得更快（陈佳雪等，2018）。

五、总结

综上所述，本节介绍了有关情绪记忆的基本知识、理论模型、神经基础以及诱发方式。教师作为教学视频中的重要元素，其面部表情、眼睛注视和手势等是否也会诱发学习者的情绪，进而影响他们的学习效果呢？因此，从情绪记忆的视角探讨教师形象特点影响视频学习的机制，对教学视频中教师形象呈现的相关研究具有重要作用。

第四节 镜像神经元

众所周知，人类的学习是发生在对他人行为、语言和思维的模仿过程中的。也就是说，当学习者观看教学视频时，他们通过模仿教师的动作和言语表达等，来掌握教师传递的教学内容。例如，教师在讲授羽毛球如何发球时，会做出发球的动作，学习者通过模仿教师的动作，来掌握羽毛球发球的技巧。

研究者指出，镜像神经元（mirror neurons）是模仿他人动作以及提高学习能力的基础（叶浩生，肖珊珊，2015）。镜像神经元是 Rizzolatti 团队于 20 世纪末在恒河猴脑中发现的，它是一种特殊的神经元，能够像照镜子一样通过内部模仿而辨认出被观察者动作的潜在意义，并且做出相应的反应（袁逖飞，陈巍，丁峻，2007）。这个发现一经公布，即刻引起学术界的广泛关注。镜像神经元在理解他人情绪、意图，以及对他人行为模仿等方面扮演着重要角色（叶浩生，肖珊珊，2015）。

那么在在线视频中能够传递手势、情绪等信息的教师形象与镜像神经元有什么联系呢？本节主要介绍镜像神经元的相关知识，并试图从镜像神经元角度理解教师形象特点对视频学习的影响。

一、镜像神经元的相关概念

在对有关镜像神经元的研究进行介绍之前，我们需要对镜像神经元、镜像神经元系统和镜像机制这三个概念进行辨别，它们之间既有不同之处，又有相同之处。

（一）镜像神经元

镜像神经元是大脑皮层中的一个特殊的感觉-运动神经元。Rizzolatti 团队使用单细胞电极植入的方法记录了恒河猴皮层区域的电生理活动（Hickok，2016；Rizzolatti & Craighero，2004），发现恒河猴在执行动作时，如抓握食物、剥花生、撕纸等，会激活腹外侧运动前皮层 F5 区的神经细胞。后来他们又发现，这些神经元在猴子观察其他猴子，甚至是实验者实施同样的行为时也会被激活。这意味着，猴子在执行某一指向目标的动作时，这些细胞会被激活；同时，猴子在观察这样的动作时，这些神经细胞同样处于激活状态（Molenberghs et al.，2012）。随后，Rizzolatti 和 Craighero（2004）对此进行了系统探讨，发现除了 F5 区外，猴子大脑皮层顶下小叶（inferior parietal lobule，IPL）的神经细胞也具有同样功能，因此，将它命名为镜像神经元。值得注意的是，镜像神经元是在单一神经细胞水平上发挥作用的（Kilner & Lemon，2013）。

（二）镜像神经元系统

在人类大脑皮层的顶下小叶、腹侧运动前回布罗卡区、额下回后部几个区域均发现了具有镜像神经元映射功能的脑区，这些脑区构成了人类镜像神经元系统（Fogassi，2011）。可见，镜像神经元系统是在特定皮层区域或系统水平上发挥映射功能的。

（三）镜像机制

“镜像机制”是指恒河猴和人类大脑中的镜像神经元具有匹配动作执行和动作观察的功能。Galles 等（2012）在研究中也指出，镜像机制允许将感知（如观察、感觉、听）的动作直接转换为与其相关目标相同的运动表示。这种机制允许人们直接理解他人的目标和动机意图，从而在个体之间建立一种具体的联系。

这三个概念在使用上有时可能会混淆，但由上述阐述可以看出，镜像神经元的使用范围应该精确在灵长类动物的研究领域，但镜像神经元和镜像神经元系统在功能上是一致的，都具有把动作知觉和动作执行进行匹配的镜像机制，因此，两者有时会交替使用。

二、镜像神经元的功能

镜像神经元在学习和社会交往中发挥着举足轻重的作用。其中模仿行为是镜像神经元的功能之一（Jeannerod，1994）。与大脑中记忆的神经回路相似，镜像神经元似乎也为特定的行为“编写模板”，有了镜像神经元的这种特性，当我们观察他人的动作时，也能迅速地理解这些动作表达的含义，并能不假思索地模仿出这些动作，而不需要复杂的推理过程（袁逖飞等，2007）。正是镜像神经元的模仿功能，才使得人类可以学习语言、动作和知识等。

首先，镜像神经元促进了语言的习得。例如，6～8 个月孩子的咿呀学语总伴随着有节奏的手势，这些先于早期语言发展的手部动作的出现预示着其后期双字词阶段（two-word stage）的发展水平（Gentilucci et al.，2001）。如前所述，手部动作的运用需要镜像神经元的参与，因此，镜像神经元影响了婴儿的语言习得。

其次，镜像神经元是理解他人情绪的重要基础。在社会生活中，理解他人的情感是一项十分重要的能力。研究表明，镜像系统能够让我们在理解他人行为的同时，理解他人的感情，即镜像神经元系统不但有行为镜像机制，还有情感镜像机制。例如，Wicker 等（2003）发现，当被试看到他人厌恶的面部表情时，其脑中同一组镜像神经元的活动也会被激活，从而产生类似的厌恶情绪。Singer 等（2004）在有关“疼痛”的研究中也发现了类似的现象，当被试回忆起看到他人的手被电击而产生痛苦时，他也会产生相同的痛苦，并且激活类似的脑区。以上研究说明，人类可以通过镜像神经元这种直接的情感理解机制，理解他人感情。

三、镜像神经元对于教师形象特点的意义

首先，镜像神经元系统的核心特征是通过激活相应脑区来建立内部的行为表征，从而“亲身经历或观察”他人的行为来实现对他人行为、意图、情绪等的理解（叶浩生，2016；Iacoboni & Dapretto，2006）。在教学视频中，教师经常使用手势来帮助学习者理解教学内容，学习者观察教师手势时激活的脑区与其自身操作相同动作时激活的脑区相同，主要包括腹侧运动皮层和顶下小叶等（Holle et al.，2008）。Holle 等（2008）在考察被试在观看视频中教师象征性手势时的脑区激活情况时发现，当教师做出象征性手势时，被试在后侧颞上沟（posterior superior temporal sulcus，pSTS）、双侧顶下小叶（bilateral inferior parietal lobule，bIPL）

和双侧腹侧前运动皮层（ventral premotor cortex，PMv）有更强的激活。

其次，镜像神经元除了在动作的执行与观察中起着重要作用外，还在理解他人情绪中扮演着重要角色。在教学视频设计中，越来越多的研究者关注如何通过设计教师的面部表情，来改变学习者在学习过程中的情绪，从而促进学习者学习（Wang et al.，2019）。行为研究发现，教师不同的面部表情会使学习者产生不同的情绪体验，如教师微笑会让学习者感到快乐。如前所述，观察他人的面部表情会激活个体的镜像神经元（Singer et al.，2004）。因此，我们可以推测，教师的面部表情是通过影响学习者的镜像神经元活动，来诱发学习者情绪的。

综上，当学习者观看教学视频中教师的动作、面部表情时，他们的镜像神经元会被激活，从而模仿教师的言行举止，实现知识的习得。未来，我们可以从镜像神经元的角度探讨教师形象特点影响学习者观看教学视频的认知神经机制。

四、总结

本节首先介绍了镜像神经元的三个基本概念，即镜像神经元、镜像神经元系统和镜像机制；其次通过梳理镜像神经元的相关研究，总结了镜像神经元的功能，其与动作理解和模仿、情绪理解等方面联系密切；最后，总结了镜像神经元对于教师形象特点的意义。

第五节　本章小结

本章主要介绍了有关教师形象特点影响视频教学效果的四个理论基础，即多媒体学习中基于社会线索的原则、社会存在感理论、情绪记忆和镜像神经元。其中，前三个理论主要从社会情绪的视角阐述了教师形象特点对学习者观看教学视频的影响，即教师形象特点通过影响学习者在视频学习过程中的社会反应、社会存在感和情绪，来影响他们的学习效果；而镜像神经元则从神经机制、脑科学的视角，阐述了教师的手势是如何影响视频学习的，即教师做出手势时，激活了学习者的镜像神经元，从而影响了他们的学习效果。本章对相关理论的梳理，有助于读者理解教师是如何进行视频教学的，从而帮助教育实践者更加灵活地设计教学视频中教师的形象特点。

第三章

教学视频中教师手势对学习的影响

从研究历史来看，虽然对教学活动中教师手势的研究可以追溯到几个世纪前，但其真正作为教育学和心理学的研究对象却只有 30 年左右的历史(Goldin-Meadow et al.，1996；Goldin-Meadow et al.，1999)。近年来，随着研究领域的深入和研究方法的发展，研究者逐渐开始探讨学习者加工和整合视频中教师手势的认知神经机制（Peeters et al.，2017）。

本章主要从教学视频中教师手势的分类，以及教师指示性手势、描述性手势和节拍性手势对学习的影响展开介绍，并通过对以往相关研究的梳理和总结，不仅从行为层面概括了教学视频中教师手势的作用，而且从认知神经层面揭示了教师手势的作用机制。

第一节

教学视频中教师手势的分类

手势又称手的姿势，是指人在运用手臂时，所出现的具体动作，是人类最早运用的、至今仍被广泛运用的一种交际工具，包括手和手臂的移动、姿势的调整、触碰他人和不同形式的节拍等（Kendon，1986）。在长期的社会实践过程中，手势被赋予了种种特定的含义，具有丰富的表现力，在某些场合中能够补充或替代语言进行意义的表达。例如，在问路时，手势可以指示特定的方向；在形容物体时，可以用双手模拟物体的形状和大小等（Cameron & Xu，2011）。因此，无论处在何种文化背景中，人们总是习惯在说话过程中不自觉地使用手势（Iverson & Goldin-Meadow，1998）。语言与手势的整合，丰富了人们在沟通过程中的思维和意义（Tversky，2011）。

随着互联网和视频技术的发展，教学视频以其生动形象、声图并茂、隐性知识显性化等特征，逐渐成为教育信息化时代背景下学习者首选的学习资源（苏小兵等，2014；郭宏伟，2017）。目前，国内外各方力量在视频教学建设方面投入大量成本，旨在通过教学视频的应用深度改变常规教学的现状，但其应用效果不尽如人意（龚朝花等，2018；周贤波，2015）。因此，越来越多的教育研究者和实践者开始关注如何在教学视频中运用良好的教学设计，来提高学习者的学习效果。

大量传统的面对面教学研究表明，教师手势对学习者学习具有促进作用（朱明泉，张智君，2007）。例如，教师手势对学龄前儿童学习数学中的对称知识、5～10 岁的儿童学习数量的守恒知识、大学生学习生物学知识均具有促进作用，均能够提高学习者的学习成绩（李丽，2019）。在教学活动中，教师总是无意识地使用手势（白学军等，2009）。Goldin-Meadow 等（1993）通过观察教师在教学活动中的表现，发现教师在使用问题解决策略向学习者传达信息时，约有 39%是手势。手势不仅与教学活动中的语言互动关系密切，而且可以引导学习者的注意力分配并补充语义信息，促进学习者的认知过程（Alibali et al., 2013）。

有趣的是，教师手势的积极作用不仅体现在传统教学环境中，而且体现在视频教学中。例如，Koumoutsakis 等（2016）比较了在传统面对面教学和视频教学情境中，有无教师手势对知识的保持和迁移的影响，发现无论是在传统面对面教学中还是在视频教学情境中，观看有教师手势的学习者都比观看无教师手势的学习者在保持测验和迁移测验成绩上得分更高，且教师手势对学习效果的积极效应在视频教学中表现更强。根据 Mayer 的多媒体学习理论中基于社会线索的原则，教学视频中教师的手势能够激发学习者的社会反应，增强他们参与认知加工的动机，促进他们的深度加工，影响他们的学习认知过程，进而提高他们的学习效果（Mayer & Fiorella，2014）。

一、手势的分类

根据出现的时间、表达的含义的不同，手势可以有不同的分类。Müller（1998）根据手势功能的不同，把手势分为话语手势（discourse gestures，构成话语的结构，如使用节拍手势或用手数数）、表达性手势（performative gestures，语言的手势表达，如以一种手势表示拒绝某个提议或想法，或者摊开手掌表示请求某事）和指示性手势（pointing gestures/deictic gestures，指向具体或抽象的某物，如指着桌子上的苹果，并伴随着“这是苹果”的言语）。

我国学者白学军等（2009）通过对真实的课堂教师行为进行编码归类，把教师的手势分为功能性手势和随意性手势两大类。功能性手势是指教师在教学过程中，用手来传达明确信息、有特定功能的非言语行为。随意性手势是指教师在教学活动中，为了适应生理或心理的某种需要，长时间内形成的一种随意的或固定的手的模式和习惯，不能向学习者传达明确的信息，可以分为单手手势和复式（双手）手势。这里的随意性手势相当于 Müller 定义的话语手势。

除了以上两种手势分类外，学界还有一种常见的手势分类，即 McNeill（1992）对手势的分类方式，其将手势分为指示性手势、描述性手势和节拍性手势。截至目前，McNeill（1992）的手势分类在学术界使用最为广泛，因此，本书采用 McNeill 对手势的分类，接下来结合教学视频的特点，对这三种手势的定义进行阐述。

（一）指示性手势

指示性手势是指个体运用手指或手掌，如食指伸直，其余四指弯曲，用来指向某个物体或者方位等，常常伴随着指代性的词汇，如这里、那里、这个、那个等。Barberà 和 Zwets（2013）提出，指示性手势主要包括具体代指（concrete reference）和抽象代指（abstract reference）。其中，具体代指是指被指代的人或物实际存在于当前交流的语境中，其位置可以通过指示性手势明确标示出来，如教师指着桌子上的苹果；抽象代指则是指手势所指方位并非真的为指称物体所占据，而只是一种概念的或者抽象的物体假想方位，如教师用手指向上节课放置在讲台上的酒精灯，此时，酒精灯已经不在讲台上了。在教学视频中，具体代指常见于教师通过手指指向教学内容，抽象代指比较典型的有教师在录制视频时，当谈及镜头前的学习者时，用手指向屏幕，如图 3-1-1 所示。这两种指示性手势在教学过程中都很常见。

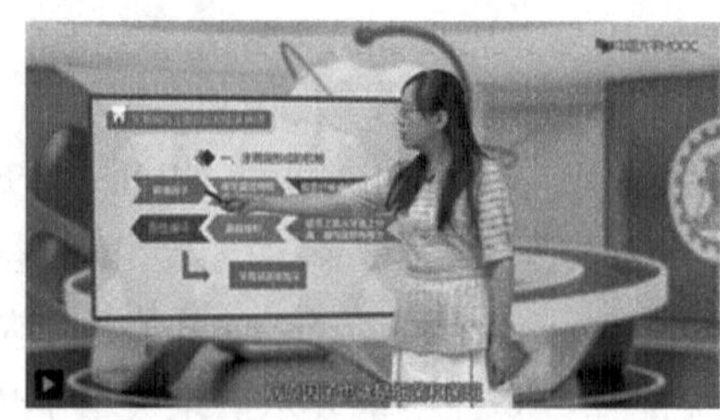

指示性手势：指向教学内容

指示性手势：指向镜头前的学习者

图 3-1-1　教学视频中教师指示性手势示例

资料来源：《牙周病学》. http://www.icourse163.org/learn/XJTU-1003637002?tid=1003874001#/learn/content?type=detail&id=1007620015

《英语演讲技巧实训》. http://www. icourse163.org/learn/CSU-1003378008?tid=1206099204#/learn/content?type=detail&id=1210564415&cid=1212745806

（二）描述性手势

描述性手势包括象征性手势和隐喻性手势，是对动作和知觉的心理模拟。象征性手势是对物体的形状大小、行为运动的具体性描述，一般需要语言的伴随，才能理解其含义（Holler et al.，2015）。例如，说话者的双手在空中抖动，伴随语言表达“双腿在打颤”（图 3-1-2），来表示双腿颤抖这个动作。与象征性手势不同，隐喻性手势指通过隐喻的方式来表示抽象事物的概念，而不是具体的事物或事件，如用双手左右交叉运动，来表示气流对流（Alibali et al., 2013）（图 3-1-2），用手指画圈表示闭合的曲线。象征性手势与隐喻性手势的区别在于前者是对事物具体性的描述，而后者是对抽象事物的表征，但两者都属于对动作和知觉的心理模拟。在教学过程中，如果讲授到较难理解的内容时，教师往往会使用描述性手势，帮助学习者更好地理解教学内容。

象征性手势：双手抖动表示双腿颤抖

隐喻性手势：双手左右交叉运动，表示气流对流

图 3-1-2　教学视频中教师描述性手势示例

资料来源：《英语演讲技巧实训》. http://www. icourse163.org/learn/CSU-1003378008?tid=1206099204#/learn/content?type=detail&id=1210564420

（三）节拍性手势

节拍性手势与以上两种手势不同，它不包含明显的语义信息，是教师在教学过程中做出的简单、重复性的动作，往往随语言的结束而停止，在交流方面起到暗示作用，如强调（Cassell & McNeill，1991），能够调节说话者的言语表达的速度与节拍，或者强调言语表达的某个重要部分（So et al.，2012），常见的节拍性手势包括手掌有节奏的上下浮动，或前后移动等（图 3-1-3）。

图 3-1-3　节拍性手势

有必要指出的是，在教学活动中，中西方教师手势的运用存在一定的差异。西方学者的研究发现，西方教师在讲授问题时，64%的手势是指示性手势，25%的手势是描述性手势，9%的手势是节拍性手势，2%的手势是书写动作（Alibali et al., 2013）。然而，白学军等（2009）通过对东方不同获奖等级青年教师的手势进行观察分析后发现，教师随意性手势的使用频率和持续时间都高于功能性手势；随着获奖等级的提高，教师不论是功能性手势的使用频率还是随意性手势的使用频率，都呈上升趋势；优秀教师更加注重手势与传统板书教学的结合。相关数据表明，在手势的运用上，西方教师使用频率最高的是指示性手势，而中国教师使用频率最高的是节拍性手势。造成这种差异的主要原因可能是文化背景的不同。

二、教学视频中教师手势的作用

在教学视频中，教师的手势对学习者的学习具有重要的影响（李恒，曹宇，2015）。例如，通过给学习者观看一段生物学知识（动作电位）的视频（时长约为 5 分 30 秒），相比于无手势的视频，含有教师手势的视频能够帮助学习者更好地理解内容（Kelly & Goldsmith，2004）。这表明手势可以作为教师教学过程中的辅助工具，帮助学习者加工和理解教学内容。目前，指示性手势、描述性手势和节拍性手势对学习效果的积极效应已经得到了不同程度的证实（So et al.，2012；Kang et al.，2013；Koumoutsakis et al.，2016）。

教学视频中教师手势对学习的积极效应可以通过具身认知理论、双通道加工理论和工作记忆模型加以解释。具身认知理论认为，身体运动的感觉体验会影响个体的认知和思维，基于此，当学习者在观看教学视频中的教师手势时，会激发其理解运动感觉的心理模型，从而产生耦合效应（Alibali & Nathan，2012；Ping et al.，2014）。与此同时，根据双通道加工理论和工作记忆模型，学习者是通过视觉和听觉通道共同处理信息的，这两个通道是相互独立工作的，但均有一定的容量限制（Baddeley，1986）。例如，当学习者的眼睛看到视频中的画面信息时，他们的视觉通道就开始处理这一图片信息；当学习者的耳朵听到语音信息时，他们的听觉通道就开始处理这一语音信息。据此，Mayer 提出了多媒体学习的通道原则，认为在多媒体学习中，教学视频应该充分利用学习者认知系统中的双通道，分别通过视觉和听觉通道来呈现信息，避免将所有的教学信息仅通过一个通道来呈现，而出现单个通道信息过大而“超负荷”的现象（Mayer,

2014）。研究者认为，教学视频中教师手势的运用符合多媒体学习的通道原则（Congdon et al.，2017）。教师利用手势在学习者视觉通道呈现语义信息，与其言语表达共同完成教学活动。

此外，随着研究技术的发展，研究者逐渐开始从行为和理论层面探究教师手势在教学视频中的作用，转向从认知神经层面揭示教师手势的作用机制。认知神经机制研究集中在两个方面上，即脑电波（electroencephalogram，EEG）和功能性磁共振成像（functional magnetic resonance imaging，fMRI）。ERPs/EEG的主要功能是通过电极记录头皮上脑细胞群的自发性、节律性电活动，即直接的神经活动，脑电信号（如 ERP 成分和 EEG 神经振荡能量）能够较为敏感地反映认知活动，如 γ 波（>29 Hz）与个人感知觉密切相关，这一技术擅长揭示时程问题；fMRI 的主要功能是依据磁共振成像来测量被试在特定认知任务下，神经元活动所引发的血液动力的改变，即脑活动相关代谢，从而进行脑部功能定位，这一技术擅长揭示脑定位问题。根据手势的脑电研究发现，观察者在观看被观察者的手势时，一般会出现 α 频段和 β 频段神经振荡强度下降，α 频段和 β 频段能量的变化被认为与记忆、空间注意转移、选择性注意等认知活动有重要联系（Herrmann et al.，2016；Quandt et al.，2012）。此外，脑成像研究发现，学习者对教师手势的加工主要包括对手势的运动成分和语义成分的理解，前者影响脑区的后侧颞上沟、腹侧运动前区皮层和顶下小叶，后者影响后侧颞中回（posterior middle temporal gyrus，pMTG）和额下回（inferior frontal gyrus，IFG），其中后侧颞中回负责语义提取，额下回负责整合和检测视觉与听觉信息语义的一致性。

综上所述，教学视频中教师手势不仅在行为层面影响了学习者的学习效果，而且影响了他们在学习过程中的神经活动和大脑激活等。然而，目前相关的认知神经科学的研究采用的任务均较为简单，如物体识别等，因此，该研究结果推论至视频教学时，还有待研究者的进一步考证。

三、小结

总而言之，教师的手势在视频学习中扮演着重要角色，其积极效应在不同学科和年龄段的学习者群体中均得到了证实。相关研究已从从行为层面和理论层面解释手势的作用转向从认知神经机制层面解释手势是如何影响学习的。

第二节
教学视频中教师指示性手势对学习的影响

指示性手势在教学过程中非常常见，如教师在讲课过程中使用手势指向黑板或课件。一项来自西方的研究表明，在西方的教学中，教师 64%的手势是指示性手势（Alibali et al.，2013），由此可见指示性手势在教学中的重要性。本节主要从教师指示性手势的作用、作用机制及其对教学视频设计的启示三个部分进行阐述。

一、教师指示性手势的作用

（一）指示性手势对语言学习的影响

指示性手势能够促进语言的发展，以及引发适时的语言输入。研究显示，使用指示性手势越多，婴幼儿掌握的词汇量越多，语言学习越顺畅（伍珍，郭睿，2017）。指示性手势先于口头语言的发展，是婴幼儿最早掌握的手势之一，被认为是眼神交流的强调和延伸。大量自然观察研究发现，指示性手势的出现时间和发生频率（尤其是右手的指示性手势）与儿童的词汇量呈正相关（Cochet & Byrne，2016），同时，通过婴幼儿使用指示性手势的频率，可以预测其词汇量的大小，由此体现了指示性手势在语言学习发展过程中的特殊作用。例如，Rowe 和 Goldin-Meadow（2009）观察了 52 名婴幼儿在 14～48 个月时的手势使用情况和词汇量，发现婴儿在 14 个月时用手指示的不同物体的数量可以预测他们在 42 个月时的词汇量，并推测如果婴幼儿在早期手势运用中缺乏使用指示性手势，他们将会不同程度地出现语言学习发展延迟的现象。

那么，是否可以通过增加教养人员使用指示性手势的数量，来训练婴幼儿习得指示性手势，从而促进其语言学习呢？Lebarton 等（2015）对此进行了研究，发现增加教养人员的指示性手势能够增加婴幼儿在正常交流过程中使用指示性手势的频率，并且与婴幼儿后续的词汇量呈正相关。15 名 1 岁零 5 个月的婴幼儿及其教养人员参与了一项为期 8 周的实验。每周的训练包括一次自然状态下的互动和大约 30 分钟的实验。在实验阶段，婴幼儿被随机分配到三种条件之一：①婴幼儿和主试共同做出手势的条件，主试指着一幅图片，然后让婴幼儿也去完成该指示动作（比如，主试说“看这条裙子！”然后用手指着图画书中的裙子说“你可以这样做吗？”婴幼儿按照要求指示裙子，主试接着说“那是条裙子！”）；②仅主试做出手势的条件，主试指示并且说明图片的内容但不让婴幼儿指示图片；③无手势的条件，主试仅说出图片内容（如“这是条裙子”），既不指示，也不要求婴幼儿指示。结果发现，在婴幼儿和主试共同做出手势的条件下，婴幼儿在后续训练过程和亲子互动中做出的手势数量都显著更多，且在后续交流中的口语词汇量也更大。

综上，在有关婴幼儿的言语学习研究中，指示性手势能引发适时的语言输入，促进婴幼儿的语言学习。目前，有关指示性手势促进言语发展的研究主要集中在真实场景的幼儿教育中，因此，以上研究结果是否能够推行到教学视频中，还有待进一步探究。

（二）指示性手势对其他学科教学的影响

相对于指示性手势对婴幼儿语言学习的作用，指示性手势在稍长学习者的视频学习过程中也发挥着举足轻重的作用。研究表明，在教学视频中，指示性手势对不同年龄段学习者和不同学科内容的学习均具有积极影响（Paas & Sweller，2012）。例如，在学龄前儿童（4～5 岁）学习“图案的对称性”、大学生学习“方差分析”概念时，指示性手势均能够促进他们的学习（Rueckert et al.，2017）。此外，Valenzeno 等（2003）让儿童分别观看有关对称概念的视频，其中一个视频中，教师一边讲解一边使用指示性手势，另外一个视频中，教师仅口头讲解。观看完教学视频后，儿童需要完成后测，即完成有关对称的六个判断题目，并解释原因。结果发现，观看含有教师指示性手势视频的儿童比观看无教师指示性手势视频的儿童的得分更高。

在教学视频中，指示性手势不仅能够提高学习者的学习效果，还能够降低他们的认知负荷，提高他们的社会存在感。王红艳等（2018）通过探究教师引导行为对学习者学习陈述性知识和程序性知识过程中的注意力分配、在线学习体验和学习成绩的影响发现，教师的指示性手势作为一种引导行为，可以有效地帮助学习者在关键时刻快速捕捉到学习需要深度加工的材料，降低无效认知资源的消耗；同时教师的指示性手势能够营造出一种师生交互的临场感觉，使学习者沉浸于学习情境中，将有限的认知资源投入到知识建构过程中。

随着研究的不断深入，研究者发现教学视频中教师指示性手势对学习的积极效应存在一些边界条件。例如，Yeo 等（2017）的研究发现，当教师的指示性手势与语言信息出现高度冗余时，反而不利于学习。他们让 82 名初中生随机观看一种有关线性方程和相应图形关系的教学视频（无指示性手势、指示性手势引导图形、指示性手势引导方程、指示性手势引导方程和图形）。结果发现，无指示性手势引导组学生的学习效果反而比指示性手势引导方程组的学生高。Yeo 等认为，此结果与以往研究结果不一致的原因在于指示性手势出现了冗余，在有关线性方程及其对应图形关系的学习上，教师已经用语言引导了学习者，无需再使用指示性手势进行引导。

此外，还有研究发现，在教学视频中，教师指示性手势的作用存在经验反转效应，即对低经验学习者具有良好的促进作用，而对高经验学习者的促进作用则不明显。杨九民等（2019）在探究高、低经验学习者在观看有无指示性手势的教学视频的研究中发现，低经验学习者能够有效地从指示性手势中获益，并提升其学习效果，但高经验学习者却没有发生这样的效应。

综上，在教学视频中，教师使用指示性手势能够帮助学习者降低认知负荷，增强社会存在感，提升学习效果，但存在一些边界条件，如指示性手势与语言的冗余程度、学习者的经验等。后续研究可以深入探究指示性手势有效性的边界条件。

二、教师指示性手势的作用机制

通过对以往研究的分析发现，教学视频中教师的指示性手势的确有利于促进学习者的学习（Mayer et al.，2003）。那么，教师的指示性手势是如何促进学习者学习的呢？我们可以从认知负荷理论、多媒体学习认知理论和社会线索原则等方面来理解教师指示性手势对学习的积极效应。

（一）引导学习者的注意力分配

根据 Sweller 的认知负荷理论，学习者的认知负荷是有限的，在学习不断切换呈现内容的教学视频时，学习者需要在有限的认知负荷下，时刻调配认知资源，搜索有效信息进行加工。指示性手势恰好具有引导这一功能，能够有效帮助学习者合理分配注意力。

研究发现，指示性手势主要通过对视觉的搜索效率、注意时长、来回扫视的次数等，来影响学习者的注意力分配，进而影响学习者的学习效果(Pi et al., 2019)。笔者通过分析大学生在学习 Photoshop 软件过程中的眼动数据发现，学习者的注意力会受到指示性手势的影响，具体表现为相比于无手势组的学习者，观看有指示性手势的学习者能够更快地搜索相关内容，且关注时长更长（ Pi et al.，2017a ）。还有研究者发现，教师的指示性手势可以减少学习者在教师和教学内容之间的扫视次数（王红艳等，2018）。

此外，相比于符号线索，如线框提示、高亮提示，指示性手势的注意引导效应更强。例如，Pi 等（2017）采用眼动追踪技术，记录了被试在教学视频学习过程中的眼动情况，并将之与教学视频中教师指示性手势与箭头线索对学习者的注意力引导差异进行了比较，结果发现，相比于箭头线索，教师的指示性手势能够更有效地引导学习者分配更多的注意力至被提示的教学内容。

教师的指示性手势对学习者注意力的引导作用也得到了认知神经科学相关研究的支持。例如，脑成像研究发现，在影响注意力转移上，教学视频中的指示性手势与其他指示性标志（如眼睛引导、符号线索引导）引发了学习者相似的神经机制，同样影响了学习者右半球的后侧颞上沟、顶下小叶、额下回和枕皮质（ Sato et al.，2009 ）。这说明，与其他注意线索一样，指示性手势能够影响学习者的注意力转移，从而引导其注意力分配。

此外，有关手势的 EEG 研究发现，α（8～13 Hz）和 β（14～30 Hz）波与手势加工密切相关，当个体产生或者是观看指示性手势时，均会引起 α 和 β 波能量下降（ Quandt et al.，2012 ）。例如，Quandt 等（2012）考察了被试观看教学视频中教师指示性手势和象征性手势时神经振荡能量的变化。在实验中，被试观看了两种视频：一种视频是教师用象征性手势描述如何把一个圆柱体摆放到另一个圆柱体上方；另一种视频是教师用指示性手势表示把一个圆柱体摆放到另一个圆柱体上方（图 3-2-1），结果发现，α 和 β 波对指示性手势和象征性手势非常敏感。大量的研究发现，α 和 β 波与视觉空间注意力分配认知活动，以及感觉运动皮层的激活均有重要关联（ Brooks et al.，2018 ）。因此，研究者认为当 α 和 β 波能量减少时，说明学习者在观看手势时需要感觉运动皮层的参与，并进行了视觉空间注意力分配认知活动。

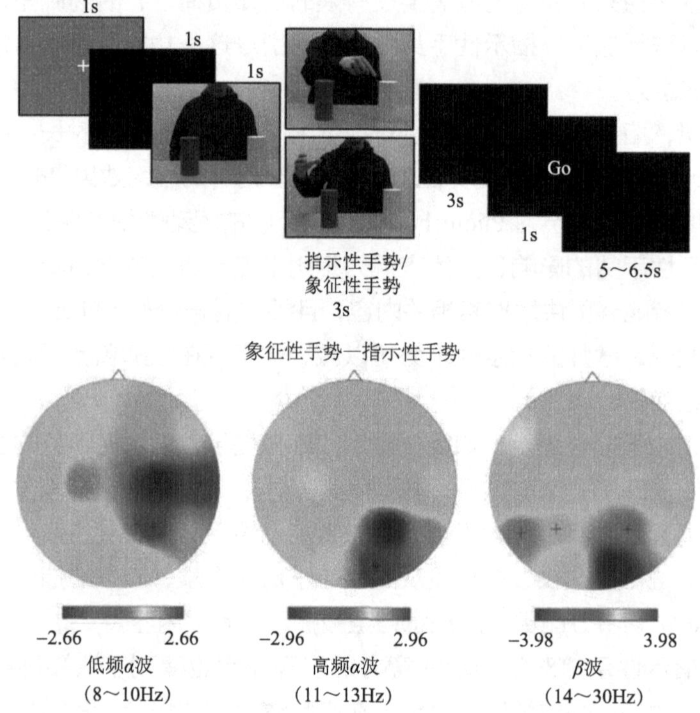

图 3-2-1 观看象征性手势减去观看指示性手势的脑电地形图

资料来源：Quandt L C, Marshall P J, Shipley T F, et al. 2012. Sensitivity of alpha and beta oscillations to sensorimotor characteristics of action: An EEG study of action production and gesture observation. ***Neuropsychologia***, 50(12): 2745-2751

上述研究表明，指示性手势通过激活个体右半球的后侧颞上沟、顶下小叶、额下回和枕皮质等与注意力分配相关的脑区，引起 α 和 β（14～30 Hz）波能量下降，来影响学习者的注意力分配，使他们聚焦于教师做出指示性手势时所对应的言语和视觉信息上，进而影响他们的学习效果。然而，需要指出的是，在教学中仅使用指示性手势而不伴随语言的情况是非常少见的，而来自认知神经科学的研究就没有考虑指示性手势伴随言语的影响，因此，有关认知神经科学的相关研究能否被推广到教学视频中，还有待进一步考证。

（二）激发学习者的社会反应

Mayer 的多媒体学习中的社会线索原则指出，教学视频中的社会线索，如手势、眼睛注视和面部表情等，可以激发学习者积极的社会反应，增强他们的学习动机，促进他们投入更多的认知资源到学习活动中，从而实现深度学习（Mayer，2014），并且这一原则得到了一些实证研究的支持。例如，有研究者发现，教师在通过视频开展教学时，眼睛注视、非语言伴随性手势（如竖起大拇指）等能够增强学习者的社会存在感，激发他们积极的情绪状态（Yang et al.，2015；Beege et al.，2017；Mcintyre et al.，2017）。一项自然观察研究发现，相比于婴幼儿的其他行为（如发声），教养人员会使用更多的语言来回应婴幼儿的指示性手势，因此，如果婴幼儿能够使用指示性手势，他们将从教养人员那里得到更多的言语输入。同时，教养人员使用指示性手势也能帮助婴幼儿习得语言（Liszkowski，2014）。此外，研究还发现，当教师使用指示性手势时，会增加学习者对教师的积极认知，如他们会认为，"这位教师是一位平易近人且受学习者喜欢的人，他的教学活动可能会让我们学得更多"等（Rueckert et al.，2017），学习者对教师的积极认知势必会增强他们的学习动机。

据笔者所知，目前对教师手势是否能激发学习者社会反应方面的探讨，还缺乏围绕指示性手势展开的研究。尽管指示性手势与其他社会线索存在一定的差异，如眼睛注视被认为可以用来表达对他人的态度、爱、兴趣或者情绪等（林志成，2005），但指示性手势也能够传递一定的社会线索。基于理论和以上探索性研究的结果，我们有理由假设教学视频中的教师手势可能激发了学习者积极的社会反应。

综上所述，教师的指示性手势不仅能够引导学习者关注其提示的教学内容，从认知层面优化学习路径，而且能够从社会层面激发学习者的社会反应，促进主动学习的发生。

三、对教学视频设计的启示

基于以往研究和相关理论，我们提出以下有关教学视频中教师指示性手势的设计原则：在录制或拍摄视频时，如果讲解到关键信息时，教师应当使用指示性手势来引导学习者的注意力分配，即将学习者的注意力引导到学习内容的重点和难点上，从而减少学习者的视觉搜索时间，将更多的工作记忆资源分配到相关的学习活动中，进而达到更好的学习效果。在教学过程中，教师使用指示性手势能有效引导学习者的注意力，激发学习者的社会反应，从而提高学习者的学习成绩。需要指出的是，教师指示性手势作用的发挥也存在边界条件，当教师讲授的内容与教师指示性手势高度冗余时，不需要增加指示性手势；当学习者均为高经验学习者时，也不需要增加指示性手势。

第三节

教学视频中教师描述性手势对学习的影响

描述性手势包含隐喻性手势和象征性手势，是对动作和知觉的心理模拟。例如，将双手张开来表示碗的大小，或者使用捧碗的手势来模拟碗的大小和轻重。相比于指示性手势，描述性手势包含更多的语义信息，如在有关细胞有丝分裂的知识学习中，教师可以通过手指的移动模拟出染色体的分开和聚合。研究证明，描述性手势有助于儿童理解知识，这可能是因为描述性手势能够提供更多的视觉输入信息和语义内容，从而有利于学习者学习（Kang et al.，2013）。本节主要从教学视频中教师描述性手势对学习效果的影响、作用机制及其对教学视频设计的启示展开阐述。

一、教师描述性手势对学习效果的影响

大量研究探究了描述性手势在教学视频中的应用，如其在数学、语言和科学等领域的知识学习中具有有效性。Son 等（2018）使用数学概念——“方差与均值”，探究了描述性手势对大学生概念理解的影响，结果发现，观看含有描述性手势的教学视频有利于大学生理解复杂的概念，这可能是因为描述性手势可以帮助学习者注意并记住关键知识点，从而更好地理解教学内容。Ianì 等（2018）则考察了描述性手势对短语记忆的影响，通过让学习者观看有伴随手势的视频和没有伴随手势的视频，发现观看有伴随手势视频的学习者对短语的记忆能力更好（图 3-3-1）。

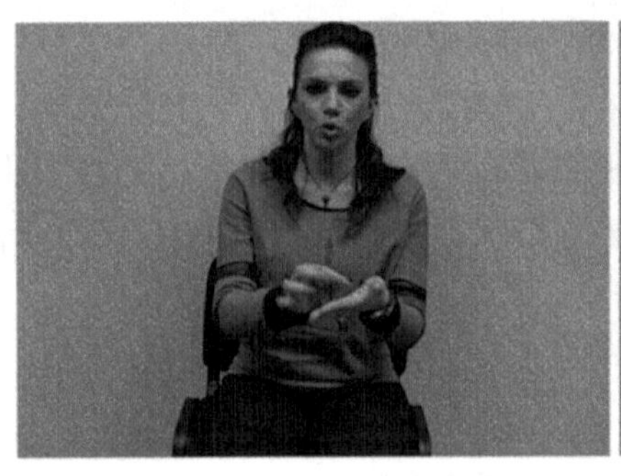

伴随“缝纫”做出相应手势

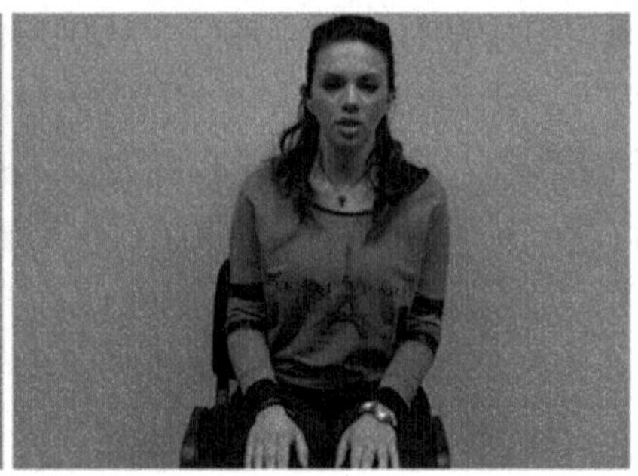

仅说出“缝纫”无手势

图 3-3-1　描述性手势示意图

资料来源：Ianì F, Burin D, Salatino A, et al. 2018. The beneficial effect of a speaker's gestures on the listener's memory for action phrases: The pivotal role of the listener's premotor cortex. ***Brain and Language***, 180-182: 8-13

那么，描述性手势是否对不同年龄的个体都有效呢？一项来自元分析的结果显示，描述性手势对学习者的影响效果受到年龄的影响，其中儿童学习者比成人学习者从描述性手势中获益更多（Hostetter，2011）。这可能是因为成人学习者已经积累了一定的词汇量，相比于儿童能够独立地加工语言信息，所以成人学习者受描述性手势的影响较小，但这并不代表描述性手势对成人学习者的学习没有影响。有研究发现，描述性手势对成人学习者的学习同样有效，成人学习者（22～28 岁）在记忆 10 个日常的视频片段时，观看有描述性手势视频的学习者比观看没有描述性手势视频的学习者的记忆效果更好（Breckinridge et al.，2007）。

描述性手势的有效性也具有一定的边界条件（Dargue & Sweller，2018）。在有关教学视频的研究中，不同的描述性手势有不同的交流效果。例如，描述具体动作的手势比描述抽象主题的手势更具交际性；当手势描述的是比较具象的运动或者空间时，这种手势则有利于促进交流和理解，因为它们提供的有关空间或运动主题的信息特别丰富。但当手势描述的是一种抽象的主题时，这种手势几乎无助于加强交流，因为抽象的概念通过手势表达得不那么清晰（Hostetter，2011）。另外，同为描述性手势，典型（如两手做抽杆运动）和非典型（如双手表示一个圆形玫瑰花结丝带的形状，并举起来代表一等奖）的手势的作用也有所不同。研究发现，学习者观看典型手势视频的记忆效果明显好于观看非典型手势或没有手势视频的记忆效果。这是因为理解描述性手势往往依赖于我们以往的生活文化经验，而非典型的手势较难理解，典型手势更好理解（Dargue & Sweller，2018）。因此，尽管描述性手势可以补充语义之外的信息，有利于促进学习，但这种有效性会根据具体的情境而有所不同。

综上，大多数研究表明，教学视频中教师的描述性手势对学习者的学习效果具有积极影响。随着研究的不断发展，研究者逐渐发现并不是所有的描述性手势都是有利于学习的，这可能与描述性手势的类别有关。因此，未来的研究可以进一步探究何种描述性手势更能够促进教学。

二、教师描述性手势的作用机制

在教学视频中加入教师的描述性手势不仅可能对学习者的学习认知过程，如语义整合产生积极影响，同时还可能对其人际交互产生积极影响，并提高他们的学习效果。因此，教学视频中教师的描述性手势对学习的作用备受研究者的关注。

（一）提供语义信息

手势既可以表达教师言语未表达清楚的信息，又可以表达言语未表达的信息，因此，手势成为言语表达之外提供语义信息的另一条重要途径。当手势和言语表达相互关联和配合时，手势表达言语本身的信息，此时手势有助于学习者对言语的准确理解；当手势表达言语未表达的信息时，此时手势可以弥补语义信息的不完整（张恒超，2018）。

描述性手势与特定的言语表达相联系。例如，当教师介绍抛物线的概念[即平面内到一个定点 F（焦点）和一条定直线 L（准线）距离相等的点的轨迹]时，手会配合言语在空中画出一条抛物线的轨迹，来帮助学习者理解抽象的语义信息（Goldin-Meadow，2010；Novack et al.，2015）。又如，Kelly 等（2010）发现，当教学视频中教师的象征性手势和言语表达一致时，能够促进学习者对相关词汇的理解，相反，当手势和言语表达不一致时，则会阻碍学习者对相关词汇的理解。

来自认知神经科学的研究支持了这一说法（Kendon，2004；Wu & Coulson，2011）。描述性手势是对动作和知觉的心理模拟，看上去就像一幅动态图画（McNeill，1992），如使用描述性手势做出一顶帽子的形状来表达“这是一顶帽子”的图像。研究发现，观察者（如学习者）在加工被观察者（如教师）的描述性手势时，与加工其他语义类材料（如图画）具有相同的神经机制（Wu & Coulson，2011）。例如，有研究者记录了成年人看到描述性手势前后时间段的脑电波。在该研究中，手势要么是以视频的形式动态呈现，要么是以从视频中截取的固定帧，即静态画面呈现。结果发现，观看实验材料后的 400～600 毫秒，被试都会产生较低振幅的负 ERPs（N450）；在另一项 ERP 实验中，被试观看了真实物体的照片和使用描述性手势模拟真实物体的照片，结果发现，在观看实验材料 300～400 毫秒后，被试观看物体照片和静态手势也能产生较低振幅的负 ERPs（N300）。因此，可以认为理解描述性手势与其他类型的视觉表征之间存在共性，换句话说就是，描述性手势能够提供一定的语义信息。

除此之外，研究者还发现，当观察者加工被观察者的描述性手势时，会激活与语义加工有密切联系的脑区，如颞中回、额下回等。例如，Holle 等（2010）考察被试在观看教学视频中教师描述性手势时的脑区激活情况时发现，当教师做出描述性手势时，被试的后侧颞上沟、双侧顶下小叶和双侧腹侧前运动皮层有更强的激活。另外，大量的研究发现，学习者在观看教师手势时，他们进行初级整合视听觉信息的主要脑区是颞上沟，而主要参与高级语义信息提取和整合的脑区包括后侧颞中回和额下回。其中后侧颞中回负责语义提取，额下回负责整合和检测视听觉信息语义的一致性（Holle et al.，2014）。

事实上，教师使用描述性手势进行视频教学，是符合多媒体设计中的通道原则的。通道原则认为，当学习者学习新材料时，有限的工作记忆容量会影响他们对新知的习得，但如果能够通过视觉通道和听觉通道两种方式呈现信息，将扩大他们有效的工作记忆容量，从而降低他们的认知负荷（Mayer，2014），进而促进他们对新知的习得。教师的描述性手势和言语表达，就是分别通过视觉通道和听觉通道来传达教学内容的，因此，有利于扩大学习者有效的工作记忆容量，避免学习者在加工教学材料时某一通道的超负荷。

综上所述，教师的描述性手势通过提供语义信息，与其言语表达相互补充，提高了视频的教学效果。这一观点得到了认知神经科学相关研究的支持，即学习者在加工教师的描述性手势时会产生与加工图像时相似的神经活动，激活与语义加工密切相关的脑区。总之，教学视频中教师描述性手势的使用符合通道原则，能够避免学习材料在视听觉通道出现冗余的问题。

（二）激发积极的社会反应

如前所述，多媒体学习中的具身原则认为，教师的手势能够增强学习者的学习动机，激发他们积极的社会反应（Mayer，2014）。相似地，描述性手势能够帮助倾听双方关注到与描述性手势相关的内容上，从而提高教师与学习者之间的交互水平（Krauss，1998）。然而，据笔者所知，目前尚缺乏探讨教师描述性手势对学习者社会动机方面影响的研究。但我们可以从其他社会线索的相关研究推测，教师的描述性手势也具备激发学习者学习动机的作用。

综上，描述性手势通过提供语义信息，能够增强人际交互，促进学习者对语义的理解，帮助讲述者和听者共同关注到重点内容上，从而提升教学效果。

三、对教学视频设计的启示

基于上述分析，笔者提出以下有关教学视频中教师描述性手势的设计原则：在拍摄教学视频时，教师应结合教学内容使用常见的描述性手势来帮助学习者更好地学习。研究表明，在教学视频中使用描述性手势，不仅有利于教师组织语言，也有利于学习者关注教师传递的信息，从而增加教师与学生之间的交互，提升学习者的学习效果，这也体现了整合系统假设和多媒体学习的通道原则。尽管如此，一项来自教学视频应用的调查研究发现，大部分教学视频中的教师较少使用甚至不使用手势（Son et al.，2018），这显然是一种教学资源的浪费。需要指出的是，教师描述性手势的有效性也存在一个边界条件，即教师运用的描述性手势需要是特征明显、浅显易懂的，不然结果将与初衷背道而驰。

第四节

教学视频中教师节拍性手势对学习的影响

如果你仔细观察就会发现，很多教师在授课时，都会伴随着手势打节拍，这被称为节拍性手势，如图 3-4-1 所示。节拍性手势不提供语义信息，一般伴随口语表达同时呈现，与说话者的韵律节奏保持一致。因此，说话者的节拍性手势可以起到一定的强调作用，如提示说话者口语表达中的重要内容。研究表明，教师的节拍性手势对学习者的学习具有一定影响（Holle et al.，2008；Kushch et al.，2018；Llanes-Coromina et al.，2018）。

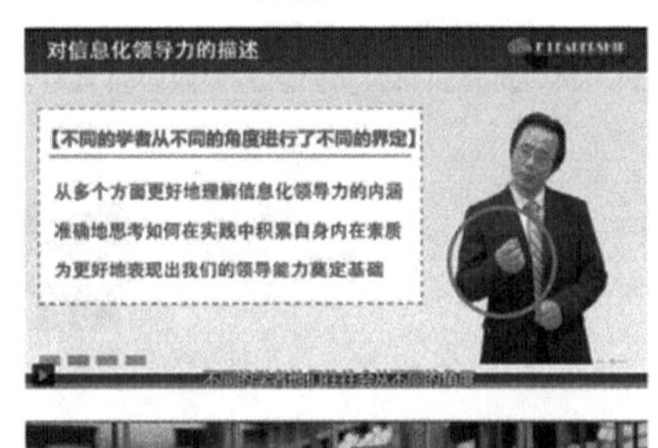

图 3-4-1 MOOC 平台视频课程中教师节拍性手势的静态截图

资料来源：《如何打造金课》. http://www.icourse163.org/learn/HIT-1206149824?tid=1206450225#/learn/announce
《信息化领导力》. http://www.icourse163.org/learn/icourse-1001553014?tid=1206451214#/learn/announce
《信息化教学能力之五项修炼》. http://www.icourse163.org/learn/icourse-1001965008?tid=1206476203#/learn/announce
《民法学》. http://www.icourse163.org/learn/TJU-1206144806?tid=1206446205#/learn/announce

一、节拍性手势的分类

根据做手势时的动作特点，可以将节拍性手势划分为不同的类型。Billmyer 和 Varghese（2000）曾统计过人们说话时经常运用的节拍性手势，在分析其动作特点之后，最终得出节拍性手势的五种类型：①掌心向下 45°，手指向外伸展，该类型节拍性手势的占比约为 45%；②掌心向上 45°，手指向内卷曲，该类型节拍性手势的占比约为 30%；③手指虚握，上下摆动，该类型节拍性手势的占比约为 10%；④左手虚握敲击右手掌心（或右手虚握成拳敲击左手掌心），该类型节拍性手势的占比约为 10%；⑤食指伸出，呈点击状，该类型节拍性手势的占比约为 2.5%；其他无明显特征的节拍性手势的占比约为 2.5%，这里不作呈现。如图 3-4-2 所示。

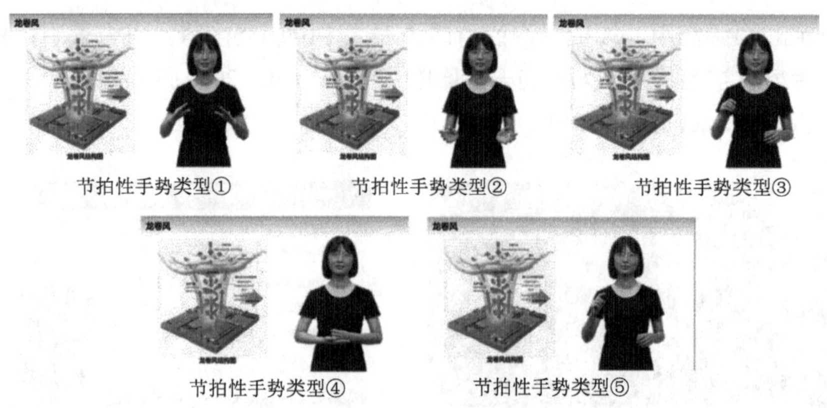

图 3-4-2　节拍性手势的动作类型

当人们做节拍性手势时，几乎全部都是手臂的上下运动，即手先从腰部运动到下巴的高度，然后再落到腰部，中间是重复性升起和落下的动作。少部分节拍性手势是手臂带动手前后运动，即手先从腰部运动到胸部的高度，然后在胸前做前后移动的重复性动作。

二、教师节拍性手势对学习效果的影响

教师节拍性手势在学习中的作用，一直以来都是研究者和教育实践者关注的问题。然而，关于教师节拍性手势对学习效果的作用，各研究之间并未达成一致结论。

大部分研究发现，教学视频中的教师节拍性手势能够有效地增强学习者的学习效果。例如，Wang 和 Chu（2013）采用 ERP 技术，记录了成人学习者观看教学视频过程中的脑波变化。实验中，被试分别观看了三种教学视频，即教师无手势、教师采用节拍性手势、教师采用控制手势（只呈现手势，无节拍）。其中，教师采用控制手势和节拍性手势的条件相似，区别在于控制手势条件下教师仅呈现出相同的手部姿势，由身体内侧移至外侧，然后保持这个状态，不会伴随口语表达重复该运动。结果发现，教学视频中教师的节拍性手势能促进成人学习者将关键字与句子语境的语义整合，增强他们的语言理解能力。脑电结果显示，节拍性手势条件下，被试在 800～1200 ms 时间窗内诱发了更正的脑电成分。此外，节拍性手势条件下，被试的大脑右后方诱发了更强的 N400 成分。这些研究验证了节拍性手势对成人学习者学习效果的积极作用。

那么，教学视频中教师的节拍性手势是否对儿童学习者的学习效果有同样的作用呢？研究者分别探究了教学视频中教师的节拍性手势对儿童信息记忆和理解

的影响。例如，Igualada 等（2017）通过一组被试内实验，把 106 名 3～5 岁的儿童按年龄分成三组（即 3 岁组、4 岁组和 5 岁组）观看教学视频，视频观看结束后，要求被试复述出关键词汇和故事内容。实验的自变量为视频中教师讲授到重点单词时使用或不使用节拍性手势。结果发现，观看有教师节拍性手势的教学视频的儿童对重点单词和整体故事的记忆效果均优于观看无教师节拍性手势的教学视频的儿童。这说明，教学视频中的教师节拍性手势也能够显著增强儿童学习者的信息记忆效果，那么在信息理解方面是否具有同样的作用呢？Austin 和 Sweller（2017）以 3～5 岁的儿童为研究对象，探究了教学视频中教师是否使用手势以及使用不同手势（无手势 vs.象征性手势 vs.节拍性手势）对儿童空间方向记忆的影响，观看教学视频后，要求被试口头复述并绘制出视频中描述的路线。结果发现，与观看无手势的教学视频相比，观看有教师节拍性手势的教学视频能够提高儿童记忆路线的准确性，这表明教师节拍性手势也对儿童学习者信息理解方面有促进作用。此后，相关研究再次证实了这一结论（Llanes-Coromina et al.，2018）。

然而，也有部分研究通过观察学习者在不同认知任务中的表现，指出教学视频中教师节拍性手势对学习者的学习效果不存在明显的影响。首先，研究者探讨了教学视频中教师的节拍性手势对学习者记忆任务表现的影响。例如，Feyereisen（2006）探究了成人学习者在不同手势条件下对母语句子的记忆效果，实验中，被试分别观看了有描述性手势的教学视频和有节拍性手势的教学视频。结果发现，观看有描述性手势的教学视频能够显著增强成人学习者的记忆效果，而有节拍性手势的教学视频却没有表现出明显的促进作用。然而，另一些研究发现，节拍性手势对不同年龄段学习者记忆效果的影响不同。例如，So 等（2012）探究了教学视频中不同类型的手势对成人学习者和儿童学习者的词汇记忆效果的影响，实验中，被试分别观看了有象征性手势的教学视频、有节拍性手势的教学视频及无手势的教学视频。结果发现，有象征性手势的教学视频同时增强了成人学习者和儿童学习者的记忆，而有节拍性手势的教学视频只对成人学习者的记忆有积极作用。值得注意的是，在这项研究中，伴随节拍性手势的词语是作为孤立的词语序列出现的，而不是在言语表达语境中出现的，而节拍性手势的关键功能之一恰恰是突出言语表达中的最关键信息（McNeill，1992；Shattuck-Hufnagel et al.，2016）。还有一些研究者分析了教学视频中教师的节拍性手势对学习者的故事理解的影响。例如，Macoun 和 Sweller（2016）以 3～5 岁的儿童为研究对象，探究了教师手势（无手势 vs.指示性手势 vs.象征性手势 vs.节拍性手势）在学龄前儿童叙事理解中的作用。结果发现，教学视频中教师象征性手势和指示性手势均显著促进了儿童学习者的叙事理解，而教师节拍性手势却未表现出对儿童学习者的叙事理解有明显的促进作用。

综上所述，现有大部分研究表明，教学视频中教师节拍性手势的应用对学习者的学习有显著的影响，尤其是能够增强其学习效果。基于此，笔者推测以往研究没有达成一致结论的原因，可能是受研究材料和研究对象的影响。已有研究中，研究材料以言语和词汇学习为主，而以复杂知识为学习材料的研究较为缺乏；此外，已有研究的对象多为学龄前儿童，对成人学习者的关注较少。因此，未来可以探索教学视频中教师节拍性手势对成人学习者学习复杂知识内容的影响。

三、教师节拍性手势的作用机制

教师节拍性手势是如何影响学习者的视频学习效果的呢？根据目前已有的相关研究，教师节拍性手势的作用机制可以从视听注意机制和认知神经机制两方面来解释。

（一）视听注意机制

人们通常通过言语表达和手势共同完成信息的传达。自然状态下，当人们做出节拍性手势时，语音、语调也会无意识地加重（Renwick et al.，2004；Krahmer & Swerts，2007；Hostetter & Alibali，2008）。例如，当你向另一个人说“我的房子是单身公寓，只有我一个人住”时，为了强调关键词“一个人”，你可以做出节拍性手势，同时，在这个词出现时的口语发音会强于其他词，这是一种伴随性的、无意识的行为。

有研究者通过对说话者做出节拍性动作（节拍性手势、点头和眉毛运动）时的发音进行声学分析后发现，节拍性动作确实影响说话者的口语发音，特别是发音的持续时间和较高共振峰，而与节拍性动作的类型、存在与否以及口语表达中重音的位置无关（Krahmer & Swerts，2007）。这表明节拍性手势能够影响说话者口语表达的发音和韵律节奏。观看教学视频时，学习者一旦感知到教师在不同阶段的口语发音不同时，其对不同阶段的信息的注意和加工也会受到影响。因此，尽管节拍性手势不传递语义信息，却具有强调功能，能够引导学习者注意教师口语表达中的关键性信息，从而影响其对信息的加工，最终影响其记忆效果和理解能力（McNeill，1992）。

教师的节拍性手势对学习者视听注意的引导作用，已被许多研究证实。例如，Krahmer 和 Swerts（2007）依据教学视频中教学代理的手势变化，探究了视觉线索对被试感知信息的影响。结果发现，教学代理的节拍性手势显著提高了被试对信息的感知程度，即与无手势条件相比，节拍性手势条件下被试能够更加敏锐地捕捉到手势对应的言语和视觉信息的变化，也就是注意到节拍性手势对应的视觉信息。此后，他们再次展开研究，结果发现，相较于无视觉上的节拍性手势，说话者做出节拍性手势时，听者能够更敏锐地捕捉到说话者的发音变化。有研究者认为，节拍性手势之所以能够促进学习，是因为它具有节律性，会随着教师口语的语调发生变化，从而引导学习者注意言语表达中需要强调的内容（So et al., 2012）。例如，当教师讲到重点内容时，会伴随节拍性手势来强调这部分的内容。

综上所述，教学视频中教师节拍性手势之所以会影响学习者的学习效果，是因为节拍性手势不仅提高了学习者对教师口语表达中关键信息的注意，还提高了学习者对节拍性手势对应的视觉信息的注意。换言之，节拍性手势引导了学习者的视听注意力分配，提高了他们对相关内容的注意，最终影响了他们的学习效果。

（二）认知神经机制

随着对教学视频中教师节拍性手势研究的不断深入，研究者已经将研究重点从探讨节拍性手势对学习者学习行为层面的影响，逐渐转向揭示教师节拍性手势影响学习者视频学习的认知神经机制。近年来，认知神经科学技术中的无创性脑功能成像技术逐渐被应用于教育学、心理学和教育心理学领域。无创性脑功能成像技术是指既不会对研究对象造成伤害，又能够记录大脑活动的技术，主要包括脑电技术、功能性近红外光谱（functional near-infrared spectroscopy，fNIRS）技术、经颅磁刺激（transcranial magnetic stimulation，TMS）技术、功能性磁共振成像技术等（冯涛，张进辅，2006）。目前，有研究者开始采用脑电技术与功能性磁共振成像技术来探讨教师节拍性手势影响视频学习的认知神经机制。

1. 脑电技术研究

研究者普遍认为，脑电成分和 EEG 不同频段神经振荡能量变化均与特定的认知活动密切相关。因此，近年来逐渐有研究者尝试采用脑电技术来探究教学视频中教师节拍性手势对学习者脑电成分和 EEG 不同频段神经振荡能量变化的影响。

有研究者认为，教学视频中教师节拍性手势可以通过影响学习者的不同脑电成分来影响其信息加工过程和注意力分配，如 P600、P200、N400 等，从而引起学习者学习效果的变化（Holle et al., 2008; Biau & Soto-Faraco, 2013; Wang & Cu, 2013；Dimitrova et al., 2016）。有研究表明，这些脑电成分与语义加工有密切联系（Kounios & Holcomb，1994；Marí-Beffa et al.，2005；Du et al.，2014）。例如，Holle 等（2008）记录了被试在观看有节拍性手势的教学视频时，其对语义进行理解时的相关脑电波变化。结果显示，当教师用节拍性手势强调句子中的主语时，被试会诱发更负的 P600 成分，对语义的理解也更加准确。此外，还有研究者比较了学习者观看有无节拍性手势的单词学习的教学视频所诱发的 ERP 成分的差异（Biau & Soto-Faraco，2013）。结果显示，当教师形象可见且使用节拍性手势时，被试会诱发更正的 P200 成分，单词学习效果也更好；然而，当教师形象不可见时，被试观看含有同样言语节奏的教学视频时，却不会诱发 P200。这表明，在学习单词时，被试的 P200 是由观看教师节拍性手势诱发的，而不是由语音音调变化诱发的。

此外，节拍性手势还能通过调节部分低频神经振荡强度以及相位来影响学习者的注意力，从而导致其学习效果的变化。例如，Biau 等（2015）发现，学习者在观看有教师节拍性手势的教学视频时，其中央颞区 α 波（8～10 Hz）和左额颞区 θ 波（5～6 Hz）频段振荡强度明显增强，而且这种神经振荡大约发生在言语发音前 200 ms，这说明节拍性手势的出现让学习者为加工言语信息做好了准备，结果如图 3-4-3 所示。

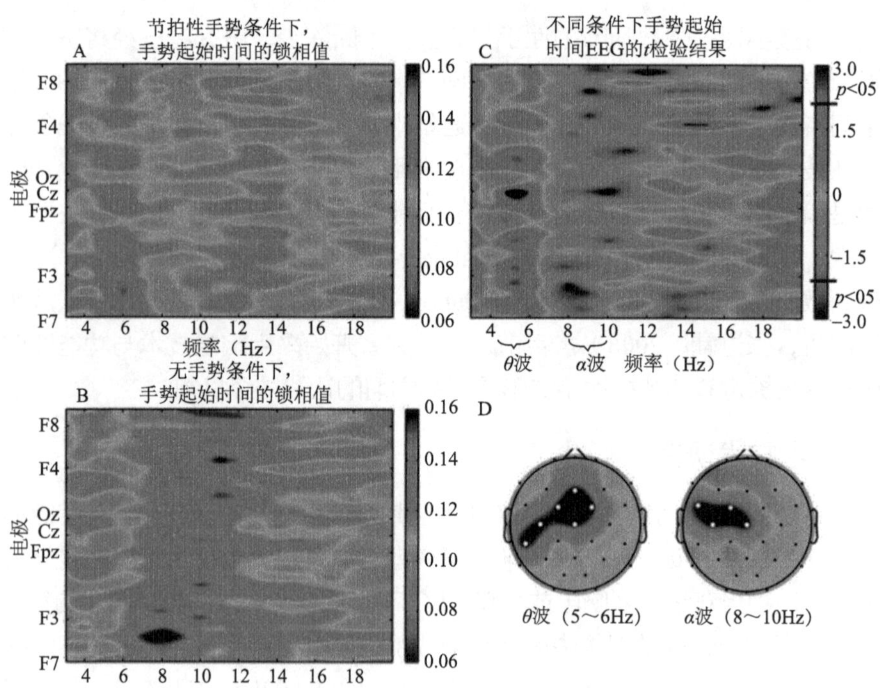

图 3-4-3　不同条件下学习者的神经振荡分析结果示意

资料来源：Biau E, Torralba M, Fuentemilla L, et al. 2015. Speaker's hand gestures modulate speech perception through phase resetting of ongoing neural oscillations. ***Cortex***, 68: 76-85

上述研究表明，尽管节拍性手势本身不传递语义信息，但是它能够像言语表达中的韵律变化一样，强调语言表达中的关键性信息，从而影响学习者低频神经振荡，使他们的注意力聚焦于教师做出节拍性手势时所对应的言语和视觉信息上，进而影响他们的学习效果。然而，在以往大部分关于手势的脑电技术研究中，教师节拍性手势与真实的教学活动中的运用情境存在一定的差异。因此，即使已有研究为解释教师节拍性手势如何影响学习者的神经活动提供了初步证据，但将这些结论推广至教学视频时，仍需要谨慎。

2. 功能性磁共振成像技术研究

为了探究学习者哪些脑区参与加工了教学视频中的教师手势，研究者采用fMRI记录了他们在观看教学视频中教师节拍性手势时的脑区激活情况。结果表明，学习者在加工教师节拍性手势时，会激活一些特定脑区（Hubbard et al.，2012；Hubbard et al.，2009）。例如，Hubbard等（2009）探讨了被试在有无声音的情况下观看三种不同的呈现教师形象的教学视频（节拍性手势、无意义手部动作和无手势）时的脑区活动情况，其中，无手势有声音为基线条件。不同实验条件下，被试的脑区活动如图3-4-4所示。与基线条件相比，无声音有节拍性手势条件下，学习者的双侧枕颞区包括中颞区、右侧中央后回和顶内沟、后部颞中回和颞上回的活动显著增强；有声音且有节拍性手势条件下，学习者的双侧视觉皮质（包括视觉运动中颞区）、初级听觉皮质、颞上回、颞中回、额下回、额中回、中央后回、上丘的活动显著增强；无声音无意义手部动作条件下，学习者的双侧枕颞区、中央后回、顶内沟、额上回、额中回、右侧小脑的活动显著增强；有声音无意义手部动作条件下，学习者的双侧视颞皮质、双侧中央后回、顶叶沟、上丘以及左侧额中回的活动显著增强。这些脑区均与语义加工密切相关，因此，对节拍性手势的加工与语义加工具有相同的脑神经基础。

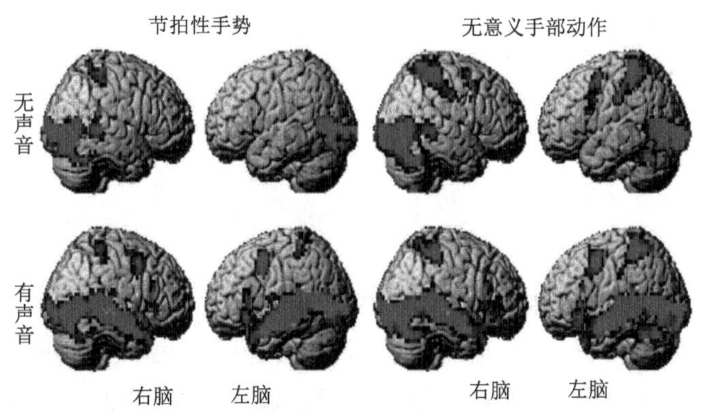

图 3-4-4　不同条件下学习者的神经活动

资料来源：Hubbard A L, Wilson S M, Callan D E, et al. 2009. Giving speech a hand: Gesture modulates activity in auditory cortex during speech perception. ***Human Brain Mapping***, 30(3): 1028-1037

截至目前，国内外利用 fMRI 来探究教师节拍性手势对学习者学习效果影响的研究尚处于起步阶段，较难推测教师节拍性手势如何影响学习者的脑区激活情况。尽管已有研究为教师节拍性手势激活学习者脑区提供了证据，但未来仍需要利用 fMRI 展开更深入的探索，用更加丰富的证据来揭示教师节拍性手势影响学习效果的认知机制。

四、对教学视频设计的启示

根据以往相关研究，我们提出以下有关教学视频中教师节拍性手势设计的原则：教师应在讲到重点内容时，使用节拍性手势来引导学习者注意其言语表达中的重要信息，从而提高学习者的学习效果。教师节拍性手势与其言语表达的节奏一致，可以作为一种注意力引导线索，共同影响学习者的脑电成分和神经振荡强度，从而影响他们在信息加工过程中的注意力资源的分配，进而帮助他们捕捉关键的学习内容（Biau & Soto-Faraco，2013；Wang & Chu，2013；Biau et al.，2015）。此外，以往相关研究也证实了，教师节拍性手势有助于促进学习者对信息的记忆和理解，从而有助于他们取得更好的学习效果（Igualada et al.，2017；Kushch et al.，2018）。

第五节 本章小结

综上所述，教师手势在学习者视频学习中起到的积极作用，主要体现在提高学习者的学习效果、提供语义信息、引导注意力分配和激发积极的社会反应等方面。通过对以往相关研究的梳理，笔者构建了教学视频中教师手势的作用模型，如图 3-5-1 所示，教学视频中的教师手势主要是通过两条途径来促进学习的：一是在认知层面，通过引导学习者注意力的分配，来提高他们在信息选择阶段的效率，促使他们把更多的认知资源分配到学习内容的组织和整合上，从而提高学习效果；二是在社会情感层面，通过增强学习者的学习动机，促使他们将更多的认知资源投入学习活动中，从而促进深度学习。

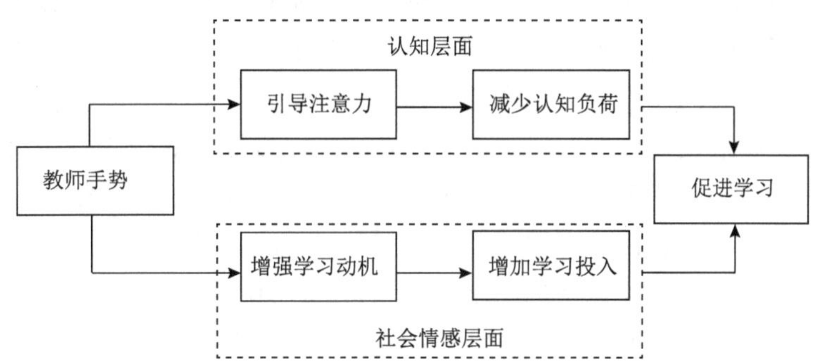

图 3-5-1　教学视频中教师手势的作用模型

目前，关于教师手势的研究越来越受到教育学和心理学界的重视，从早期对教师手势在视频教学中的作用到最近对其认知神经机制的研究，人们对这方面的理解越来越深刻。虽然这方面的研究已取得了较为丰富的成果，但仍有一些问题需要在未来的研究中进一步关注。

一、教师手势在视频学习过程的不同阶段有何影响

多媒体学习理论把多媒体学习过程分为三个主要阶段：选择阶段、组织阶段和整合阶段（Mayer，2014）。其中，选择阶段的主要任务是对输入的视听觉信息进行有选择性的注意；组织阶段的主要任务是将视听觉信息组织成一个完整的知识结构；整合阶段的主要任务是将学习者已有的先前知识经验与新知联系起来。已有研究大多基于静态的视角，即从学习结果的角度来考察教师手势在视频学习中的作用，鲜有研究基于动态的视角，即从学习的不同阶段的角度来探究教师手势的作用（Novack et al.，2015）。厘清教师手势在不同学习阶段的作用对于有效指导视频教学实践具有重要意义，但目前开展这样的研究还存在一定的困难，因为研究者还未能找到合适的学习任务和测验方式来区分组织与整合阶段。然而，多媒体学习线索相关研究已经对线索在这三个学习阶段中的作用进行了大量的尝试（de Koning et al.，2009），未来研究可以借鉴该研究中采用的学习任务和测验方式，以及采用的时间分辨率较高的研究技术，如脑电技术、眼动追踪技术等，来揭示教师手势在视频学习过程不同阶段中的作用及其机制。

二、不同类型手势的作用有何差异

从手势的定义和双通道原则可以推测，教学视频中教师不同类型手势的作用存在差异（Alibali & Nathan，2012；Dargue & Sweller，2018）。具体体现在，节拍性手势、指示性手势起到的是强调听视觉信息的作用，而不包含语义信息，这两种手势可能主要通过引导学习者的注意力分配，从而对学习产生影响；而描述性手势用于具体描述物体的形状或者运动轨迹，以及抽象概念等，包含丰富的语义信息，因此，这种手势可能主要通过影响学习者的知识组织和整合，来促进深度学习的发生。尽管以往研究已从多个学科领域证实，教师不同类型的手势均能对学习产生积极影响，但在学习概念意义内容时（如细胞有丝分裂的视频课程学习），描述性手势要好于节拍性手势（Kang et al.，2013），这种效应在一项有关陈述性知识的研究中也得到了证实，即观看带有指示性手势和描述性手势的教学视频的学习者比观看带有节拍性手势或没有手势的教学视频的学习者对视频内容具有更深层次的理解（Pi et al.，2019），但在单词的记忆任务中，节拍性手势能够更好地帮助儿童记住更多的单词（Llanes-Coromina et al.，2018）。然而，较少有研究致力于探究不同类型手势对学习的作用机制是否存在差异（张恒超，2018；Goldin-Meadow，2015），未来研究可以围绕这一问题展开进一步探究。

三、学习者的个体差异是否影响手势在学习中的有效性

作为学习活动的主体，学习者的个体差异如先前的知识经验和年龄等均会影响其学习过程和结果。然而，以往关于教师手势的研究往往忽视了学习者的个体差异，仅有为数不多的研究关注了学习者的先前知识经验和年龄等特征与教学视频中教师手势对其学习效果的交互作用（王伟平，苏彦捷，2007；孙崇勇，2016；Goldin-Meadow & Singer，2003；So et al.，2012；Dick & Goldin-Meadow，2012；Post et al.，2013）。例如，Post 等（2013）的研究发现，在进行词汇学习时，观看教师手势不仅不能促进低知识经验学习者的学习，反而阻碍了他们的学习，具体表现为认知负荷的增加和学习效果的降低。此外，So 等（2012）的研究发现，节拍性手势可以提高成人学习者（大学生）对所学内容的再认（记忆）效果，但不能提高 4～5 岁儿童学习者对所学内容的再认（记忆）效果。因此，他们认为，教学视频中教师手势对学习效果的积极效应会随着年龄有所变化。未来研究应该探讨哪些手势会对什么样的学习者的学习产生积极影响，而其他情况则是无效的。

四、教师手势如何通过影响学习者的神经活动，来影响其学习效果

教学视频中教师手势的运用主要是为了促进学习者学习，而以往关于探究教师手势认知神经机制的研究中，往往仅关注了教师手势出现时，学习者脑电成分、神经振荡强度以及脑区激活出现的变化，而忽视了这些神经活动的变化与学习效果或学习体验之间的关联；此外，这些研究采用的视频的内容并非真正意义上的教学内容，而是认知层面的一些刺激（Marstaller & Burianová，2014；Peeters et al.，2017）。例如，Quandt 等（2012）仅比较了视频中教师指示性手势和象征性手势对被试 α 和 β 频段能量的影响，且视频内容是有关物体的摆放，并非某个知识点。这类仅关注学习者在观看视频中教师手势时的认知神经机制的研究，影响了其结论在视频教学活动中的应用。未来研究应该加强认知神经科学的证据与行为数据之间的联系，如比较教学视频中有无教师手势时，学习者在不同频段的神经振荡的强度或脑区激活与其学习效果关系的差异，以揭示教师手势是如何通过影响学习者的神经活动，来影响其学习效果的。

第四章

教学视频中教师眼睛注视对学习的影响

眼睛是心灵的窗户，教师的眼睛注视在师生互动中扮演着重要角色。近年来，研究者越来越关注教师的眼睛注视是否在教学视频中依然发挥着如同其在传统面对面教学中的重要作用。大量的研究证实，教师的眼睛注视不仅影响了学习者在学习过程中的注意力分配，同时还影响了他们的学习效果(Leong et al., 2017; van Wermeskerken & van Gog，2017；Beege et al.，2017，2019；Stull et al.，2018）。

本章主要对教学视频中教师眼睛注视的分类，以及教学视频中教师的直视目光、目光引导对学习的影响展开介绍，并通过梳理和总结以往的相关研究，从行为层面概述了教学视频中教师眼睛注视的作用，并从认知神经层面揭示了教师眼睛注视的作用机制。

第一节

教学视频中教师眼睛注视的分类

学习者对教师眼睛注视的加工是理解教师意图、目的、情感、行为和注意点的重要基础（Ganel et al.，2005）。根据教师眼睛注视焦点的不同，可将教师的眼睛注视分为直视目光、目光引导与目光回避三类。

一、直视目光

（一）直视目光的定义

直视目光是指在日常交往中，个体之间相互注视，发生目光交流的现象（赵亚军，张智君，2007）。在教学视频中，教师直视目光是指在教学视频录制过程中，教师直视摄像机镜头，就像与学习者进行眼神交流一样（Stull et al.，2018）。例如，当给学习者讲解“繁殖与克隆”的相关知识时，教师直视镜头进行讲解，仿佛是正在给屏幕前学习的学习者进行授课一样，教师的直视目光能够营造一种拟社会互动的氛围。

（二）直视目光的作用概述

随着社会互动与社会认知理论的发展，人们发现直视目光在人与人的社会交互中具有重要作用，不仅可以感知信息，也可以传递信息（王伟平，苏彦捷，2007；

Gobe et al.，2015）。我们通过观察眼睛来理解他人的想法和目的，如学习者可以通过观察教师的直视目光获取知识，习得新知识（Charman et al.，2000；Senju & Csibra，2008）。那么，直视目光的作用究竟如何？

早在 20 世纪 60 年代，研究者对直视目光特有的心理学功能就产生了浓厚的兴趣。经过约半个世纪的研究，目前较为一致的结论为，直视目光主要有传递信息和表达感情等作用（林志成，2005）。具体而言，传递信息是指通过直视目光传递一定的信息，如辅助语言信息或者体现个人状态，如在课堂中，当教师发现学习者开小差时，此时教师的直视目光可以提醒学习者注意力集中。表达感情是指直视目光能够表达温和、亲密的感觉。例如，在课堂中，当学习者回答正确问题时，教师会投来赞许、鼓励的目光。此外，人们感知他人直视目光涉及的特定脑区主要是颞叶的颞上沟（superior temporal sulcus，STS）（Perrett et al.，1992）。

直视目光作用的强弱也会受到其他一些因素的影响，如社会互动环境、个体的特征等（Lutchmaya et al.，2002；Bayliss et al.，2005；Olafsen et al.，2006；Laidlaw et al.，2011；Gobel et al.，2015）。例如，Laidlaw 等（2011）的研究发现，当被试与参与者同时在实验室时，被试会避免与其进行眼神交流，但当观看含有参与者的视频时，被试并不会回避参与者的直视目光，反而更积极地从参与者的直视目光中获取信息。因此，他们认为，直视目光的作用会因为不同的社会互动环境而有所差异。此外，还有研究者发现，直视目光的作用也会受性别的影响。例如，研究发现，女婴比男婴对直视目光更加敏感，转向具有直视目光的人脸的次数更多（Lutchmaya et al.，2002；Olafsen et al.，2006）。除性别这一个性特征外，自闭特征也会对直视目光作用产生影响。例如，研究发现，自闭症谱系障碍的值越高的被试在注视线索提示任务中表现越差（Bayliss et al.，2005；Wakabayashi et al.，2006）。

综上所述，直视目光在社会性交互中发挥着重要作用，有其独特的心理功能。在教学视频中，教师可以通过直视目光来传递教学内容，表达感情，进而影响学习者的学习参与和学习效果。但根据以往的研究，教学视频中教师直视目光的作用可能还会受社会环境、学习者个性特征等因素的影响。

二、目光引导

（一）目光引导的定义

在教学视频中，教师的目光并不是一直盯着摄像机镜头的，有时会从摄像机镜头转向正在讲授的学习内容，也就是说，教师在进行授课时，其目光会在镜头和教学内容之间转换，这种眼睛注视被称为目光引导。例如，当教师在介绍“有性繁殖”时，一开始，她看着镜头讲解了有性繁殖的概念，为了使学习者更好地理解这一概念，她在介绍了有性繁殖的概念之后，把目光转向了幻灯片上的示意图，以促使学习者整合有性繁殖的图文材料，从而帮助他们掌握有性繁殖的概念（图 4-1-1）。

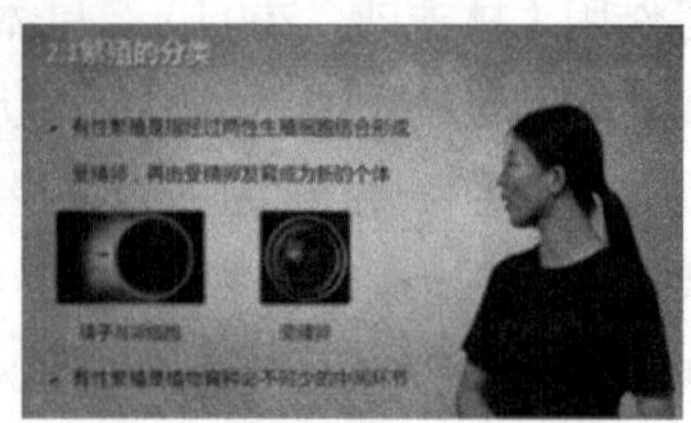

时刻 1　　时刻 2

图 4-1-1　教师目光引导过程的静态截图

资料来源：Pi Z, Zhang Y, Zhu F, et al. 2019. Instructors' pointing gestures improve learning regardless of their use of directed gaze in video lectures. ***Computers & Education***, 128(1): 345-352

研究发现，随着教师目光的引导，学习者的注意力的确会跟随教师目光的转移被吸引到当前所教授的内容上，这被称为注视追随（gaze following）（Pi et al., 2019）。注视追随一直以来是心理学领域关注的重要问题，它是指个体自动地追随他人的目光，并将注意力转向他人所注视的方向上去的现象（Teufel et al., 2010）。比如，在商场购物时，顾客询问售货员某商品在哪个位置时，售货员通常会一边使用口头语言告诉顾客商品的位置，一边看向商品所在的方向，这时顾客就会顺着售货员的注视方向看去，从而找到所需商品。目光注视的方向表明了我们的注意力所在，目光转向也标志着我们对当前目标物注意力的改变。因此，我们可以通过观察他人的注视方向来了解他人当前可能的兴趣所在和注意焦点（Bock et al., 2008）。当人们观察到某人的目光朝着一个特殊的方向时，他们的注意力也会转移到相同的方向和位置（Driver et al., 1999；Freire et al., 2004），如图 4-1-2 所示。

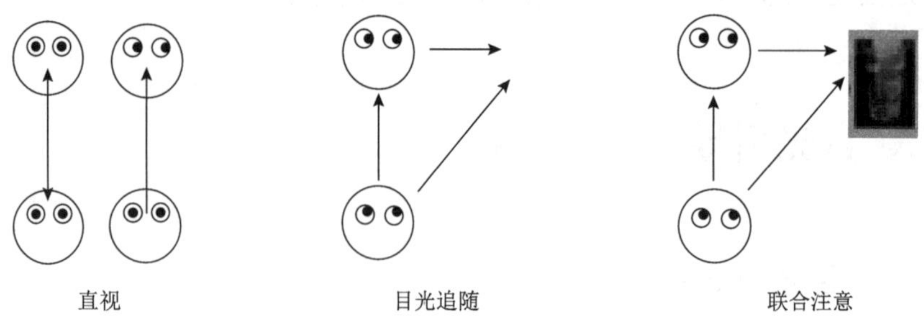

图 4-1-2　三种注视追随方式

资料来源：何文旦. 2014. 目光注视对 Stroop 效应的影响. 兰州：西北师范大学

在教学活动中，目光引导的主体是教师，教师的目光引导引起学习者发生行为的变化。与目光引导相对应的是注视追随，而注视追随的主体是学习者，学习者因教师目光引导发生目光追随的行为。在教学情境中，教师的目光引导意味着其注意焦点从屏幕前的学习者转向了正在讲述的教学内容，学习者通过注视追随，使他们有了共同的注意焦点，由此达到“联合注意”（joint attention）。“联合注意”是指个体利用他人的眼睛注视线索而注意到某一客体（即他人所关注的客体）的过程（Friesen & Kingstone，1998；Driver et al.，1999；Hietanen，1999）。比如，教师在讲授“镁的易燃特性”时，一边点燃镁，一边看着手上的操作，而学习者也会追随教师的目光看向点燃镁的操作，此时，教师与学习者之间便达到了“联合注意”。

综上所述，在教学视频中，教师的目光引导是指教师的目光从摄像机镜头转向正在讲授的教学内容的过程。教师的目光引导在教学视频中有着很重要的意义，如可以帮助学习者注意教师正在讲解的内容，从而影响其学习效果。

（二）目光引导的作用概述

在现实生活中，各种各样的刺激会争夺我们的注意力资源，而他人的目光可以构成重要的注意线索，提示我们当前哪些刺激是重要的。例如，当教师在教室给学习者上课时，突然外面雷雨交加，正在上课的学习者很容易被外面的突发情况吸引，此时，教师的目光在提示学习者重新注视教学内容方面起着重要作用。

以往大量的心理学研究采用 Posner 的空间线索提示范式这一经典任务，来揭示目光引导的注意引导效应。在该任务中，通常有两种实验情境：一种实验情境是被观察者的注视方向与线索目标（F）一致（图 4-1-3 的左图）；另一种实验情境是被观察者的注视方向与线索目标不一致（图 4-1-3 的右图）（Friesen & Kingstone，1998）。研究表明，当被观察者的注视方向与随后出现的目标位置一致时，观察者检测该目标的速度会显著提高；而当被观察者的注视方向与随后出现的目标位置不一致时，观察者对目标的检测较慢，这种现象被称为注视线索提示效应（gaze cueing effect，GCE；Posner，1980；Driver et al.，1999；Frischen et al.，2007）。

有趣的是目光引导现象不仅发生在成人身上，也会发生在婴儿身上（Frischen et al.，2007）。有研究发现，在他人的目光引导下，4～5 个月的婴儿会将目光转移到他人目光所注视的方向上。例如，当母亲眼睛朝左看时，婴儿也会将目光转

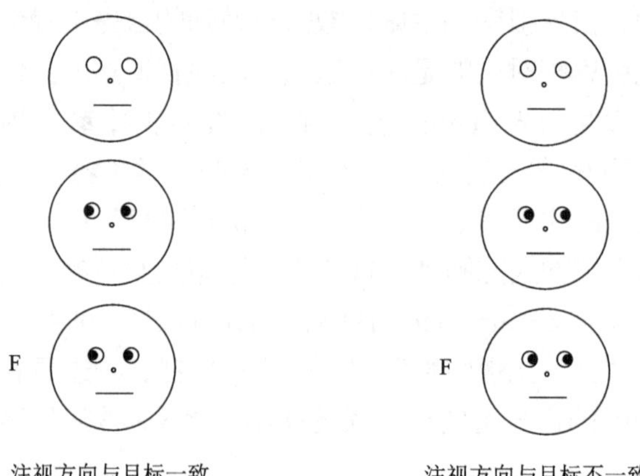

图 4-1-3　注视线索提示范式

资料来源：Friesen CK, Kingstone A. 1998. The eyes have it! Reflexive orienting is triggered by nonpredictive gaze. ***Psychonomic Bulletin & Review***, 5: 490-495

移到左边，但这一行为产生的基础是婴儿与母亲已经有了短暂的眼神交流和互动（Farroni et al.，2003）。换句话说，发生联合注意的前提条件是，被观察者与观察者已有过目光接触。

随着研究的深入，研究者发现目光引导的作用会受到多种因素的影响，如被观察者的面孔气质（男性化 vs.女性化）、社会地位（高 vs.低）、面孔年龄（年轻面孔 vs.老年面孔）、熟悉度（熟悉 vs.陌生）和面孔情绪等（其他表情 vs.恐惧表情）（Dalmaso et al.，2012；陈玉洁，2015）。具体表现为，与女性面孔相比，男性面孔的目光方向更容易引导人们转移注意力（Jones et al.，2010）；与低社会地位的面孔相比，高社会地位的面孔的目光方向更容易引导人们的注意力转移（Dalmaso et al.，2012）；与老年面孔相比，青年面孔的目光方向更容易引导人们的注意力转移（Slessor et al.，2010）；与陌生面孔相比，熟悉面孔的目光方向更容易引导人们的注意力转移（Deaner et al.，2007）；与其他表情的面孔相比，带有恐惧表情的面孔更容易引导人们的注意力转移（Tipples，2006）。

由此可见，目光引导是日常生活中一种比较常见的行为，人们总是会在别人视线的引导下，将注意力转移到别人所注视方向的目标上，从而产生联合注意。一个人的目光反映着他的注意焦点和意图等。相似地，在教学视频中，教师可以通过目光这种无声言语来表达自己正在关注的内容，进而影响学习者的学习行为，达到"此时无声胜有声"的效果。根据以往的研究我们可以推测，教学视频中教师目光引导的有效性可能也存在一些边界条件，如教师的年龄、面部表情等，但目前鲜有研究者关注这一问题，未来有必要对此进行进一步的考察。

三、目光回避

（一）目光回避的定义

目光回避是指人们在交流过程中，一方注视着另一方，而另一方却不与其有目光交流，转而注视其他的方向，如左侧或右侧（Leong et al.，2017）。在教学视频中，教师是通过将头偏离摄像机镜头，而产生目光回避的，从学习者的角度来看，则无法与教师产生目光交流（Beege et al.，2017）。需要注意的是，与目光引导的区别是，目光回避时教师的目光既偏离了摄像机，同时也没有看向教学内容，如图 4-1-4 所示。

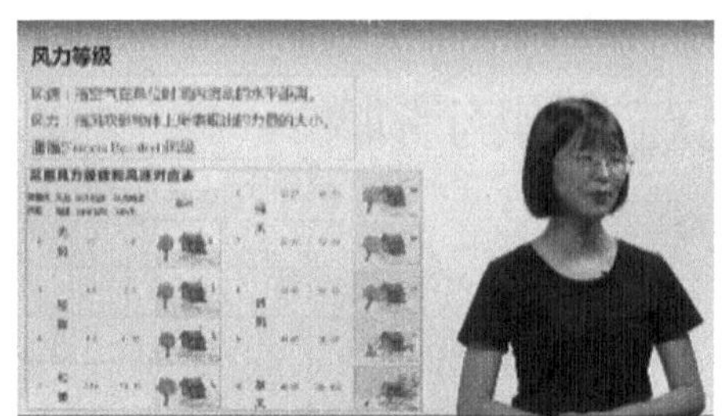

偏离注视

目光回避

图 4-1-4　教师目光回避的不同表现形式

资料来源：Beege M, Schneider S, Nebel S, et al. 2017. Look into my eyes! Exploring the effect of addressing in educational videos. ***Learning and Instruction***, 49: 113-120.

（二）目光回避的作用概述

在日常的人机互动中，目光回避传达出的是拒绝交流的意思，因此，人们通常不会采用目光回避进行交流，但如果具有心理障碍的个体（如孤独症患者），则会选择采用目光回避（Lawson et al.，2018）。目前的研究成果较为一致地表明，教师采用目光回避不利于促进学习者学习，这一结论在幼儿学习者和成人学习者群体中均被证实适用。当教师采用目光回避时，会增加学习者的认知负荷，因为人们对目光回避的加工难于对直视目光的加工（Stein et al.，2011）；此外，当教师采用目光回避时，学习者与教师之间表现出更低的互动水平（Beege et al.，2017，2019）。

教师采用目光回避不利于促进学习者学习的结论还得到了认知神经科学研究

的支持。有研究表明，当教师采用目光回避的方式教授婴儿儿歌时，教师与婴儿大脑之间的神经耦合低于教师采用直视目光时的神经耦合，这一结果表明，相比于教师采用直视目光，教师采用目光回避时，与学习者神经活动的同步性更低，更不利于学习者理解教师的语义信息（Leong et al.，2017）。

综上所述，教学视频中教师采用目光回避时，不利于学习者与教师之间的互动，进而会影响学习者的学习效果。

第二节 教学视频中教师直视目光对学习的影响

人类对眼睛注视的关注与生俱来，直视目光被认为是人类传达沟通意图较显著的信号之一，它具有强化其他社会线索的作用，如微笑和发声（Csibra & Gergely，2009）。那么，学习者运用教学视频学习时，教师直视目光会影响他们的学习效果吗？这并不是一个简单的问题。近年来，研究者逐渐开始关注教学视频中教师采用直视目光的作用。相关研究表明，直视目光对视频学习有着广泛的影响，包括影响学习者的学习效果、拟社会互动、注意力分配、神经耦合等（Leong et al.，2017；van Wermeskerken & van Gog，2017；Beege et al.，2017，2019；Stull et al.，2018）。一方面，教师的直视目光可能会增强学习者与教师之间的互动感，提高他们之间的神经耦合，从而提高学习者的学习效果；另一方面，如果学习者的注意力过多地被视频中教师的目光吸引，则会相应减少对教学内容的关注，但学习者需要将注意力分散在观察教师目光与教学内容之间，因此容易产生更高的认知负荷。从这一层意义上来说，教师目光可能会阻碍学习者学习。本节将系统阐述教学视频中教师直视目光对学习者学习效果的影响、教师直视目光影响视频学习的认知神经机制及教师直视目光对教学视频设计的启示。

一、教学视频中教师直视目光对学习者学习效果的影响

无论是真人还是拟人的教学代理，教学视频中教师形象的呈现均被认为可以增强学习者的社会存在感，同时可以提升他们的学习效果（李文静等，2015）。这是因为教师形象的呈现可以向学习者提供多重社会线索，如手势、眼神交流、动作和面部表情等，这些社会线索会促进学习者更深层次的认知过程，从而提升他们的学习效果（Mayer & Dapra，2012）。根据以往研究可知，作为一种特殊的社会线索，目光在社会互动中的重要性超越了其他社会线索，因为目光可以传达更加丰富的内容（王伟平，苏彦捷，2007）。

根据多媒体学习的个性化原则，当教学视频中教师采用直视目光时，有利于让学习者感知到教师就是在给自己上课，从而有利于他们建立与教师之间的互动关系，激活他们的社会反应，增强他们的学习动机，促使他们更努力地选择、组织和整合学习内容，促进他们的主动认知加工，最终提高他们的学习效果（Mayer，2014）。与此观点相似，称呼效应（addressing effect）指出，教师采用直视目光与其授课过程中采用第一/二人称达到的效果一致，即可以让屏幕前的学习者感受到教师正在给自己上课，从而增加他们与教师之间的拟社会互动，促进他们更深层次的认知加工和情感状态，进而提高他们的学习效果（Howard et al.，2013；Cummins & Cui，2014）。此外，根据自我参照效应（self-reference effect，SRE），学习者对于与自身相联系的学习材料的加工速度更快，并且记忆效果更好（喻韬文，2016；Rogers et al.，1977）。教学视频中教师的直视目光，作为一种与自我相关的线索，能够在一定程度上激起学习者的自我参照，并自动触发以自我为中心的认知背景，进而调配认知资源处理相关信息，促进学习者对所学知识进行更积极的认知加工与处理（Conty & Grèze，2012；Conty et al.，2016）。

关于教学视频中教师的直视目光对学习者学习效果产生的影响，研究结果尚不一致。有研究发现，教师的直视目光对视频学习者有积极影响，可以提高他们的学习效果（Beege et al.，2017，2019；Stull et al.，2018）。例如，Beege 等的系列研究发现，无论教师是近景还是远景，且无论教师穿的是专业服装还是非专业服装，相比于目光回避，教师的直视目光均促使学习者在观看教学视频之后取得了更好的学习效果（Beege et al.，2017，2019）。

然而，还有一些研究发现，教学视频中教师的直视目光并不能明显提高学习者的学习效果。例如，有研究发现，尽管学习者对呈现教师形象的教学视频表示出明显的偏好，但是这种积极效应并没有体现在学习效果上，换句话说就是，观看教师采用直视目光的教学视频的学习者的学习效果并没有明显好于观看没有教师的教学视频的学习者（van Wermeskerken et al.，2017；Wilson et al.，2018）。

通过对以往研究的分析发现，导致教师直视目光作用不一致的原因可能有以下两方面：第一，以往研究中的教学视频的视觉画面元素存在差异。发现教师的直视目光对学习效果存在积极效应的研究中，视觉画面中往往只有教师及教室场景，并没有其他的学习材料，此时，学习者不需要分配视觉注意加工其他的学习材料；而发现教师的直视目光对学习效果不存在积极效应的研究中，视觉画面中除了有教师之外，还有其他的学习材料，如幻灯片，此时，学习者不仅要加工所呈现的教师形象，还需要加工其他的学习材料。第二，以往研究在探讨教师直视目光的作用时，参照对象有所差异。发现教师的直视目光对学习效果存在积极效应的研究，是将教师的直视目光与目光回避比较；而发现教师的直视目光对学习效果不存在积极效应的研究，是将教师的直视目光与无教师形象比较。

随着技术工具的不断发展，透明白板的出现综合了直视目光和目光引导的优势。当教师站在透明白板后面时，既可以保留其直视目光，还可以引导学习者注视白板上的学习内容，避免他们出现认知资源竞争。这一观点得到了近期一系列实证研究的支持（Stull et al., 2018；Fiorella et al., 2019）。例如，在 Stull 等（2018）的一项研究中，学习者观看了内容为有机化学的教学视频，在该视频中，教师分别使用了传统白板和透明白板。教师在使用传统白板书写时不能直视摄像机镜头，导致其与学习者之间没有眼神接触；而使用透明白板时，教师可以在整个授课过程中一边书写一边直视摄像机镜头，此时，教师既可以与学习者进行眼神交流，还可以引导学习者注视白板上的内容，如图 4-2-1 所示。研究结果显示，观看教师运用透明白板的教学视频组的学习者的得分高于观看教师运用传统白板的教学视频组的学习者。通过事后访谈发现，透明白板组的学习者认为，在观看教学视频过程中，他们感觉与教师有更多的社会互动，感觉教师在帮助他们学习。

图 4-2-1　教师运用透明白板教学视频的静态截图

资料来源：Stull AT, Fiorella L, Mayer RE. 2018. An eye-tracking analysis of instructor presence in video lectures. ***Computers in Human Behavior***, 88: 263-272

Fiorella L, Stull AT, Kuhlmann S, et al. 2019. Instructor presence in video lectures: The role of dynamic drawings, eye contact, and instructor visibility. ***Journal of Educational Psychology***, 111(7): 1162-1171

综上所述，有关教师直视目光对学习者学习效果影响的研究结论尚不一致，或是因为以往研究中教学视频的视觉画面的组成要素不同，或是因为以往研究中实验条件的设置有所差异。然而，我们可以基于以往研究推测，当教学视频画面中只有教师时，教师运用直视目光对学习者有积极的作用；但当教学视频画面中还包含其他学习材料如幻灯片、演算步骤时，教师可以采用透明白板，这样既可以保留直视目光的积极作用，又不会分散学习者的注意力。

二、教师直视目光影响视频学习的认知神经机制

通过对以往研究的分析发现，有关教师直视目光对视频学习者学习效果的影响的研究结果并不一致，而我们只有了解了教师直视目光如何影响视频学习，才能更好地理解教师直视目光的作用，以及推测以往研究结果不一致的原因。

（一）教师直视目光与学习者注意力分配

基于社会认知视角，个体对他人的直视目光具有一种天然的偏好，换句话说就是，当他人采用直视目光时，个体会被他人的目光吸引，从而会分配更多的注意力资源加工他人的面部，而且这种对注意力的捕捉甚至发生在个体对他人直视目光产生知觉之前（Yokoyama et al.，2013）。有研究者针对个体对他人直视目光加工的优势效应，提出了眼神接触效应，即当个体对外界环境进行加工时，如果此环境中有他人采用直视目光，则他人目光或者面部会优先得到加工，且个体会延迟对其他刺激的加工和反应（Senju & Hasegawa，2005；Senju & Johnson，2009；Conty et al.，2016）。

基于此，我们可以推测，当教学视频中教师采用直视目光时，会吸引学习者的注意。这一推测也得到了教学视频的相关实证研究的支持，即教学视频中教师采用直视目光时，学习者很容易被教师的目光吸引，并会分配较多的注意力资源于教师的眼睛与面部，并且随着时间的推移，学习者并不会减少对教师面部的关注。例如，笔者团队发现，当教学视频中教师采用直视目光时，学习者会使用 62.3% 的时间注视教师，并且约每 25 秒会在教师与幻灯片之间发生一次跳视（Pi & Hong，2016）。这一结果也被后续研究证实（van Wermeskerken et al.，2017）。

因此，教学视频中教师采用直视目光会吸引学习者更加注视教师本身，而不是教学内容。需要指出的是，学习者的认知资源是有限的，当教学视频中除了教

师外还有其他学习材料时，若学习者将一部分认知资源用于加工教师，目前研究并未发现这会降低学习者的学习效果，反而有时会提高学习者的学习效果（Pi & Hong，2016；van Wermeskerken et al.，2017；Wilson et al.，2018）。

（二）教师直视目光与神经耦合

社会大脑假说（social brain hypothesis）认为，人类的大脑通过长时间的进化，已经适应了群居生活（Dunbar & Shultz，2007）。目光注视作为一种明显的社交信号，能够传达强烈的沟通意图。人们从出生开始，就表现出对直视目光的偏好，这表明大脑中可能存在专门加工注视线索的认知区域（Farroni et al.，2002）。例如，相比于加工他人的目光回避，4 个月大婴儿在加工他人直视目光时，会在他人面孔呈现之后的 130～200 ms 诱发振幅更大的脑电负成分，即 N170（Doi et al.，2007）。N170 被认为与面孔识别和加工有密切联系（李明芳等，2010）。

近年来，有研究者采用认知神经科学的技术探讨了教学视频中教师采用直视目光时，学习者与教师之间的神经耦合性，即两者之间的神经活动的一致性水平（Hooker et al.，2003；Leong et al.，2017）。例如，Leong 等（2017）采用脑电技术比较了教师采用直视目光和目光回避教婴儿唱儿歌时，婴儿的行为表现和脑电活动。结果发现，相比于教师采用目光回避，不论教师的面孔正面朝向镜头，还是侧面朝向镜头，只要其采用直视目光，不仅使学习者产生了更多的发声，更重要的是，他们与教师之间的神经活动的一致性会更高，如图 4-2-2 所示。研究者进一步证实，在成人之间面对面交流时，说话者与倾听者主要是在额下回、前额叶和顶叶皮质有较强的神经活动同步，而且他们之间的神经活动一致性的提高促进了他们交流的流畅性（Hooker et al.，2003）。

直视目光（面孔正向）

目光回避（面孔侧向）

直视目光（面孔侧向）

图 4-2-2　教学视频中教师不同眼睛注视的静态截图

资料来源：Leong V, Byrne E, Clackson K, et al. 2017. Speaker gaze increases information coupling between infant and adult brains. ***Proceedings of the National Academy of Sciences***, 114(50):13290-13295

综上所述，从认知神经科学的角度看，教学视频中教师采用直视目光能够提高其与学习者的神经活动的一致性，进而有利于学习者理解教师传递的信息。然而，遗憾的是，目前尚缺乏直接探讨教师与学习者之间的神经耦合对学习者学习效果影响的研究，因此，未来研究可以试图建立行为和脑电波数据之间的关系，从而揭示教师直视目光影响视频学习者的认知神经机制。

三、对教学视频设计的启示

根据以往研究和相关理论，笔者提出以下有关教学视频中教师直视目光的设计原则。

首先，当教学视频画面中没有其他视觉学习材料时，教师应该直视摄像机镜头。具体而言，在教学视频的开发中，当视频画面中不包括 PPT、实验模型等其他学习材料，而是以教师口头语言讲授为主时，教师应当直视摄像机镜头。因为教师的直视目光能够有效帮助学习者理解其语言传递的内容，从而营造出一种积极的拟社会互动氛围，激活学习者的自我参照，引起学习者更主动的认知加工，进而获得更好的学习效果（Holler et al.，2014；Beege et al.，2017，2019）。

其次，当教学视频画面中包含其他视觉学习材料时，教师应将直视目光与其他引导性社会线索相结合，如目光引导、手势等。具体而言，在教学视频中，教师的直视目光能够将学习者的注意力吸引到自己身上。但当教学视频画面中包含其他视觉学习材料（如 PPT、实验模型等）时，教师应当采用直视目光，并在重要内容或关键步骤上进行相应的引导，在加深学习者理解的同时，有效引导学习者的注意力分配，提高学习者的学习效果（van Wermeskerken et al.，2017；Fiorella et al.，2019）。需要注意的是，由于学习者的注意力容易被教师目光吸引，并且这种吸引并不随时间的推移而减弱（Shepherd，2010），所以当视频画面中包含其他视觉学习材料时，画面构成应以教学内容为主，教师尽量不要占据画面的中心位置。

再次，当采用透明白板等教育技术工具录制教学视频时，教师应该采用直视目光。具体而言，教师采用直视目光，不仅能与学习者进行眼神接触，增强学习者的学习动机，同时还能引导学习者注视透明白板上的学习内容，使他们合理分配其认知资源（Stull et al.，2018；Fiorella et al.，2019）。

最后，在教学视频录制过程中，教师应尽量避免目光回避。因为教师采用目光回避时，学习者不清楚教师的意图，可能会在学习过程中产生“为什么教师一直不看镜头，他是不是在给其他学习者上课”的疑惑，这些无关的认知活动会增加学习者的认知负荷，不利于学习者的学习。

第三节

教学视频中教师目光引导对学习的影响

一、教学视频中教师目光引导的作用

眼睛是人的面部的重要器官之一，也是人体最主要的感觉器官（李云飞，2014）。人们不仅通过眼睛接收外界的信息，同时还很容易受到他人眼睛注视的影响，如眼神接触、目光引导等。有研究表明，我们对面孔的注意力主要集中在眼睛上（Vecera & Johnson，1995），而眼睛凝视是一个强大的注意线索，我们倾向于本能性地跟随他人的目光，来观察他们在看什么（Langton et al.，2000；Birmingham & Kingstone，2009）。

目光引导在视频教学活动中同样适用。例如，在教学视频中，教师可以利用目光引导有效地将学习者的注意力分配到其正在关注的学习内容上，帮助学习者及时筛选、获取有用的知识内容，从而减轻学习者的认知负荷（王红艳等，2018）。

近年来，研究者逐渐开始关注教学视频中教师的目光引导对学习的作用，结果发现，教师的目光引导对学习有较为广泛的影响，包括学习者的注意力分配、学习效果等（van Gog et al.，2014；Ouwehand et al.，2015a；van Wermeskerken & van Gog，2017）。最早关注教师目光引导在视频学习中的作用的研究是 van Gog 于 2014 年进行的一项眼动研究。在该研究中，他比较了学习者学习有无教师形象的教学视频的学习效果。结果发现，有教师组的学习者的学习效果明显好于无教师组的学习者的学习效果。van Gog 据此推断，该教学视频中教师对学习效果具有促进作用的原因在于，教师提供了目光引导。事实上，van Gog（2014）的这一研究并不是专门致力于探讨教师目光引导作用的，只是机缘巧合地发现了这一现象，并通过分析做出了目光引导起到了关键性作用的推测。随后，为了进一步验证教师目光引导的作用，van Wermeskerken 和 van Gog（2017）在此基础上，设计了一项研究来探讨这一问题。在该研究中，他们增加了第三种实验条件——呈现教师的脸，但教师无目光引导。结果发现，教师的目光引导能有效地引导学习者的注意力，但是对他们的学习效果没有明显的影响。

此外，还有一项经典的研究是 Ouwehand 等于 2015 年开展的，研究中有三种教学视频材料，分别是无引导条件（教师直视摄像机镜头）、目光引导条件（教师的目光偶尔转向屏幕上的特定任务区域）和目光引导+手势条件（教师的目光偶尔转向屏幕并伴随着手势指向屏幕）（图 4-3-1），被试随机观看其中一种教学视频。眼动结果显示，教师的目光引导和手势可以引导学习者注意教师正在讲的内容；后测结果显示，目光引导+手势组的学习效果显著高于另外两组，而目光引导组的学习效果与无引导组的学习效果无显著差异。然而，这一研究并没有区分教师目光引导和教师手势的作用。

（兴趣区：▭ 任务；▭ 教师）

图 4-3-1　使用兴趣区的教学条件下的抓拍

资料来源：Ouwehand K, van Gog T, Paas F. 2015. Designing effective video-based modeling examples using gaze and gesture cues. ***Educational Technology & Society***, 18(4): 78-88

在最近的研究中，研究者逐渐开始对目光引导与其他引导方式进行区分（Pi et al.，2019）。例如，笔者在其研究中，首次区分了教师的目光引导与指示性手势对学习者的学习效果、视觉搜索率和注意力分配的影响。实验中有四种教学视频材料：①教师采用直视目光（无引导行为）；②教师采用目光引导；③教师采用指示性手势；④教师采用目光引导+指示性手势。研究结果显示，相比于直视目光，教师的目光引导提高了学习者对教学内容的视觉搜索效率，但没有提高学习者的学习效果；而无论教师在教学视频中是否使用了目光引导，教师的指示性手势总是能提高学习者的学习效果（杨九民等，2019）。

需要指出的是，根据社会代理理论，教师的直视目光具有与屏幕前的学习者实现眼神接触、激发学习者社会反应的作用，如让学习者感觉“教师正在给我上课”，从而增强他们的学习动机，提高他们的学习效果，因此，从这一视角来看，教师的直视目光也有利于学习。遗憾的是，笔者的这项研究没有将无教师形象或教师目光回避作为控制组，因此，难以分析教师的目光引导是否对学习有积极作用。

以往研究较为一致的结论是，教学视频中教师的目光引导可以有效引导学习者的注意力，但对学习者学习效果的影响仍不明确。随着研究的不断深入，有研究者开始探讨教师目光引导对学习者学习效果有效性的边界条件。例如，笔者探究了教学视频中教师目光引导和学习者先验知识水平对其学习效果与注意力分配的交互作用。结果发现，教师的目光引导对低先验知识水平的学习者的学习效果有促进作用，对高先验知识水平的学习者没有作用（杨九民等，2019）。这一结果暗示我们，教师目光引导的有效性存在一些边界条件。

由于教师目光引导在教学视频中的作用近年来才受到研究者的关注，相关研究尚处于起步阶段，研究结果还不够丰富，未来研究有必要进一步探讨教师目光引导的作用机制及其有效性的边界条件。

二、教师目光引导作用机制的理论解释

根据以往研究我们了解到，教学视频中教师的目光引导对学习有着广泛的影响，那么教师目光引导是如何影响学习的呢？联合注意和社会线索原则分别从认知层面和社会动机层面揭示了教师目光引导的作用（Friesen & Kingstone，2003；Senju & Johnson，2009；Mayer & Fiorella，2014）。

从联合注意的视角看，当他人正在关注某一事物时，人们总是会有意无意地将自己的注意力转移到他人正在关注的事情上（Calder，2009）。例如，脑成像研究发现，个体在加工他人目光引导时，会激活与注意力分配密切相关的脑区，如颞上沟和顶内沟，其中颞上沟负责抽取和编码注视方向，顶内沟负责启动空间注意转移；颞上沟与顶内沟存在的神经联结，可以把他人目光引导传达的空间信息传输到顶内沟的空间注意系统，从而启动相应方向上的注意朝向（Hoffman & Haxby，2000；Friesen & Kingstone，2003；Nummenmaa et al.，2010）。因此，当教学视频中教师采用目光引导时，能有效引导学习者的注意力分配，减少学习者认知资源的消耗，使他们释放更多的认知资源建构心理模型，从而提高他们的学习效果（Mayer & Fiorella，2014；Pi et al.，2016，2019）。

此外，我们可以根据多媒体学习中基于社会线索的原则，揭示教师的目光引导是如何从社会动机层面影响学习的。具身原则认为，当教学视频中呈现教师形

象时，教师的目光引导能够激发学习者在视频学习过程中的社会反应，提高他们与教师之间的互动性，增强他们的学习动机，促进深度学习的发生，从而提升他们的学习效果。例如，当在讲授“单因素方差分析的 SPSS 软件操作”时，教师首先直视镜头说“接下来我们一起学习单因素方差分析在 SPSS 软件中的操作步骤”，说完这句话，教师会看向软件界面，以引导学习者将注意力集中于操作步骤，这样就实现了教师与学习者之间的互动，此时，学习者可能会想“老师在教我 SPSS 的操作步骤”，从而促使他们主动学习。这一观点得到了一些研究的支持。例如，脑成像研究发现，学习者观看教师的目光引导能激活其中央前额叶、颞上沟、颞顶联合区和杏仁核等脑区，这些脑区的激活与情绪、奖赏回报和注意定向有重要联系（Senju & Johnson，2009）。据此我们可以推测，教学视频中教师的目光引导影响了学习者的动机水平和情绪体验。

因此，在教学视频中，教师的目光引导行为不仅可以引导学习者的注意，同时还可以影响他们在学习过程中的动机水平，从而影响他们的学习效果。

三、对教学视频设计的启示

根据以往研究和相关理论，笔者提出以下关于教学视频中教师目光引导的设计原则：在录制教学视频的过程中，教师应穿插使用目光引导。具体来说就是，在教学视频的开发过程中，当在讲述陈述性知识时，如果语言叙述与 PPT 呈现的内容或者透明白板上呈现的内容一致时，教师应做出目光引导行为；当在讲解程序性知识或示范操作时，如果语言叙述为软件的鼠标操作或命令操作时，教师应做出目光引导行为。

纵观网络平台上的教学视频，尽管种类和数量繁多，但教学视频质量参差不齐，部分视频存在重形式轻内容、教学视频资源不完备、画面不清晰、画面抖动有斑点、屏幕闪烁有噪声等问题。因此，在设计教学视频时，不仅需要考虑教学内容、视频形式，还需要考虑加入到视频当中的元素会对学习者心理产生的影响（陶彦，2016）。

以往研究表明，教师的目光引导可以有效地引导学习者将注意力分配到教师正在关注的学习区域，从而及时筛选、获取有用的知识内容，降低学习者的认知负荷，并提高学习者对学习内容的认知加工水平（杨九民等，2019）；另外，教师的目光引导还可以营造拟社会互动氛围，增强学习者的社会存在感，保持学习者的认知投入状态，从而促进在线学习的良性循环（王红艳等，2018）。

第四节 本章小结

眼睛是心灵的窗户，从中可看出人的才智与意志。眼睛注视作为重要的社会线索，不仅在人际交流中发挥着至关重要的作用，而且在一定程度上与言语信息共同影响着学习。

本章主要介绍了教学视频中教师眼睛注视的分类，即直视目光、目光引导以及目光回避，并论述了这三种类型的目光在人类交流与学习中具有的不同作用。通过梳理教师眼睛注视在教学视频中应用效果的相关研究，发现教师眼睛注视主要影响学习者的注意力分配、拟社会互动、神经活动及学习效果。目前，虽然教学视频中教师眼睛注视对学习者学习的影响逐渐成为研究热点，但由于相关研究尚处于起步阶段，还未取得较为丰富的成果，仍有一些问题需要在未来的研究中得到解答。

一、教师不同类型眼睛注视有效性的边界条件

通过对以往研究的梳理可知，教师不同类型眼睛注视对学习者学习效果的影响仍不明确，其中可能的原因之一是教师眼睛注视对学习者学习效果的有效性存在一些边界条件。笔者探讨了教师的目光引导和学习者先验知识水平对学习者学习效果和注意力分配的交互作用，结果发现，教师目光引导对低先验知识水平的学习者的学习效果有促进作用，但对高先验知识水平的学习者没有作用（杨九民等，2019）。这一结果证实教师目光引导的有效性确实存在一些边界条件。但目前鲜有研究探讨教师眼睛注视有效性的边界条件，未来有必要对这一问题进行更深入的探究。

二、教师不同类型眼睛注视的作用机制有何差异

从教师眼睛注视的定义和其功能可以推测，教学视频中教师不同类型的眼睛注视对学习的影响存在差异（Pi et al.，2019）。具体体现在，直视目光主要通过营造拟社会互动氛围来增强学习者的学习动机，促进学习者更主动的认知投入，进而对学习效果产生影响；目光引导主要通过引导学习者的注意力分配对学习产生影响；目光回避则会在学习过程中起到干扰作用，因为教师目光回避不仅不利于教师与学习者之间进行眼神交流，而且不利于引导学习者注意相关教学内容。尽管已经有研究者开始关注教师不同类型眼睛注视在教学视频学习中的作用，但目前尚缺乏对比教师直视目光、教师目光引导、教师目光回避对学习者学习影响的研究。

三、教师不同类型眼睛注视与其他社会线索的协同效应

通过对以往相关研究的分析可知，教师眼睛注视与其他社会线索（如手势、身体朝向、专业着装等）结合使用，更能够提升学习者的学习效果（Holler et al.，2014；Ouwehand et al.，2015a；Beege et al.，2017，2019；Pi et al.，2019）。在教学视频中，尽管教师的眼睛注视能够激活学习者的社会反应，但由于教师与学生的时空分离，学生无法准确捕捉教师眼睛注视的一些细节信息，这可能会使教师眼睛注视的作用大打折扣。研究发现，当教师眼睛注视与其他社会线索相结合时，可以有效改善上述问题（Ouwehand et al.，2015a；Beege et al.，2017，2019）。例如，Ouwehand 等（2015a）的研究发现，相比于单独使用目光引导，教师结合使用目光引导与手势时，学习者的学习效果更好。Holler 等（2014）的研究发现，相比于直视目光，当教师采用目光回避时，学习者的语义理解会显著变慢，但如果加上手势时，则可以加速学习者的语义理解。Beege 的一系列研究也发现了教师直视目光与身体朝向以及专业着装相结合时，更能够从认知、情感等方面增加学习者的拟社会互动（Beege et al.，2017，2019）。此外，在教学视频中，教师形象除了有眼睛注视之外，通常还有其他一些线索，如身体朝向、手势和面部表情等，因此，探究教师眼睛注视与其他社会线索的共同作用，对于提高学习者的学习效果更具有实践意义。

第五章

教学视频中教师其他形象特点对学习的影响

通过对教学视频的观察不难发现，除教师手势及眼睛注视外，教学视频中教师的其他形象特点也有所不同。越来越多的研究表明，教师图像呈现比例、景别、身体朝向、言语风格、面部表情及服饰等形象特点对学习者的视频学习效果及注意力分配具有重要影响(Pi et al，2017；Beege et al.，2017，2019；刘小敏，2018；Cooper et al.，2018；Borup et al.，2014；Beege，2019 ）。

本章主要介绍教学视频中教师其他形象特点对学习者视频学习的影响，并通过梳理和总结以往的相关研究揭示其作用机制，为教学视频设计提供指导意见。

第一节

教师图像呈现比例对学习的影响

想象一下，如果你需要通过教学视频学习英语，你会喜欢讲解的教师出镜还是不出镜呢？大量研究表明，教学视频中的教师形象会影响学习者的学习，如提高他们的学习效果（Lowenthal，2009；Mayer，2014），降低他们的认知负荷，增强他们的社会存在感等（Borup et al.，2013；Chen & Wu，2015）。尽管教学视频中教师形象的作用已受到研究者的广泛关注，但关于教师图像呈现比例对学习影响的研究仍较为缺乏。

一、教学视频中教师图像呈现比例对学习效果的影响

有研究表明，教学视频中呈现较小比例的教师图像可以提高学习者的学习效果。例如，Pi 等（2017）以 87 名大学生为研究对象，比较了被试对三种教师图像呈现比例的学习满意度和学习效果的差异。其中，小比例呈现模式是指教师图像占整个画面的 10%；中等比例呈现模式是指教师图像占整个画面的 35%；大比例呈现模式是指教师图像占整个画面的 60%。结果发现，在观看大比例教师图像的教学视频时，学习者体验到的学习满意度最低。此外，在观看小比例教师图像的教学视频后，学习者取得了最好的学习效果，尤其是其知识的迁移效果。

据笔者了解，目前国内外对教学视频中教师图像呈现比例的研究较少，但可以确定的是，教学视频中呈现不同比例的教师图像对学习者的学习效果有不同的影响。未来的研究可以尝试从不同视角探讨教学视频中教师图像呈现比例对学习的影响，如采用眼动追踪技术探究教师图像呈现比例如何影响学习者的注意力分配，以期揭示教师图像呈现比例的作用机制。

二、教学视频中教师图像呈现比例的作用机制

为什么教学视频中教师图像呈现比例会影响学习者的学习效果呢？我们可以试图从多媒体学习认知理论、社会代理理论和社会存在感理论来解释。

根据多媒体学习认知理论，学习者的认知资源是有限的。教师图像是教学视频中重要的社会线索，其呈现比例的变化直接影响学习者注意力资源的消耗。学习者在利用教学视频展开学习时，较小呈现比例的教师图像不需要学习者消耗大量的认知资源去加工和处理这部分内容，因此，不会明显增加其认知负荷。若教师图像呈现比例过大，不仅可能会影响教学内容的呈现，还可能会分散学习者的注意力，显著增加他们的认知负荷，从而对其学习效果产生消极影响。

实证研究发现，当教学视频中教师图像呈现比例较小时，学习者加工视频时花费的认知资源和注意力资源更少（Reeves et al.，1999）。例如，Reeves 等（1999）通过心率减速，测量并比较了大学生在观看三种不同尺寸屏幕（大尺寸：56 英寸①；中尺寸：13 英寸；小尺寸：2 英寸）时的注意力。结果发现，大学生观看大尺寸屏幕与观看中、小尺寸屏幕相比，会有大幅度的心率减速，因为大尺寸屏幕需要学习者消耗更多的注意力资源，并使他们产生更大的认知负荷。据此，我们可以推测，教学视频中呈现较小比例的教师图像，能够在保留教师对学习者产生积极影响的基础上，更少地占用学习者的注意和认知资源，从而对学习者的学习更加有益。

根据社会代理理论和社会存在感理论，学习者在利用教学视频展开学习时，视频中所呈现的教师图像比例不仅能够让学习者感知到教师的真实存在，还能够让学习者与教师建立社会联系和社会交流（Parker et al.，1978；Mayer et al.，2003），并增强学习者的社会存在感。换言之，教学视频中呈现较小比例的教师图像，能够保留这种社交功能和非言语交流功能（Kim & Kim，2012；Maniar et al.，2008），增加学习者在视频学习过程中与教师的交互，帮助学习者进行知识建构，从而提高其学习效果（腾艳杨，2013）。

综上所述，教学视频中教师图像呈现比例可能主要通过从认知层面影响学习者的注意力资源分配和从社会层面影响学习者与教师之间的互动，来影响其学习效果。当教师图像呈现比例较小时，学习者加工教师图像消耗的认知资源则较少；教师图像所包含的非言语信息，有利于提高学习者与教师之间的互动水平，从而增强学习者的学习动机。然而，据笔者所知，鲜有研究者致力于探讨教师图像呈现比例影响视频学习的机制，我们仅能从相关理论中寻找相关解释，未来有必要

① 1 英寸=2.54 厘米

加强这方面的研究。

三、对教学视频设计的启示

随着MOOC、SPOC①等在全世界范围内的发展与应用，教学视频已经成为一种重要的教学资源，其设计和制作过程会影响学习者的学习效果、认知负荷、学习满意度和社会存在感等。然而，许多教育实践者和教学设计专家在设计和制作教学视频时，对教学视频中教师图像呈现比例对学习者学习的影响缺乏深入的思考。

根据以往相关研究和理论，笔者提出以下关于教师图像呈现比例设计的相关原则：在教学视频的设计和开发中，应该考虑呈现较小比例（如 10%左右）的教师图像，来提高学习者的学习效果和学习满意度。目前，在在线开放课程平台上，教学视频中教师图像的呈现比例通常为 35%左右。然而，相关研究发现，较小的教师图像呈现比例更有利于提高学习者的学习效果，尤其是学习成绩和学习满意度。这是因为，较小的教师图像呈现比例不仅不会占据学习者过多的注意力资源，还会保留教师图像所带来的非言语交际功能，有助于增强学习者的社会存在感，进而促进学习者的学习（腾艳杨，2013；杨九民，2014）。

第二节 教学视频中教师景别对学习的影响

教学视频中的教师景别是指在教学视频拍摄过程中，由教师与摄像机的距离而造成教师在摄像机寻像器中所呈现出的范围大小的区别。景别越大，环境因素越多；景别越小，强调因素（教师）越多。按照常规景别划分，一般可分为五种，

① 小规模限制性在线课程（small private online course，SPOC）

由近至远分别为特写（指人体肩部以上）、近景（指人体胸部以上）、中景（指人体膝部以上）、全景（人体的全部和周围背景）和远景（被摄体所处环境）（刘小敏，2018）。

一、教学视频中教师景别对学习效果的影响

杨九民等（2015）分别抽取出 Coursera、Udacity、edX、清华学堂在线、央视网中国公开课、新浪公开课以及中国大学 MOOC 教学视频中的部分视频，并对这些视频中的教师景别进行统计。结果发现，教师景别主要有三种：中景、近景和特写。其中，中景能更好地表现人物手臂的活动范围，手及手臂作为表现情感、表达意思较为活跃的部位，经常被用来弥补语义信息的不足；近景画面则能拉近被摄人物与观众之间的距离，使观众与被摄人物产生一种交流感（尚慧琳，2007）。然而，不同教师景别对学习者学习是否有影响以及有多大影响，还需要从心理学层面进行进一步研究。已有研究发现，景别对学习效果的影响不显著（刘小敏，2018；Beege et al.，2017）。Beege 等（2017）通过让 88 名大学生观看一段从不同角度拍摄的相同视频（图 5-2-1），来探究拍摄景别（远 vs.近）和拍摄角度（正

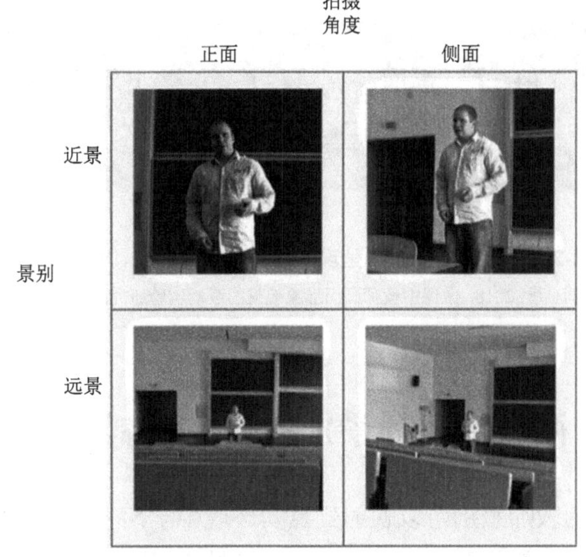

图 5-2-1　四种实验材料截图

资料来源：Beege M, Schneider S, Nebel S, et al. 2017. Look into my eyes! Exploring the effect of addressing in educational videos. ***Learning and Instruction***, 49: 113-120

面 vs.侧面）对学习者学习效果和拟社会互动的影响。结果发现，拍摄景别对学习者的学习效果并无影响，而拍摄角度对学习者的学习效果和拟社会互动具有显著影响，表现为正面拍摄的效果好于侧面拍摄。在实验结束后的访谈中，有学习者表示在远景的教学视频中还可以看到很多其他的东西，如黑板、座位排和入口门，他们认为这些因素会加深他们对学习环境的印象，所以尽管较近的距离能够营造交流的氛围，远距离却能够带给他们对环境的熟悉感，因此他们感觉更为亲切。

Beege 等（2017）的研究将环境景别和教师景别结合在一起，并不能说明教师景别对学习者学习的影响。而刘小敏（2018）的研究则将环境景别与教师景别区分开了（图 5-2-2），并运用眼动追踪技术探究了教学视频中教师景别对学习者注意力分配、认知负荷和学习效果的影响。该研究将 45 名被试随机分为三组，分别观看远景视频、中景视频和近景视频，结果发现，教学视频中不同景别的教师形象对学习者的注意力分配影响显著，当呈现远景教师形象时，学习者关注教师的次数和时间最多；当呈现近景教师形象时，学习者关注教师的次数和时间最少。但无论是远景、中景还是近景，学习者的认知负荷和学习效果并无显著差异。考虑到该研究被试较少，且没有考虑到景别带来的拟社会互动的差异，推广该实验结果还为时尚早，有待后续更深入的研究。

近景

中景

远景

图 5-2-2　教学视频中教师呈现的不同景别（近景、中景和远景）

资料来源：刘小敏. 2018. 微课中教师画面形象效果的眼动实验研究. 芜湖：安徽师范大学

二、教学视频中教师景别的作用机制

教学视频中的教师景别可以映射到真实环境中学习者所处的位置。比如，近景对应的是前排，远景则对应的是后排，当这种空间距离反映到教学视频中，又是如何影响学习者学习的呢？

首先，从某种角度来说，景别不仅仅意味着教师形象的大小，相同的教学课堂使用不同的景别，给学习者带来的感受也是不相同的，这点在影视作品的设计与制作上多有体现（卢康，2012）。在观看视频时，我们往往根据自己在真实世界的体验，来判断视频中所发生的情境，因此，屏幕上人物的景别可以被用来判断教师与学习者之间的社会距离，这是一种社会线索。研究者认为，这种“准空间关系”（para-proxemic relationship）在多媒体语境中非常重要（Meyrowitz，1986）。

其次，教学视频中的教师，作为社会实体能够有效引起与学生之间的拟社会互动（Horton & Wohl，1956）。拟社会互动是指受众将大众传媒中的人物当作真实人物，从而对其做出反应，并与其形成一种准社会关系（para-social relation，PSR），类似于在真实的交往中建立人际关系。例如，儿童在观看《小猪佩奇》的动画片时，当佩奇在动画片结束时说“下次见”时，很多儿童也会回答“下次见”。研究者认为，这种交互在视频学习中也存在，因此提出了拟社会学习（para-social learning，PSL）。这种基于拟社会互动的学习受多种因素的影响，如距离人物的远近（Hartmann et al.，2004）。一般认为，距离越近，拟社会互动就越强，学习者的学习效果就越好。

综上所述，我们可以发现，关于教学视频中教师景别的作用机制目前主要有准空间关系和拟社会学习两种假设，但因目前相关实证研究较少，其具体的作用机制还不得而知，有待后续研究结合其他因素（如拍摄角度、教师形象、空间环境等）综合研究景别对学习的影响。

三、对教学视频设计的启示

通过调查研究，笔者提出以下关于教学视频中教师景别的设计原则：在制作教学视频时，教师景别应采用中景和近景。尽管目前关于教师景别的实证研究尚未得出统一的结论，但不可否认，教师景别在某种程度上的确会影响学习者的学习，如学习者的拟社会学习体验，至于这种体验是否会影响其学习效果，还有待专家学者的进一步探究。根据对在线开放课程的分析，中景和近景在教学视频中使用较多，因此，建议未来在制作教学视频时，应当优先考虑这两种景别。

第三节 教学视频中教师的身体朝向对学习的影响

纵观各大在线开放课程平台，如爱课程、中国大学 MOOC 等，许多教学视频中均呈现了教师形象，而教师形象又包括了他们的身体，教师的身体又体现了他们在教学过程中的站姿，如图 5-3-1 所示。从图 5-3-1 中不难发现，教师的身体朝向有所不同，左侧图是教师身体正对学习者，而右侧图是教师侧身朝向幻灯片。那么，教师究竟应以怎样的站姿出现在教学视频中才能更好地促进学习者学习呢？

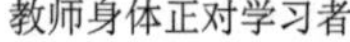
教师身体正对学习者

教师侧身朝向幻灯片

图 5-3-1 教学视频中教师身体朝向

资料来源：中国大学 MOOC“遗传学与社会”“信息化教学设计”课程视频截图

正如图 5-3-1 所示，教师的身体朝向一般有正面朝向和侧面朝向，在教学视频中，正面朝向表现为摄像机精确地摆放在教师的前面（Beege et al.，2017，2019），如图 5-3-2、图 5-3-3 左侧图所示；侧面朝向表现为教师与摄像机形成一定的角度，如图 5-3-2、图 5-3-3 右侧图所示。在以往研究中，由于研究目的不同，教师侧面朝向的角度略有差异。例如，在 Hietanen（2002）的研究中，侧面朝向是身体向左或向右转 40°，如图 5-3-4 所示；在 Beege 等（2017）的研究中，侧面朝向是指拍摄角度为 40°，而在之后 Beege 等（2019）的研究中，侧面朝向则是指拍摄角度为 80°。

通过观察图 5-3-2—图 5-3-4 可以发现，与眼睛注视相似，教师的身体朝向也能表达其注意的焦点。例如，在教学视频中，当教师采用正面朝向时，无疑说明其注意的焦点是屏幕前的学习者，该站姿有利于教师与学习者进行互动；当教师采用侧面朝向时，说明其注意的焦点是视频中其他学习者或者是其他的内容。基于此，教师的身体朝向也会对学习者的学习产生重要影响。

图 5-3-2　教师正面朝向（左）和侧面朝向（右）

资料来源：Beege M, Schneider S, Nebel S, et al. 2017. Look into my eyes! Exploring the effect of addressing in educational videos. ***Learning and Instruction***, 49: 113-120

图 5-3-3　教师正面朝向（左）和侧面朝向（右）

资料来源：Beege M, Nebel S, Schneider S, et al. 2019. Social entities in educational videos: Combining the effects of addressing and professionalism. ***Computers and Human Behavior***, 93: 40-52

教师侧面朝向向左转 40°　　教师侧面朝向向右转 40°

图 5-3-4　教师侧面朝向

资料来源：Hietanen J K. 2002. Social attention orienting integrates visual information from head and body orientation. ***Psychological Research***, 66(3): 174-179

一、教学视频中教师的身体朝向对学习效果的影响

早在 20 世纪 90 年代，就有研究者关注被观察者（如教师）的身体朝向所引起的学习者大脑神经活动的变化。例如，有脑功能磁共振成像的研究发现，人类枕外侧颞叶皮层有一个皮质区域的激活与被观察者的身体朝向有密切关联（Downing et al.，2001）。从 21 世纪初开始，大量的心理学研究者已经开始关注被观察者的身体朝向对观察者的视觉注意的影响。例如，Paulus 等（2016）通过新词学习情境，探讨了被观察者的身体朝向是否能够引导观察者的视觉注意。实验任务是通过视频向观察者同时呈现两个物体，其中一个代表已经学过的词，另外一个代表没有学过的词，当被观察者身体转向代表没有学过的词的物体时，观察观察者是否能够注视该物体。结果发现，3 岁半儿童和成人被试都可以根据被观察者的身体朝向注视该物体。因此，被观察者的身体朝向的确可以作为注意线索，来引导观察者的视觉注意方向。

近年来，研究者开始关注教学视频中教师的身体朝向对学习的影响（Beege et al.，2017，2019）。例如，Beege 等（2017）比较了观看教师正面朝向的教学视频的学习者与观看教师侧面朝向的教学视频的学习者在拟社会互动和学习效果上的差异。所谓拟社会互动是指在教学视频中呈现社会互动线索，营造真实教学情境中的师生互动氛围，主动发起与屏幕前学习者的互动。结果发现，相比于侧面朝向，当教师采用正面朝向时，学习者体验到的与教师的互动感更强，且取得的学习效果更好。这一结论被其后续的研究证实（Beege et al.，2019）。

随着研究的深入，Cooney 等（2017）发现，身体朝向与其他线索（如眼睛注视、头部朝向等）会共同发挥作用。他们通过三个实验分别探究了身体方向、头部转向和眼睛注视方向在引导观察者的注意力时发挥的作用。结果发现，当将被观察者的头部转向作为线索，并且头部转向与目标的方向一致时，头部转向可以帮助观察者减少搜索目标的时间，提高视觉搜索的效率；但是仅以被观察者的身体方向作为线索时，身体方向与目标的方向一致与否，对观察者搜索目标的时间的影响没有产生显著性差异，也就是说，身体方向并不能产生线索效应。这一关于身体方向作为线索的实验结果与以往研究结果不同的原因在于，以往的研究使用的被观察者形象往往除了包括躯干之外，还包括其他的线索，如头部、手臂和腿等（Hietanen，2002；Pomianowska et al.，2012；Moors et al.，2016）；而该研究使用的是不包含手、头的单纯的身体。因此，根据以上研究，我们可以推测，当被观察者的头部、身体、眼睛注视等线索同时呈现时，其身体只是非关键性的线索，而观察者的头部、眼睛注视等才是关键性的线索，并在注意引导方面起着优势性作用。

基于以往研究，我们可以推测，教学视频中教师身体朝向可能在一定程度上可以通过引导学习者的注意力焦点，来影响其学习效果。具体而言，当教师采用正面身体朝向时，意味着其注意力焦点是屏幕前正在观看教学视频的学习者；当教师采用侧面身体朝向时，意味着其注意力焦点是教学视频中的其他内容。以往教学视频的相关研究主要是基于视频中只有教师和教室，得出了教师的正面身体朝向有利于学习的结论。我们设想一下，如果教学视频中除了有教师外，还有其他的学习材料，可能教师侧面身体朝向的方向不同，如朝向透明白板或者朝向透明白板相关的方向，两者的影响也可能有所不同。此外，根据心理学的研究，教师身体朝向的作用可能只是非关键性线索，或者会与其他线索如眼睛注视、头部朝向等，共同对学习者的注意力产生交互作用。纵观在线开放课程，教学视频中呈现的教师形象，大多为教师上半身或膝盖以上的身体部位，因此，探讨教学视频中教师的多重线索的独立效应和协同效应对教学视频的设计尤为重要。

二、教学视频中教师的身体朝向的作用机制

通过对以往研究的分析，教学视频中教师的身体朝向可能对学习有一定的影响。那么我们如何理解教学视频中教师的身体朝向对学习的影响呢？

（一）多媒体学习的具身线索原则

根据多媒体学习的具身线索原则，当多媒体学习环境中呈现教学代理或者真人教师时，其眼睛注视、手势、身体朝向等，均影响着学习者与其之间的互动关系，而良好的互动关系会激发学习者的社会反应，如“这个教师想要教给我什么”，从而使得他们有更强的动机投入主动学习，即选择、组织和整合信息的认知过程，并最终影响他们的学习效果（Mayer，2014）。

如前所述，教师采用正面身体朝向，说明其注意力焦点是屏幕前的学习者，这无疑会提高教师与学习者的互动水平，这一观点也得到了以往研究的证实（Beege et al.，2017，2019）。而当教师采用侧面身体朝向时，说明其注意力焦点是其他的学习材料或者其他的学习者。然而，遗憾的是，据笔者所知，目前鲜有研究探讨教师的身体朝向对学习材料的作用。

由于教师身体朝向在教学视频中的作用，是近年来才得到研究者关注的，相关研究还不够丰富，并且没有区分教师的身体朝向与眼睛注视的作用。但根据上述研究可以发现，当教师的多重注意线索同时呈现时，教师的身体朝向可能扮演着非核心线索的角色，因此，未来研究有必要进一步区分不同具身线索的作用，以及它们之间的协同效应。

（二）拟社会互动

教师的身体朝向对学习者的学习产生积极影响的另一原因，可根据拟社会互动的观点来加以解释。尽管教学视频是提前录制的，其本身并不能提供实时的双向互动，但是如果增加拟社会互动线索，如教师的目光接触、手势和正面身体朝向等，便能够使学习者与教师之间形成一种双向互动的模式。拟社会互动具有三个方面的过程：第一，知觉-认知过程，如注意、理解、评价；第二，情感状态，如同情、反感；第三，人物可被观察到的行为，如目光、手势和身体朝向等（Hartmann et al.，2004）。根据这三个方面的表现和强度的不同，拟社会互动可以总结为两级模型——强（高水平 PSI）和弱（低水平 PSI）。

有研究者指出，当学习者与教学视频中的教师形成了高水平的拟社会互动时，会促进学习者运用社会规则、改变认知过程，进而对其学习产生积极作用（Nass & Moon，2000）。在教学视频中，教师采用正面朝向，有利于学习者与教师之间形成高水平的拟社会互动，从而促进学习者学习（Hartmann et al.，2004；Beege et al.，2017）。

（三）社会性注意

当将教师的身体朝向作为线索，并与目标的方向保持一致时，会提高学习者对目标的搜索效率（Paulus et al.，2016；Cooney et al.，2017）。从社会性注意（social attention）来看，个体容易受到他人的注意力焦点的影响，从而与他人有共同的注意对象，即联合注意（Mundy et al.，1986；Mundy & Newell，2007）。其中，他人的头部、眼睛注视和身体朝向均能够表达其注意力焦点（侯文文等，2018；Nummenmaa & Calder，2009）。这一观点也得到了认知神经科学研究的支持。例如，有研究发现，个体的前颞上沟（anterior superior temporal sulcus，aSTS）的激活与加工和被观察者的身体朝向有密切关系（Pelphrey et al.，2003；Carlin & Calder，

2013），前颞上沟是个体进行注意定向的关键脑区（Calder et al.，2007）。

根据上述分析，我们可以推测，教学视频中教师的身体朝向也能够引导学习者的注意力分配，当教师采用正面身体朝向时，会吸引学习者注意教师本身；而当教师采用侧面身体朝向时，如朝向幻灯片，会引导学习者注意其他方向。然而，目前尚缺乏探讨教师身体朝向对学习者注意的影响的研究。未来研究可以采用眼动追踪技术，考察教师的身体朝向对学习者在视频学习过程中注意力的影响。

三、对教学视频设计的启示

基于以往研究和相关理论，笔者提出以下关于教学视频中教师的身体朝向的设计原则：当视频画面中没有其他学习材料时，教师采用正面身体朝向会更有利于与屏幕前的学习者进行互动，以及提高他们的学习效果；当视频画面中有其他学习材料时，教师在讲到重点内容时，配合目光引导、指示性手势，采用侧面身体朝向会更有利于引导学习者注意相关内容。作为一种重要的教学资源，教学视频设计的好坏直接影响着其教学效果。在设计教学视频的过程中，除了可以控制教师的声音、手势外，还可以从教师身体朝向等形象特点入手，即教师正面面对摄像机，可以增加其与学习者的拟社会互动；而教师侧面朝向学习材料，可以吸引学习者的注意力至该学习材料（Beege et al.，2017）。因此，在设计教学视频时，应该结合具体的视频画面中呈现的内容，来决定教师的身体朝向。

第四节

教学视频中教师言语风格对学习的影响

随着“互联网+”时代教育创新的不断推进，MOOC 已成为近年来全球教育领域发展最为迅速的网络教学方式。可汗学院、edX、Coursera、清华学堂在线、网易云课堂等纷纷推出在线课程与本科课程学分互换、线上线下相结合的混合式学习方式等，来提升在线课程质量。当我们深入研究时不难发现，MOOC 蓬勃发展的背后其实存在较多问题，如“辍学率”高、交互质量不高、在线教育学习效果低等。因此，越来越多的研究者开始关注如何提升教学视频的教学效果。

教师言语风格是视频教学效果的直接影响因素之一。言语交流是指人们运用语言进行交际的过程，因此，教师言语风格是指教师在长期的教学实践中，逐步形成的富有成效的、独特的言语气氛和言语格调（梁进才，2007）。教师通过言语活动帮助学习者解释、理解、推理和掌握知识及发展观点，来达到改变课堂中师生、生生社会互动关系和知识重建的目的，并最终发展学习者的高阶思维能力和知识建构能力等（Mercer & Dawes，2014；Major et al.，2018）。例如，在课堂教学言语活动中，教师经常使用第一人称（“我们”“我”）或者第二人称（“你们”“你”），就比使用第三人称（“他们”“他”）更能给学习者带来强烈的课堂带入感和亲切感，学习者的学习效果也更好（Cooper et al.，2018）。研究发现，教学视频中教师的言语风格同样也会影响其与学习者的互动水平，从而影响学习者的学习效果（Howe & Abedin，2013；Song et al.，2019）。因此，本节主要介绍教学视频中教师的言语风格对学习的影响。

一、教学视频中教师言语风格的分类

从不同视角，可以将教学视频中教师的言语风格分为不同的类型，具体来看可以分为以下五类。

第一类，从教学中互动对象的视角进行分类，可以将教师言语风格分成三种，即教师单独型、教师-学习者型和学习者-学习者型（Howe & Abedin，2013）。这三种教师言语风格是课堂教学研究中较为普遍的类型。其中，教师单独型言语风格主要关注教师个体通过教学视频传授知识及发展能力的过程；教师-学习者型言语风格主要关注师生互动及思维发展的过程；学习者-学习者型言语风格主要关注学习者之间平等对话、共同讨论、提出问题、产生观点和发展观点的过程；具体如图 5-4-1 所示。

第二类，从时间顺序的视角进行分类，可以将教师的言语风格分为由三个步骤构成的 IRF 模式，即启动—回应—反馈（initiation-response-feedback，IRF）（Howe & Abedin，2013；Sinclair & Coulthard，1975）。启动意味着一个人（通常是教师）通过提出问题或提出主题来发起对话，然后通常由学习者给出回应(“我认为……”)，

教师单独型

教师-学习者型

学习者-学习者型

图 5-4-1 教学视频中的三种教师言语风格类型

资料来源：《吃货的营养学修养》. http://www. icourse163. org/course/SCU-1003253003

最后发起人（教师）提供关于这些答复的反馈，反馈还可以进一步分为短反馈（如“好”“有趣”等）和精细反馈（如“这道题是正确的，原因是……”）（Howe & Abedin，2013；Song et al.，2019）。还有研究者提出了与 IRF 模式类似的 IRE 模式，即启动—回应—评价（initiation-response-evaluation，IRE）。当评价是一种反馈形式时，IRE 被看成是 IRF 的子类型（Howe & Abedin，2013）。

第三类，从教学视频中互动方式的视角进行分类，可以将教师言语风格分为权威互动、对话互动、权威非互动和对话非互动（Howe & Abedin，2013；Mortimer & Scott，2003）。其中，权威互动是指一位权威者（如教师）与多位学习者进行讨论，学习者多处于被动接受观点的地位；对话互动是指几位学习者以平等的身份讨论不同问题并形成某种观点；权威非互动是指一位权威者（如教师）对单一、公认观点的断言，没有讨论及互动；对话非互动是指教师或学习者对不同观点的评论，没有讨论及互动（Howe & Abedin，2013）。前三种互动和对话方式都包含在 IRF 模式中，IRF 模式是任何课堂对话中都不可忽视的互动方式（Evans，1987）。

第四类，从教师讲授知识时的对象指代称呼的视角进行分类，可以将教师言语风格分为第一、二、三人称，其中第一人称或第二人称的表达比第三人称的表达更有利于学习者学习（Cooper et al.，2018；Mayer et al.，2004）。例如，教师说“如果你生活在外星球（如降雨量少、阳光照射充足）并且必须设计一种能在那里繁盛的植物（包括设计叶子、茎和根的特征），你该如何设计”。教师使用的第一人称或第二人称（也就是使用“我”或“你”）能给学习者带来更强的带入感和沉浸感，学习者的学习效果也会更好（Mayer et al.，2004）。

第五类，从教师言语特征的视角进行分类，可以将教师言语风格分为沉闷与活泼、愉快与不愉快、语速快与慢、声音清晰与不清晰、犹豫与自信等类型（Mariooryad et al.，2014）。有研究者通过人群采样，确定了学习者感知的六种广泛的言语风格维度，即活跃度、语速、愉悦性、清晰度、自信度、正式度等

（Mariooryad et al.，2014）。不同学习者的学习风格及性格不同，则他们在学习时会选择不同教师言语风格的教学视频，以满足他们的学习需求。

总体来看，为达到不同的教学目标，教师会采用不同的言语风格，且在教学视频中的应用情况也各不相同。从不同的角度看，有上述五类不同的教师言语风格划分，五种类别的特点各不相同。第一类是站在教师和学习者的视角进行分析的，当教师向学习者阐述某个知识点或者概念时，教学视频一般采用教师单独型言语风格，以充分展示教师的课堂教学活动；当教师想通过师生互动方式提出问题或者获得学习者的反馈时，教学视频一般采用教师-学习者型言语风格；当教师想通过学习者之间的互动来展示他们的交流过程及他们之间的认知冲突时，教学视频一般采用学习者-学习者型言语风格（Cooper et al.，2018）。经典物理教学视频的一系列研究表明，教师-学习者型言语风格的学习效果优于教师单独型言语风格，而学习者-学习者型言语风格的学习效果最好（Muller，2008；Margoniner et al.，2019）。第二类，IRF 模式和 IRE 模式较为相似，但它们的功能略有不同，IRF 模式偏向于教学反馈，而 IRE 模式偏向于评价，且 IRF 模式能够给予观看视频的学习者更强的认同感和亲切感（Song et al.，2019）。但两种模式也有相同点，即都具有三个互动阶段且前两个阶段一样。第三类是从互动方式的视角进行分类的，将教师言语风格细分为了权威互动、对话互动、权威非互动和对话非互动，但关于教学视频中这几类言语风格的研究较少，几乎没有具体应用。第四类是从语言人称视角进行分类的，研究结果表明，教学视频中教师使用第一人称或第二人称时，能显著提升学习者兴趣及增强学习者的社会存在感，且教学效果明显优于使用第三人称（Mayer et al.，2004；Chi et al.，2017；Song et al.，2019）。第五类是从教师言语风格特点进行分类的，此种分类较少见于视频教学的研究中，而较多见于心理学研究中。例如，有研究显示，当教学视频中教师语言流畅和活泼时，可以提高学习者的自信心，但不会提高其学习成绩（Toftness et al.，2018）。

二、教学视频中教师言语风格对学习效果的影响

教学视频中教师言语风格不仅对学习者的认知过程，如观点的产生和发展等产生影响，同时还对学习者与教师、学习者与学习者之间的社会交互过程及学习者的学习兴趣产生影响，并最终影响他们的学习效果。因此，教师言语风格备受研究者的关注，具体来说，教学视频中教师言语风格对学习过程及学习结果的影响主要体现在以下四个方面。

（一）教学视频中教师言语风格影响学习者的学习兴趣

有研究探讨了教师言语风格中的 IRF 模式或 IRE 模式，以及使用不同人称代词对学习者学习兴趣的影响。结果发现，IRF 模式或 IRE 模式能够给予学习者即时的反馈和评价，激发学习者的再思考行为，以及加大学习者的学习投入度，因此，能激发学习者的学习兴趣（Mercer & Dawes，2014）。兴趣的激发能够使学习者在学习过程中更加积极地进行认知加工，从而促使他们进行更深层次的思维活动，最终体现为知识保持测验成绩或知识迁移测验成绩的提高（Mayer et al.，2004）。此外，研究者通过一系列的实验发现，当教学视频中教师以第一人称或第二人称与学习者交流时，能够增加学习者与教师之间的互动，能够引发学习者较强的带入感和亲切感（Mercer & Dawes，2014；Major et al.，2018）。研究者把第一人称或第二人称的积极作用称为个性化效应，即与教师采用第三人称表述相比，教学视频中教师采用第一或第二人称表述时，能够使学习者取得更好的学习效果。

（二）教学视频中教师言语风格影响学习者的知识建构与观点发展

Song 等（2019）认为，IRF（或 IRE）模式中的启动、回应及反馈（评价）这些步骤正是教学中不可或缺的部分，因此，他们强调教师找到合适的言语风格，能够帮助学习者建构知识，促进学习者认知发展。其中，启动，即教师的提问可以帮助学习者明确他们的想法、观点和知识，并与班级师生分享。有研究表明，在物理教学视频中，视频中的学习者向教师提问或反馈可以帮助观看视频的学习者进行提问和反思，鼓励观看视频的学习者不断发展观点和解决问题（Muller，2008；Margoniner et al.，2019）。这种师生互动的言语风格能为学习者提供阐述他们遇到的问题及表达他们观点的机会等（Song et al.，2019）。具体来说，教学视频中师生对话的功能表现在四个方面：①在对话中生成知识；②相互分享彼此的想法和观点；③通过对话发展观点，达成共识；④通过对话达到观点之间的冲突与融合（Alexander，2008）。

因此，教学视频中师生之间的问答和交流，可以帮助屏幕前的学习者进行提问和反思，并促使他们产生新的观点和想法，进而促进他们开展深度学习。

（三）教学视频中教师言语风格影响师生之间的社会交互

教学视频中教师的言语风格通过影响师生之间的拟社会关系，来影响他们之间的社会交互（Moreno & Mayer，2004）。维果斯基认为，语言和社会互动在学习者认知发展中具有重要作用，并将语言描述为文化工具（用于发展和分享知识）和心理工具（用于发展个人思维）（Vygotsky，1962，1978）。以维果斯基的理论为基础，多项研究发现，当学习者观看视频超过五分钟时，可能会促使学习者与教学视频中的教师之间建立拟社会关系，从而促使学习者与教学视频中的教师或学习者发生社会交互，进而提升自身的学习效果（Ginns et al.，2013；Dibble et al.，2016）。通过社会交互形成的亲密关系与现实生活中的亲密关系相似，这是对学习者社会交互“缺乏”及对学习孤独感的补偿（Giles，2002；Dibble et al.，2016）。

教学视频中教师采用第一人称或第二人称能够更好地激发学习者的自我参照和回应，激发学习者对视频中的教师和知识内容产生更强烈的兴趣，增强学习者的社会存在感，并促进学习者对知识内容的积极理解（Riehemann & Jucks，2018）。例如，在关于扩散概念的物理研究中，有研究者发现，教学视频中教师采用第一人称能够增加其与学习者之间的社会交互，并增强学习者的社会存在感，进而提升他们的学习成绩（Mayer et al.，2004；Chi et al.，2017）。

因此，教学视频中教师采用第一人称或第二人称言语风格进行教学时，能够提高学习者与教师之间的社会交互水平，从而有利于促进学习者学习。

（四）教学视频中教师言语风格影响学习者学习效果

许多实证研究结果表明，学习者观看教师使用第一人称或第二人称的教学视频，比观看教师使用第三人称的教学视频，会取得更好的学习效果，即出现了个性化效应（Mayer，2004；Riehemann & Jucks，2018）。近年来，随着研究的深入，有研究者发现，个性化原则的应用并不总是有效的，它对学习的影响会根据学习者的先前知识经验而有所不同，具体体现为对高经验学习者无效，但是对低经验学习者有效，这也被称为个性化反转效应（Reichelt et al.，2014）。此外，还表现为当教学视频中教师使用第一人称或第二人称时，可以明显提高低经验学习者的学习效果，但是这一积极效应并没有明显体现在高经验学习者中。

综上所述，教学视频中教师言语风格影响了学习者学习过程及学习结果，教师采用 IRF（或 IRE）模式，以及第一人称或第二人称的言语风格时，更有利于提高学习者的学习效果。具体来说，包括两个层面：一是认知层面，通过师生对话引发学习者建构知识及发展观点，从而提高他们的学习效果；二是社会交互层面，通过激发学习者的学习兴趣，增强其学习动机，增加其在学习过程中的社会交互，从而促进深度学习的发生。

三、教学视频中教师言语风格的作用机制

教学视频中教师言语风格可能会通过多种变量作用于学习者的学习过程及学习结果，可以从四个维度具体分析教学视频中教师言语风格的作用机制：认知、学习动机、学业情绪和社会交互（Mayer et al.，2004；Reichelt et al.，2014），如图 5-4-2 所示。

从认知维度来看，教学视频中教师的言语风格影响了学习者对学习材料的感知度，学习者更愿意将认知资源分配给与自我相关的学习材料和内容，这也被称为自我参照效应（自我记忆效应）（Moreno & Mayer，2000；Reichelt et al.，2014）。自我参照效应是指学习者对那些与自我有联系的信息的记忆效果好于那些与自我没有联系的信息（李红霞，张海钟，2013）。研究者做了大量的研究发现，通过实验干预激发的自我参照效应和自我有关的认知加工均会导致较好的记忆效果（李红霞，张海钟，2013；Moreno & Mayer，2000）。当学习者在观看教学视频过程中，听到教师使用第一人称或第二人称与自己对话时，则会将自己对这些知识的理解与教师的讲解进行比较，从而对视频学习材料有更强的带入感，并促使自己对知识内容进行更深入的认知加工，以达到更好的学习效果。

从学习动机维度来看，教学视频中教师的言语风格影响了学习者对学习材料的兴趣（Reichelt et al.，2014）。ARCS 模型认为“注意”“兴趣”“满意”是彼此相关的，是指教师教学要与学习者的知识背景、个人需求和生活经验联系起来。当教师采用第一人称或第二人称的言语风格时，学习者能够将教师所讲授的知识和与自己切身相关的事物建立起联系，更容易关注这些知识，从而在学习过程产生更高的满意度，包括熟悉度、目标定向、动机匹配等（刘爽，郑燕林，阮士桂，2015；Reichelt et al.，2014）。

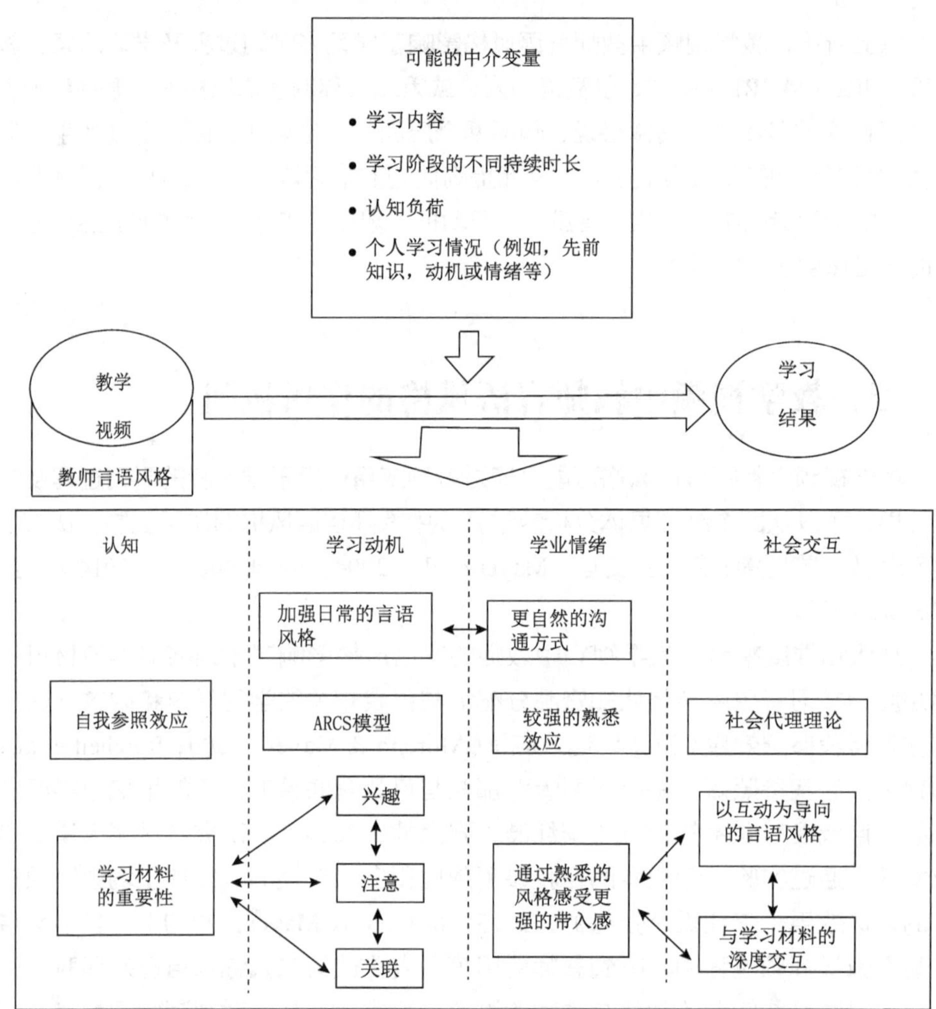

图 5-4-2　教师言语风格对学习作用机制的多维模型图

ARCS 模型认为学习动机的生成依赖于注意（attention）、相关（relevance）、自信（confidence）和满意（satisfaction）四个既具有层次递进性又高度相关的动机过程

资料来源：Reichelt M, Kämmerer F, Niegemann HM, et al. 2014. Talk to me personally: Personalization of language style in computer-based learning. ***Computers in Human Behavior***, 35(6): 199-210

从学业情绪维度来看，教学视频中教师的言语风格影响了学习者的学业情绪（Reichelt et al.，2014）。一方面，当教师采用第一人称或第二人称的言语风格时，学习者会感觉自身与学习材料之间有更强的相关，并带入自身的认知与情绪，加大自身的学习投入度等，这也被称为熟悉效应。另一方面，师生对话是认知和情绪的交互，两者共同构成了语言输入的信息。也就是说，学习者在加工教师的语言时，认知和情绪会共同起作用。在师生对话过程中，教师采用第一人称或第二

人称会引发学习者对已有知识开展认知加工并唤醒以往的学习体验，并可能伴随着积极情绪或消极情绪，如高兴、愉悦、同情、自卑、厌倦、生气等（Reichelt et al.，2014）。

从社会交互维度来看，社会代理理论能够很好地解释为何第一人称或第二人称的言语风格能够促使学习者与学习材料之间产生更多的社会交互（Reichelt et al.，2014）。教师使用第一人称或第二人称的言语风格，既能使学习者产生更强的学习临场感和带入感，并与教学视频中的教师产生更多的社会交互，也能使学习者更强烈地感知到教师的友善和帮助（Ginns et al.，2013）。通过社会交互形成的亲密关系与现实生活中的亲密关系相似，均能够减轻学习者在视频学习过程中的孤独感（Giles，2002；Dibble et al.，2016）。

总之，教学视频中教师的言语风格通过认知、学习动机、学业情绪和社会交互四个维度之间的相互作用机制影响学习者的学习过程，揭示了教师言语风格是如何影响学习的，未来有关实证研究可基于此进行更深入的探讨。

四、对教学视频设计的启示

通过对以往研究和相关理论的梳理，我们可以发现，教师的言语风格对视频学习有重要影响，特别是在激发学习者社会交互及思考与表达等方面。因此，在进行教学视频设计时，教师应该充分考虑如何使自身的言语风格给予学习者更多的启发及思考。基于以往的研究和相关理论，关于教学视频中教师的言语风格的设计原则，笔者提出以下建议。

（一）为了提升学习者参与度，多采用 IRF 模式

在教学视频中，教师应多采用 IRF 模式。采用该模式，教师需要依据知识内容、知识类型及视频时长等要素合理设计提问问题的结构。例如，如何提问？采用哪种问题类型，是封闭式问题还是开放式问题？教师提问不仅仅是为了获得学习者的答案和反馈，更是为了激发学习者的进一步思考，并引发学习者新的问题。问题被视为教学活动的基石，而不是教学活动的终点（Wegerif，2007；Song et al.，2019）。

总之，在教学视频设计过程中，要以学习者为中心，教师应多采用 IRF 模式，以便激发学习者学习兴趣和增强其学习动机，以及增加学习者在学习过程中的社

会交互和增强其社会临场感等，最终促使学习者产生更好的学习效果。

（二）教学视频中教师应尽量采用第一人称或第二人称

教师使用第一人称或第二人称，有利于为观看教学视频的学习者营造对话的氛围，体现视频学习的个性化效应。教师使用第一人称或第二人称体现在措辞上，是将学习材料中的“他”“他们”变成“我”“我们”或“你”“你们”，这些小的改变就会对学习结果产生积极的影响，即让学习者学习到更多知识和内容（Mayer et al.，2004；McLaren et al.，2006）。此外，教学视频中教师使用第一人称或第二人称，有利于激发学习者的兴趣，从而促使学习者在学习过程中更加努力地进行积极的认知加工，以及开展更深层次的学习，最终表现为迁移测验成绩的提高（Mayer et al.，2004）。

（三）不同的教学内容和目标需要教师采用不同的言语风格

根据不同的教学内容和目标，教师需要采用不同的言语风格，具体表现为：为在与学习者的对话中获得学习者信息，给予观看视频的学习者更多的亲切感和社会临场感，教师可以采用 IRF 模式；为对学习者的学习作品进行评价，以帮助学习者提升和优化学习作品，教师可以采用 IRE 模式。任何一个教学视频都可能涉及四种对话互动方式：权威互动、对话互动、权威非互动和对话非互动。如果教师要进一步阐述或要求学习者比较他们的想法，可以采用对话互动的方式，让视频中的学习者都能参与讨论；如果教师要向学习者讲授知识，那么权威互动和权威非互动是必不可少的；如果是针对低年龄段小朋友设计的教学视频，教师采用语速较慢、活泼、自信的言语风格，更能够激发学习者的学习兴趣和调动他们的学习积极性。在这些不同的教师言语风格中，没有哪一种言语风格是最好的，应当依据教学需求及教学策略进行最优化选择（Song et al.，2019）。

综上所述，教学视频中教师的言语风格有不同类别，并对学习者产生不同的影响。这种影响不仅体现在学习者认知、学习动机、学业情绪、社会交互等学习过程方面，也体现在学习者知识保持测试、知识迁移测试等学习结果方面。因此，教师和研究者在设计与开发教学视频时，应该充分考虑学习者的个性特征、学习方式等，最优化选择适合学习者的教师言语风格，这样才能更好地提高学习者的学习效果。

第五节

教学视频中教师面部表情对学习的影响

面部表情是一种用来交流信息、表达情感的非语言符号，是传递非言语信息最丰富、最集中的一种表达方式（靳娟，2010）。一些心理学家通过实验研究发现，面部表情占据了人们传递信息总量的 55%，它能反映出人内心的情绪、意图等信息（Mehrabian，1971；Erickson & Schulkin，2003）。

教学视频中教师的面部表情也起着至关重要的作用，它作为一种典型的社会线索，不仅影响学习者的注意力分配，即教师的面部表情能更快地引导学习者关注到相关内容上，同时也给学习者传达了亲密感，影响了他们的参与度和学习动机，进而影响了他们的学习效果（Moreno & Mayer，2000；Theonas et al.，2008；Borup et al.，2014）。

一、面部表情的定义和分类

面部表情与内部情绪体验有关，并相互影响，也就是说，某种情绪体验能随着其对应的面部表情的表现而产生或者增强。根据面部反馈假说，个体在没有任何诱发刺激的情况下，面部表情能引发相应情绪的产生，同时由刺激诱发的情绪也会受到个体面部表情的影响，与情绪一致的表情能增强情绪体验，而与情绪不一致的表情会减弱情绪体验（孟昭兰，2005；王福顺，傅文青，2015）。

面部表情是指面部的表情动作，通过眼部肌肉、颜面肌肉和口部肌肉的变化来表现个体的各种情绪状态（Taylor et al.，2000）。例如，当个体处于心情放松的状态时，其面部肌肉松弛；当个体处于心情紧张的状态时，其面部肌肉紧绷。因此，面部表情能很明显地传递个体的情绪状态（王福顺，傅文青，2015）。

面部表情主要通过额头、眉毛、眼睛、鼻子、嘴巴等部位表达个体的情绪状态，且不同的部位能表现出不同的情绪状态（王福顺，傅文青，2015）。例如，“眉开眼笑”能表达我们高兴的状态，“愁眉苦脸”能表达我们难过的状态，“目瞪口呆”能表达我们惊讶的状态。当我们感到快乐的时候，眉毛可能会微微下弯，眼睛周边可能有皱纹，嘴角抬高，并抬起脸颊；当我们感到悲伤的时候，眉毛内角皱起、抬高，眉下皮肤也会跟着发生变化，眼角内的上眼皮抬高，嘴角下拉也可能颤抖；当我们感到愤怒的时候，眉毛皱起，眉宇间紧锁，眼皮拉紧，眼睛可能瞪大、鼓起，鼻孔可能会张大，嘴巴可能有两种状态：一种是嘴角拉开呈闭紧状态，另一种是像要喊出来，嘴角呈张开状态；当我们感到惊讶的时候，额头可能会有皱纹，眉毛抬起、变高变弯，眼睛瞪大，嘴巴自然张开，唇齿分开；当我们感到恐惧的时候，眉毛扬起并皱起，皱纹集中在额头中部，上眼睑抬起，下眼皮拉紧，嘴张开，并向后拉；当我们感到厌恶的时候，眉毛会压低，下眼皮下面有横纹，鼻子皱起，脸颊抬起，上下唇紧闭，推动上唇向上抬，嘴角下拉（王福顺，傅文青，2015）；如图 5-5-1 所示。

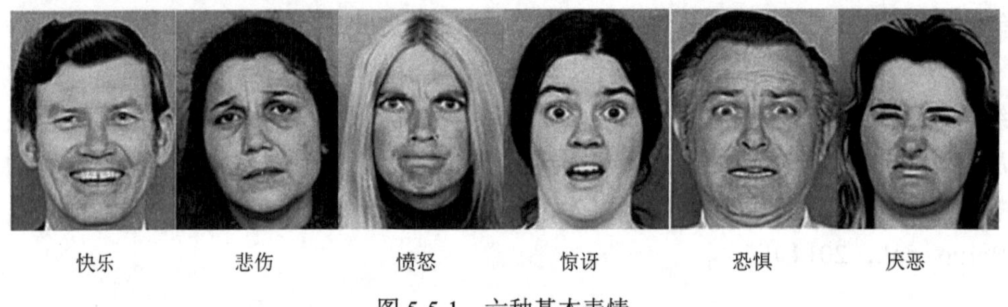

快乐　悲伤　愤怒　惊讶　恐惧　厌恶

图 5-5-1　六种基本表情

面部表情的分类也有多种，按照其持续时间可以分为普通表情和特殊表情，特殊表情又分为弱表情（一种表现强度较低的面部表情）和微表情（一种持续时间很短的面部表情），弱表情和微表情由于其各自特点，很难被发现。目前，关于面部表情的研究主要还是聚焦在普通表情（如高兴、悲伤、愤怒等）上（何奎莲，2013）。

事实上，月龄较小的婴儿不仅能够识别出他人不同的面部表情，还能对他人的面部表情做出反应（Walker，1997）。例如，4 个月大的婴儿就能察觉到愤怒的面部表情（Striano，2006）；7 个月大的婴儿就能区分愤怒和恐惧的面部表情（Schwartz et al.，1985）；10～12 个月大的婴儿会根据他人的面部表情调整自己对物体的接近或回避行为，如相比于厌恶的面部表情，当接触积极的面部表情时，他们会更多且更快地接触大人要求他们接触的物体（Hertenstein & Campos，2004）。

人们识别他人面部表情通常是一个自动、快速而准确的过程，但检测不同面部表情的速度不同，在观看不同面部表情时所表现出的关注度和反应也各不相同（Calvo & Lang，2004）。例如，与观看中性的面部表情相比，观看高兴的面部表情和不高兴的面部表情时，个体首次注视的概率高且首次注视的时间较长（Calvo & Lang，2004），这一结果说明，高兴的面部表情和不高兴的面部表情比中性的面部表情更容易被关注到。后续还有研究发现，个体会对消极的面部表情更加关注，如愤怒的面部表情、恐惧的面部表情等，并提出了“消极假说”（Fox et al.，2000；Ohman et al.，2001；Tipples et al.，2002；Bonifacci et al.，2006）。

二、教学视频中教师面部表情对学习效果的影响

人们普遍相信，教学视频中的教师形象对学习者的学习有积极作用（杨九民，2014；Guo et al.，2014）。当教师出现在教学视频中时，相较于其他部位，其面部是学习者关注最多的位置（Pi & Hong，2015；van Wermeskerken & van Gog，2017）。作为教师面部最凸显的信息，面部表情对学习又有什么样的影响呢？

近年来，有研究者逐渐开始关注教学视频中教师的面部表情对学习的影响。结果发现，教学视频中教师的面部表情对学习者的社会存在感有重要的影响，相较于中性的面部表情，教师具有情绪的面部表情能让学习者消除视频学习带来的孤独感，并提高他们的参与度和注意投入，进而提高他们的学习效果（Borup et al.，2014）。例如，Theonas 等（2008）的研究设计了两组实验，来探讨教师的面部表情和学习者学习效果的关系，第一组实验分析了教师使用带有情绪的面部表情（高兴、悲伤、害怕等）和中性面部表情（图 5-5-2）对学习者学习的影响，通过测量学习者的注意力、参与度和积极性水平，结果发现，当学习材料较难时，带有情绪的面部表情的教师更能提高学习者的学习兴趣及学习效果；第二组实验分析了教师微笑的面部表情和无面部表情（图 5-5-3）对学习者学习的影响，结果发现，教师适当使用微笑的面部表情有助于提高学习者的学习兴趣和动机，以及学习效果。此外，Neill（1989）研究了微笑状态的面部表情和皱眉状态的面部表情（图 5-5-4）对不同年龄段学习者的影响，结果发现，教师微笑状态的面部表情能传达给学习者愉快和友好的信号，从而使学习者感到快乐、友好和有趣，而皱眉状态的面部表情传达的信号则相反，因此带给学习者的主观感受也相反。因此，教学视频中教师适当地使用积极的面部表情，可以激发学习者的学习兴趣，并提高他们的学习成绩。

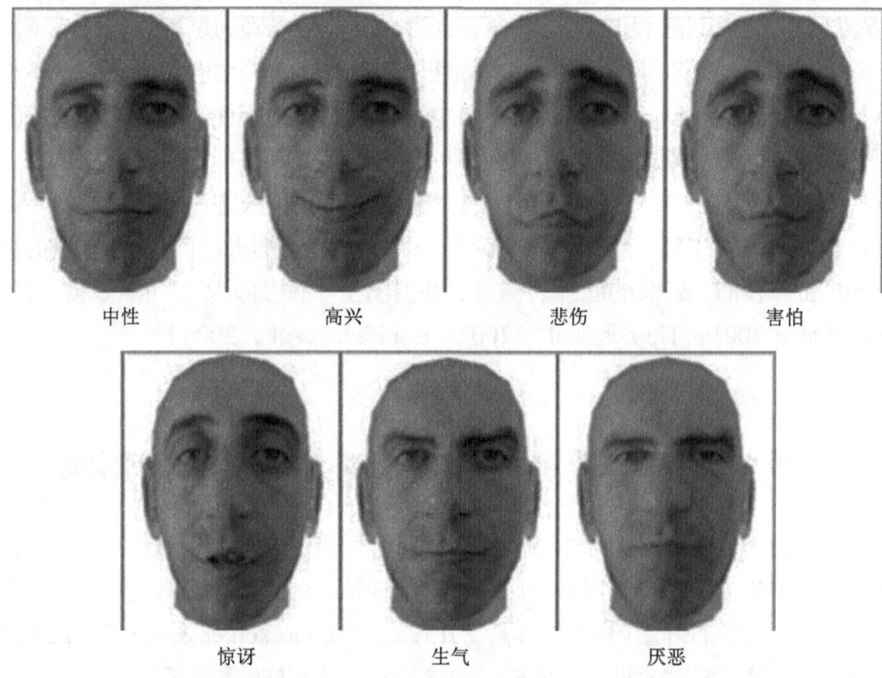

图 5-5-2　实验一教师主要的面部表情

资料来源：Theonas G, Hobbs D, Rigas D. 2008. Employing virtual lecturers' facial expressions in virtual educational environments. ***International Journal of Virtual Reality***, 7: 31-44

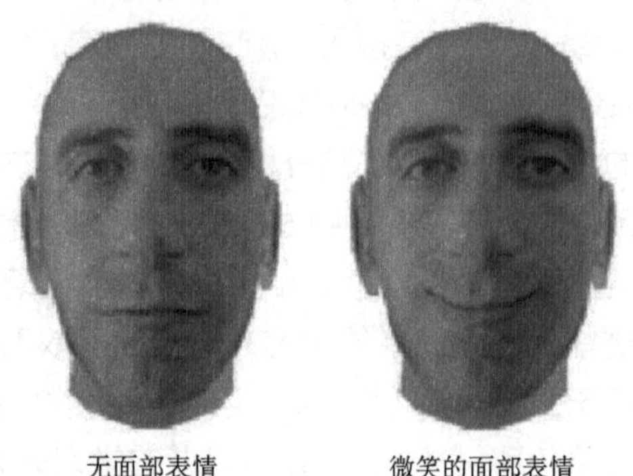

图 5-5-3　实验二教师的面部表情

资料来源：Theonas G, Hobbs D, Rigas D. 2008. Employing virtual lecturers' facial expressions in virtual educational environments. ***International Journal of Virtual Reality***, 7: 31-44.

面部表情识别一直以来都是心理学研究的重要领域，其相关研究可追溯到 20 世纪。然而，目前尚缺乏教学视频中教师面部表情的相关研究。我们根据以往研究可以推测，教师的面部表情在视频学习中起着至关重要的作用，但由于相关研究尚处于起步阶段，还无法揭示教师面部表情影响视频学习的全貌。

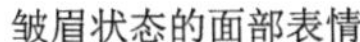

皱眉状态的面部表情　　　　微笑状态的面部表情

图 5-5-4　教师的面部表情

资料来源：Neill S R. 1989. The effects of facial expression and posture on children's reported responses to teacher nonverbal communication. ***British Educational Research Journal***, 15(2): 195-204

三、教学视频中教师面部表情的作用机制

尽管教学视频中教师面部表情的相关研究还不够丰富，但根据以往的心理学研究，我们推测教师面部表情可能是通过以下两种途径影响学习的：一是通过影响学习者的情绪状态；二是通过影响学习者的注意力分配。

（一）教师面部表情影响学习者的情绪状态

观察者不仅对他人的面部表情较为敏感，同时其自身的情绪状态也会受到他人面部表情的影响（Niedenthal，1997）。例如，有研究让观察者观看紧握的拳头与愤怒的表情相结合的图片，结果发现，观看此面部表情会让观察者感到恐惧（Carlson，2007）。还有研究发现，他人的面部表情不仅影响观察者的情绪状态，同时还影响他们的神经活动。近年来，一些研究者采用 fMRI 等技术记录了观察者在观看面部表情时的情绪状态和脑区激活情况，结果发现，他人的面部表情主要是通过影响观察者大脑中的杏仁核来调节其情绪状态的（张婕鑫，2016）。杏仁核在情绪识别中起到了一定作用，对愤怒、厌恶、惊讶、恐惧、悲伤、快乐这六种面部表情比较敏感（朱千等，2019），在情绪反应中也起着重要作用，尤其是在处理与威胁相关的刺激过程中起着至关重要的作用（Adolphs，2002；LeDoux，2003；Ohman，2005）。

那么，在教学中，教师的面部表情是否同样影响了学习者的情绪状态，并最终影响了他们的学习效果呢？Neil（1989）的研究表明，教师不同的面部表情会传达给学习者不同的情绪体验，如微笑的面部表情让学习者感到快乐。根据具身认知理论，个体的情绪状态会受到他人面部表情的影响，这种情绪“共鸣”是情绪性观察学习和指导学习的基础（刘亚等，2011；Niedenthal et al.，2005；Niedenthal，2007）。此外，根据社会存在感理论，当视频中的人物具有面部表情时，屏幕前的学习者会产生社会情感的感知，这种感知会使学习者产生面对面交流的体验，增强他们内心的亲密性，减少他们的孤立感，并拉近他们和视频中教师的心理距离，从而增强他们的社会存在感（徐琦，2008；Borup et al.，2014）。Gunawardena 和 Zittle（1997）认为学习者的社会存在感和学习满意度之间存在很强的相关性，社会存在感越高，学习者的学习满意度也越高，因此，教学视频中教师面部表情对学习者的学习效果能够产生重要影响。

综上所述，学习者在感知、识别与处理教师面部表情的过程中，其自身的情绪状态也会受到影响。因此，教师可以通过调整面部表情来调节学习者的情绪，从而对学习者的学习效果产生影响。

（二）教师的面部表情影响学习者的注意力分配

有研究发现，被观察者的面部表情还能有效地引导观察者对外界信息的注意（Lassalle & Itier，2013）。这一结论在不同的面部表情中得到了证实，如恐惧的面部表情、惊讶的面部表情、高兴的面部表情和愤怒的面部表情等（Lassalle & Itier，2013；Carlson & Walla，2016）。例如，恐惧的面部表情是一种明显的环境信号，往往表明了危险性，需要观察者立即分配注意力（Pourtois et al.，2004）。在威胁面孔和恐惧面孔的实验中，通过使用点探测范式对特质焦虑程度高的个体进行研究，发现个体在受到威胁面孔刺激时比受到中性或积极面孔刺激时检测得更快，更能吸引自身的注意力（Bradley et al.，2000；Fox，2002）。此外，Bonifacci 等（2006）发现，愤怒的面部表情也比中性的面部表情更能吸引观察者的注意力。Lassalle 和 Itier（2013）的研究也得到了类似的结果，即与中性的面部表情相比，愤怒、恐惧和惊讶的面部表情都会增强注视定向效果，也就是说，这些面部表情更容易引起学习者的注意。

此外，有研究者还发现，他人的面部表情不仅会影响观察者注意的外在表现，同时还会影响他们的内在神经活动。他们采用 fMRI、ERP 等技术探究了他人的面部表情影响观察者注意力分配的神经机制。结果发现，婴儿在加工不同面部表情时，会诱发前端-中心通道上的中潜伏期负向成分（Nc 组件）（Courchesne & Norcia，1981；Nelson，1994），Nc 组件是衡量婴儿注意力分配的一个重要指标（Richards，

2003)。Nc 成分的皮质来自位于前额皮质和前扣带回(Reynolds & Richards,2005),涉及冲突监测和注意控制(Casey et al., 2015)。其他研究发现,与观看快乐面孔相比,个体在观看恐惧面孔和愤怒面孔的 Nc 振幅更大(Nelson & Haan, 1996; Grossmann et al., 2007; Hoehl et al., 2008; Hoehl & Striano, 2010)。此外,还有研究比较了 9 个月大的婴儿在目光直视和目光回避两种眼睛注视条件下观看他人恐惧面孔与中性面孔的差异,结果发现,在这两种实验条件下,被试观看他人恐惧面部表情时,Nc 振幅均变大了;此外,与目光回避相比,直视的愤怒面孔诱发的 Nc 振幅更大。这些结果表明,与威胁相关的情绪刺激可以增强 Nc 反应(Hoehl & Striano, 2008)。

综上所述,教师的面部表情对学习者的情绪状态和注意力分配均起着至关重要的作用,并以此来影响学习者的认知、记忆和学习。面部表情的作用机制十分丰富,但其在教学视频中的效果有待进一步研究。

四、对教学视频设计的启示

通过对上述相关研究的分析,我们了解了面部表情的作用,这为设计教学视频中教师的面部表情提供了新的见解、思路与启示。

(一)教学视频中教师应多使用面部表情

作为常用的学习资源,教学视频中的教师扮演着重要的角色。教学视频中教师的面部表情对学习者的学习效果、社会存在感、学习满意度等具有重要影响,恰当的面部表情能增强学习者与教师的亲密感,降低学习者在视频学习中的孤独感(徐琦, 2008; Borup et al., 2014; Gunawardena et al., 2017; Wang et al., 2019),因此,教学视频中教师应适当地呈现一些面部表情,来促进学习者学习。

(二)教师根据不同的教学内容呈现不同情绪状态的面部表情

如前所述,在没有任何诱发刺激的情况下,面部表情能引发相应情绪的产生,由刺激诱发的情绪受面部表情的影响,与情绪一致的表情能增强情绪体验,而与情绪不一致的表情会减弱情绪体验(孟昭兰, 2005; 王福顺, 傅文青, 2015)。因此,教师可以根据不同的教学内容,采用不同情绪状态的面部表情进行授课,以此来引发学习者的情绪共鸣。例如，化学老师在讲到带有危险性的化学物品时，可以采用恐惧的面部表情；同样，地理老师在讲到地震的危害时，也可以根据实际教学情境采用恐惧的面部表情；而音乐老师在教授欢快的乐曲时，则可以采用高兴的面部表情。对于一般的教学内容，教学视频中的教师则可以呈现一些积极的面部表情，这样能引发学习者产生积极情绪，更利于促进学习者学习。

（三）教师在课程刚开始阶段采用较丰富的面部表情

人们观看高兴的面部表情图片和不高兴的面部表情图片，均比观看中性的面部表情图片的首次注视概率更大及首次注视时间更长（Calvo & Lang，2004），因此，在设计教学视频中教师的面部表情时，可以考虑在课程刚开始阶段，用一种夸张的面部表情（高兴或者不高兴的表情）将学习者的注意力吸引到教学视频上来，从而使学习者快速进入学习状态。

以上所述关于教学视频中教师面部表情的研究只是冰山一角，随着科技技术及研究的发展，未来还会有更多、更加科学的研究方法和研究角度待我们去挖掘、探究，如通过探究教学视频中教师面部表情等非言语行为，探索其规律与奥秘，推进教学视频设计的不断科学化，以及增强教师不断规范自己非言语行为的意识。未来的研究设计和研究成果必将为教学视频的发展注入新的血液，并推动教学视频不断向着有利于教师教学和学习者学习的良好方向发展。

第六节

教学视频中教师服饰对学习的影响

设想一下，如果你即将为小学生录制一门语文课，你会穿什么样的服饰出境呢？可能很多教师在录制教学视频时，对自己服饰的选择并没有什么标准，而是根据自己的喜好选择。研究表明，教师服饰作为一种重要的社会线索，对视频学习有一定影响（Mayer，2001）。

一、教学视频中教师服饰对学习效果的影响

教师服饰在颜色、形状、用途等方面具有不同的特点，并影响着一个人对内部和外部环境的认知。有研究表明，在学习者眼中，教师服饰的专业性在一定程度上与其能力或专业水平相关，如在特定环境下，教师服饰的细微变化可以决定教师被学习者视为专家还是新手（Baylor，2011）。需要注意的是，服饰的专业性因教师所讲授主题的不同，而有所差异。例如，体育教师穿运动服授课会比穿西装授课更显专业；教师在讲授医学知识时，穿工作服和白大褂通常比穿休闲服更让人对其能力产生信任感（Cha et al.，2004）。

通过对已有文献的分析发现，教师服饰对学习影响的研究主要集中于探讨教师专业服饰的作用上（Gard，2000）。然而，相关研究并没有达成一致结论。部分对教师专业服饰持有积极态度的研究者认为，教师服饰的专业性能够提高学习者的信任感（Cha et al.，2004）。从某种程度上说，学习者认为专业教师的教学效果会比新手教师的教学效果更好。当处于不熟悉的学习环境中时，学习者会产生一定的紧张感，因此，让学习者产生对学习环境的信任是非常重要的，而教师的专业性可以作为社会线索，提高学习者对学习环境的信任感（Yamagishi & Yamagishi，1994）。这种信任感有助于学习者认真投入学习过程，积极参与学习活动，进而提升学习效果（Webb，1992）。例如，Beege（2019）发现，在学习医学类的教学视频时，学习者对教师身着白大褂的教学视频投入度更高。同时，教师服饰所带来的信任感还能够增强学习者的拟社会互动和学习的参与度及满意度（Yamagishi，2001；Wise et al.，2004；Rosenberg-Kima et al.，2007；Baylor，2009）。

然而，也有研究者认为，学习者感知教师的专业性还可能会对学习过程造成消极影响（Heidig & Clarebout，2011）。根据榜样-观察者相似假说（model-observer similarity hypothesis）（Bandura et al.，1997）和相似吸引假说（similarity-attraction hypothesis）（Montoya & Horton，2013），当学习者感知到教学视频中的教师与他们相似时，可以提高他们的学习效果。穿着专业服饰而不是便装的教师会减少与学习者的相似性，从而使学习者感知到教师与他们不同，此时可能会减少甚至会阻碍学习者对学习过程的投入度，特别是当学习者对所学知识缺乏先前知识经验时，这种消极影响表现得更为突出。

综上所述，目前已有的研究中，有关教师服饰影响学习者学习的相关证据较为缺乏，并且没有获得一致性结论。

二、教学视频中教师服饰的作用机制

教师服饰是教师形象的基本组成部分，是向学习者传达信息的关键工具。那么，教师服饰究竟是如何影响学习者学习的呢？我们或许可以从认知负荷理论和拟社会互动的视角来理解教师服饰的作用。

（一）认知负荷理论

有研究表明，当一个个体观察另一个个体时，往往会将 80%～90%的注意力集中于他的服饰上（崔玉环，2010）。根据 Mayer（2005）的多媒体认知负荷理论，学习者的认知容量是有限的，其在学习教学视频的过程中不仅会消耗认知资源来加工与教学相关的信息，如教师的言语信息和学习内容，还会消耗一部分认知资源来加工与教学无关的信息，如教师服饰。

基于认知负荷理论，若教师穿着与教学主题不甚相关的服饰，一方面，学习者对教师服饰的加工会对实际的学习活动无益；另一方面，会减少学习者对内在学习活动认知资源的投入，因而对其学习产生消极影响。相反，若教师穿着与教学主题相关的专业服饰时，能够给学习者创设一种更加真实的学习情境，帮助其更好地参与学习过程。换句话说，教师穿着专业服饰可能会降低学习者的外在认知负荷。基于此，在设计多媒体教学视频时，需要适当降低学习者的内在认知负荷和外在认知负荷，并增加关联认知负荷。因此，教学视频中教师专业服饰的设计是符合认知负荷理论的。

（二）拟社会互动

在拟社会互动视角下，教学视频中的教师与学习者之间的关系就是媒介人物和受众之间的关系。这种关系具有单边性、间接性以及与面对面的人际关系的相似性。也就是说，对于教学视频中的教师来说，学习者自始至终都是陌生人，他们之间关系的产生是以教学视频为中介的。在这种情境下，二者尽管没有双向交流，但他们之间也能够形成很强的关系纽带。教师对这种关系的发展具有主动性，如教师可以通过自身形象或言论来影响学习者对他们之间关系的感知，但学习者对此关系的发展却相对被动，他们只能通过持续收看或者停止收看教学视频来控制与教师之间的关系。有研究者发现，教学视频中教师穿着不同服饰进行教学时，会从认知、情感和行为三个层面影响学习者的拟社会互动（Hartmann et al.，2004）。

有研究者提出，当教师穿着专业服饰时，学习者在学习时与教师之间的拟社会互动就更加强烈；相反，教师穿着与教学主题不甚相关的服饰时，这种拟社会互动就会减弱（Yamagishi，2001）。且有研究表明，强烈的拟社会互动过程不仅能够提高学习者的学习效果（Beege et al.，2017），还能够给学习者带来更强的参与感和更高的学习满意度（Tsay-Vogel & Schwartz，2014）。

综上所述，基于拟社会互动的视角，教学视频中教师不同的服饰会影响学习者感知到的与教师的互动水平，进而影响他们的学习效果。

三、对教学视频设计的启示

基于以往研究，笔者提出了以下有关教学视频中教师服装设计的原则：教师应结合教学内容，穿着与教学主题相关的专业服饰。例如，如果讲授的内容是医学类知识，教师可以穿上白大褂。中国现代女作家张爱玲（1994）曾说："对于不会说话的人，衣服是一种语言，随身带着的袖珍戏剧。"教师的服饰作为重要的社会线索，在教学视频中发挥着至关重要的作用。教学视频中教师的专业服饰和非专业服饰，在学习者学习过程中会产生不同的影响，而研究结果表明，专业服饰更有助于促进学习者学习。因此，在教学视频的设计与制作过程中，教师应该穿着与教学主题相关的服饰，以促进学习者学习。

第六章

教学视频中教师形象特点影响学习的实证研究

本章介绍了笔者所在团队已展开的教学视频中教师形象特点影响学习的 10 个实证研究，主要探究了知识类型和教师的呈现方式、图像呈现比例、手势、眼睛注视、站姿、面部表情对学习者视频学习的影响，以及录制视频时教师手势对学习者教学效果的影响。

这些研究不仅通过行为实验探索了教师在视频教学中的作用，而且采用眼动追踪等技术，深入剖析了教学视频中教师形象特点影响学习者学习的认知神经机制。

第一节

不同知识类型的教学视频中教师形象的作用[①]

一、引言

教学视频已成为在线学习和混合式学习的主要资源，如 Coursera、Udacity、edX、Khan Academy、Tree of Wisdom 等在线学习平台已有数以千计的教学视频（Guo et al., 2014）。与面对面授课相比，教学视频不受时间和空间的限制（Winslett, 2014），从根本上降低了教育成本，能够让更多的学习者获得学习机会，从而实现教育公平（Yerrick et al.，2004；Fernandez et al.，2011）。此外，教学视频还具有呈现方式生动形象、内容丰富、视听结合等优点，因此，教学视频的教学效果已成为众多教育者和研究者关注的焦点（Zhang et al.，2006；Hill & Nelson，2011；Danielson et al.，2014；Chen & Wu，2015）。以往研究表明，教学视频的呈现方式对学习者的学习效果有显著影响（王健等，2014；Guo et al.，2014；Chen & Wu，2015；Pi & Hong，2016）。作为教学视频中的主体，教师的形象对学习者的学习体验和学习效果均有重要的影响（Lyons et al.，2012；Ilioudi et al.，2013；Kizilcec et al.，2014；Kizilcec et al.，2015；Pi & Hong，2016）。

根据社会代理理论，教学视频中呈现教师形象，有助于提高学习者的学习效果。Mayer（2014）提出，教师形象对学习的积极作用主要源于，教师的手势、与学习者的眼神交流和面部表情能够激活学习者的社会反应，如促使学习者更努力地选择、组织和整合学习内容，这种社会反应又会促进学习者的主动认知加工，从而增强其学习效果。然而，根据认知负荷理论，个体的认知资源是有限的，在教学视频中加入教师形象也会分散学习者的注意力，增加其认知负荷（Harp & Mayer，1998），

---

① 本节修改自 Hong J, Pi Z, Yang J. 2018. Learning declarative and procedural knowledge via video lectures: Cognitive load and learning effectiveness. ***Innovations in Education and Teaching International***, 55(1): 74-81

而认知负荷的增加可能会减少或抵消教师形象所带来的非语言交流的积极影响。

相关研究的确已经发现了教学视频中呈现教师形象的积极作用（Kizilcec et al.，2015；Pi & Hong，2016）。但已有研究中，教学视频中的学习材料大多是陈述性知识，而陈述性知识与程序性知识存在多方面的差异。陈述性知识是描述“知道是什么”的知识，如事实、理论和概念，强调理解和记忆；程序性知识则是描述“知道怎么做”的知识，如游泳、驾驶和打篮球（Anderson，1982；Schunk，1996），强调要先了解与之相关的陈述性知识，然后通过实践来学习如何实施。因此，与程序性知识相比，陈述性知识对学习者的认知能力要求较低（Anderson，1995）。相关研究表明，不同知识类型（陈述性知识 vs.程序性知识）的教学视频对学习者的学习有不同的影响（时宇石，2014；Höffler & Leutner，2007）。

基于此，我们提出了新的研究问题：教授程序性知识和陈述性知识的教学视频对学习者的影响是否相同，以及这种影响是否取决于教师形象的呈现与否？本研究假设，与教授陈述性知识的教学视频相比，教授程序性知识的教学视频中呈现教师形象会显著增加学习者的认知负荷，从而导致教师形象所提供的非言语交流的优势被减少甚至消除。因此，就教师形象的呈现效果而言，教授程序性知识的教学视频不一定具有与教授陈述性知识的教学视频相同的积极作用。本研究旨在考察教师形象呈现相关的认知负荷，以及不同知识类型的教学视频的学习效果。基于社会代理理论、认知负荷理论和以往研究，提出了以下假设。

假设 1：对于陈述性知识，观看有教师形象的教学视频的学习者的认知负荷不会高于观看无教师形象的教学视频的学习者；对于程序性知识，观看有教师形象的教学视频的学习者的认知负荷会显著增加；

假设 2：对于陈述性知识，由于教师形象所提供的非言语交流的优势，观看有教师形象的教学视频的学习者的学习效果更好；对于程序性知识，由于认知负荷的显著增加，观看有教师形象的教学视频的学习者的学习效果不会显著提高。

二、方法

（一）被试

从国内某师范院校公开招募了 60 名大学生，其中，男生 15 名，女生 45 名，年龄为 19～24 岁（M=20.76，SD=0.86）。被试所涉及的专业除教育技术学外，还有语文、英语、学前教育、特殊教育、化学、生物科学、地理、体育、历史、数学、经济学等。所有被试均未参与过相似主题的研究或学习，并签署了书面知情同意书。实验结束后，每名被试获得了一份礼物作为实验报酬。本研究已获当地学术委员会批准。

（二）教学视频

1. 陈述性知识

教授陈述性知识的教学视频（以教育技术为主题）包括两种呈现形式：一种没有呈现教师形象，仅有教学 PPT；另一种同时呈现了教师形象和教学 PPT。两个视频的教学内容完全相同，包括 PPT 上文字的大小和颜色、教师的音频讲解等。视频时长均为 8 分 20 秒。

2. 程序性知识

教授程序性知识的教学视频的主题是图像处理，即在 Photoshop 中制作背景透明的图像，也包括两种呈现形式：一种仅呈现了 Photoshop 界面和操作过程，没有呈现教师形象；另一种同时呈现了教学内容和教师形象。两个视频除教师形象的有无之外，其他内容全部相同。视频时长均为 7 分 6 秒。

不同知识类型的教学视频的静态截图，如图 6-1-1 所示。

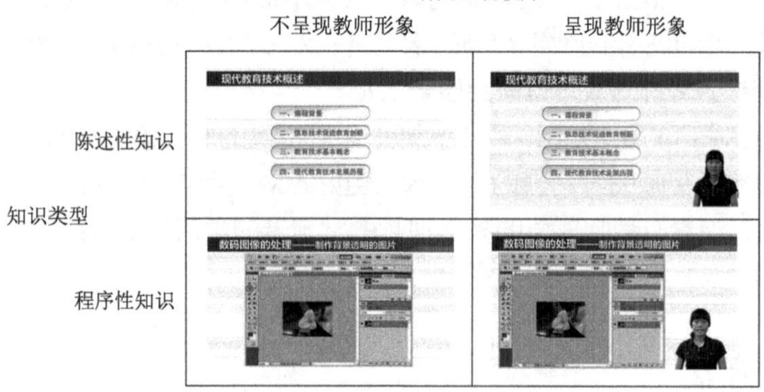

图 6-1-1　教学视频的静态截图

（三）测量工具

1. 人口统计学调查问卷

该问卷用于收集被试的性别、年龄、年级、专业和学习教育技术专业课程的经历。调查结果显示，所有被试均无相关学习经验。

2. 先前知识测验

该测验包括 10 道多选题，用于检测被试的先前知识经验。为了避免学习者期望对学习效果产生影响，所有问题均不涉及学习内容。每道题目有 4 个选项，正确选项大于等于 2 个。只有选中所有正确选项，才能得 1 分，满分为 10 分。该测验的区分度良好[t（58）=8.35，p<0.001，d=2.03]。

3. 认知负荷调查问卷

该问卷采用 Paas 和 van Merrienboer 开发的认知负荷主观评分量表（α=0.74）（Paas & van Merrienboer，1993），包括两个问题，均采用利克特 9 点计分，分别考察被试感知到的任务难度和学习过程中投入的心理努力。

4. 陈述性知识学习效果测验

该测验由主试编制，用于检验被试对教授陈述性知识的教学视频中所包含的知识的掌握情况。该测验由 5 道多选题和 1 道开放性问题构成。其中，多选题的评分方法与先前知识测验相同，开放性问题满分为 5 分，测验满分共计 10 分。由两名专家独立打分（α=0.72），取他们的平均值作为测验的最终得分。该测验的区分度较高[t（58）=10.15，p<0.001，d=1.68]。

5. 程序性知识学习效果测验

该测验由主试编制，用于检测被试对教授程序性知识的教学视频中所包含的知识的掌握情况，考察内容为在 Photoshop 中处理两张图片。第一张图片和视频中的图片相同，第二张图片与视频中的图片不同。从以下 5 个维度对被试的作品进行打分：图层解锁、选择区域、羽化、反向选择和存储格式。每个维度占 1 分，每张图片满分为 5 分，该测验满分为 10 分。作品由两名专家独立打分（α_1=0.95，α_2=0.93），取两位专家打分的平均值作为测验的最终得分。该测验具有较高的区分度[t（58）=13.45，p<0.001，MD=3.83]。

（四）实验设计

本研究采用混合式实验设计，知识类型（陈述性知识 vs.程序性知识）为被试内变量，教学视频的呈现方式（有教师形象 vs.无教师形象）为被试间变量。被试被随机分成两组，一组观看无教师形象的教授陈述性知识的教学视频，和有教师形象的教授程序性知识的教学视频；另一组观看有教师形象的教授陈述性知识的教学视频，和无教师形象的教授程序性知识的教学视频。

（五）实验流程

本研究在计算机机房内进行。实验开始前，被试被随机分为两组，每组 30 人，并分别进入不同的机房完成实验。被试坐在电脑前完成实验，整个过程大概持续 1 个小时。主试介绍完实验流程后，被试开始填写人口统计学调查问卷和先前知识测验。

首先，两组被试分别观看了教授陈述性知识的教学视频。第一组观看无教师形象的教学视频，第二组观看有教师形象的教学视频。视频观看结束后，被试可以自由复习视频内容，限时 10 分钟。之后，被试需完成认知负荷调查问卷和陈述性知识学习效果测验。

接下来，两组被试分别观看教授程序性知识的教学视频。第一组观看有教师形象的教学视频，第二组观看无教师形象的教学视频。视频观看结束后，被试可以自由复习视频内容，并在 Photoshop 中练习操作过程，限时 10 分钟。之后，被试需完成认知负荷调查问卷和程序性知识学习效果测验。

具体的实验流程如图 6-1-2 所示。

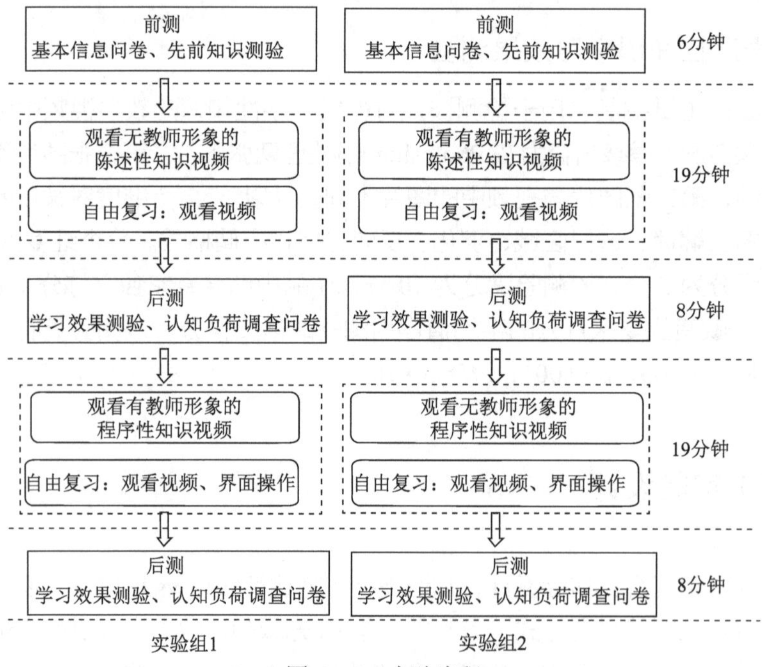

图 6-1-2 实验流程

三、结果

实验结果的描述性统计结果如表 6-1-1 所示。

表 6-1-1　描述性统计结果

变量	条件	有教师形象		无教师形象		*t*	*MD*
		M	*SD*	*M*	*SD*		
认知负荷	陈述性知识	10.93	1.87	11.07	1.72	0.29	0.13
	程序性知识	13.43	1.87	12.13	2.68	2.18*	1.30
学习效果	陈述性知识	5.50	1.54	4.09	1.66	3.41*	1.41
	程序性知识	6.23	2.26	6.61	2.20	0.65	0.38

*p<0.05，余同

（一）先前知识

被试在两个教学主题的先前知识经验均较低（M=3.35，SD=1.40）。独立样本 t 检验结果显示，两组之间不存在显著差异[t（58）=1.21，p>0.05，d=0.43]。

（二）认知负荷

独立样本 t 检验结果显示，对于教授陈述性知识的教学视频，有无教师形象条件下学习者的认知负荷水平均没有显著差异。然而，对于教授程序性知识的教学视频，无教师形象条件下学习者的认知负荷水平显著低于有教师形象条件下的认知负荷水平。研究结果支持假设 1，这说明，在教学视频中呈现教师形象显著增加了学习者学习程序性知识的认知负荷，而对陈述性知识的学习则无显著影响。

（三）学习效果

独立样本 t 检验结果显示，对于教授陈述性知识的教学视频，有教师形象条件下学习者的学习效果显著高于无教师形象条件下的学习效果。对于教授程序性知识的教学视频，有教师形象条件下学习者的学习效果与无教师形象条件下学习者的学习效果没有显著差异。研究结果支持假设 2，说明不同知识类型的教学视频具有不同的教学效果。

四、讨论

本研究主要比较了学习者学习不同知识类型的教学视频时，在有无教师形象条件下的认知负荷和学习效果的差异。结果显示，在某些情况下，教学视频中呈现教师形象有助于促进学习者的学习，具体表现为，学习者利用呈现教师形象的教学视频学习陈述性知识时，认知负荷更低、学习效果更好。因此，本研究的结果说明，在教学视频中呈现教师形象是否会对学习者的学习产生积极影响，取决于视频教授的知识类型。本研究强调了知识类型在教学视频设计中的作用，对社会代理理论、认知负荷理论有一定贡献，并丰富了教学视频相关研究。

认知负荷调查问卷的相关结果表明，学习程序性知识时，呈现教师形象显著增加了学习者的认知负荷，而学习陈述性知识时则不会，其可能的原因是陈述性知识和程序性知识的学习过程存在差异。具体来说，在本研究中，相较于程序性知识，学习者学习陈述性知识时消耗的认知资源更少，进一步分析学习陈述性知识时学习者的认知负荷发现，呈现教师形象时学习者的认知负荷水平略高于无教师形象时，但是这种差异未达到统计学上的显著水平。相反，学习者学习程序性知识时需要消耗更多更高层次的认知资源，而教师形象的呈现增加了学习者的认知负荷，进而影响了其学习效果。

此外，学习效果测验结果表明，教师形象的积极作用仅存在于陈述性知识的学习上，而不存在于程序性知识的学习上。对这一结果有两种可能的解释：第一，教授陈述性知识的教学视频中教师形象的呈现激活了学习者的社会反应，且没有显著增加其认知负荷，因此，学习者有足够的认知资源进行必要的加工，并受益于教师形象所提供的非言语交流。然而，教授程序性知识的教学视频中教师形象的呈现虽然激活了学习者的社会反应，但也显著增加了其认知负荷，因此，教师形象的呈现对学习者的积极作用被降低甚至抵消。第二，学习不同类型的知识时强调的认知层次不同，陈述性知识的学习强调记忆和理解，而程序性知识的学习强调练习和操作（Anderson，1995）。对于后者，学习者的实践操作比教师的指导更重要，因此，相较于程序性知识，教学视频的呈现方式对陈述性知识的学习有更深的影响。

本研究丰富了社会代理理论（Mayer，2014）和认知负荷理论（Mayer & Fiorella，

2014），并拓展了以往教学视频的相关研究（时宇石，2014；Höffler & Leutner，2007）。具体体现在两方面：首先，本研究是首次同时考察知识类型和教学视频呈现方式的研究；其次，本研究采用了延时后测（视频学习结束 10 分钟后测验），而非即时后测，且呈现教学视频的学习阶段和复习阶段都是以实际教学过程为基础。

总而言之，本研究的主要发现是，在讲授和学习陈述性知识时，呈现教师形象的教学视频的教学效果更好；在讲授和学习程序性知识时，是否呈现教师形象，教学视频的教学效果相似。以上结果表明，知识类型与教师形象共同影响教学视频的效果，教师形象是否呈现应该与知识类型相匹配。这一研究发现对教学视频的设计者以及教师有重要的参考意义。对教学视频设计的具体启示是：在使用教学视频教授陈述性知识时，应呈现教师形象；而在使用教学视频教授程序性知识时，应避免呈现教师形象。

第二节 教授程序性知识的教学视频中教师呈现方式的影响①

一、引言

MOOC 崛起的同时，高“辍学率”的问题也随之而来。据统计，仅有不足 10% 的学习者完成了所选 MOOC 课程（姜朝晖，2014；Gütl et al.，2014）。呈现教师形象的教学视频作为 MOOC 的重要组成部分，对学习者的在线学习起着举足轻重的作用（Kizilcec et al.，2015）。因此，如何设计教学视频来提高学习者的学习效果、降低“辍学率”是一个亟待解决的问题。

目前，关于教学视频的研究主要集中在两方面：一是对教学视频内容进行

① 本节修改自 Yi T, Yang X, Pi Z, et al. 2019. Teachers' continuous vs. intermittent presence in procedural knowledge instructional videos. ***Innovations in Education and Teaching International***, 56(4): 481-492

分析（Sawyer，2005；Goldman et al.，2014）；二是对教学视频类型进行研究（Abdous &Yoshimura，2010；Homer et al.，2008；Park et al.，2014），如教学视频中使用的物理线索或社会线索（Mayer，2014；van Gog，2014）。教师形象在教学视频中的呈现为学习者提供了一种社会线索，许多研究者探讨了这一社会线索对学习的影响。

研究者关于教学视频中是否应该呈现教师形象仍存在争议。一方面，教师形象在教学视频中的呈现会分散学习者的注意，增加学习者的认知负荷（Harp & Mayer，1998；Lyons et al.，2012；Mayer，2014）。另一方面，社会代理理论认为，教学视频中呈现教师形象可激活学习者的社会反应，促进学习者主动进行认知加工，并增强他们的学习效果（Mayer，2014）。社会存在感理论指出，呈现教师形象有助于满足学习者需要，使其在视频学习过程中更具有真实感（Kear，2010；Borup et al.，2012）。教学视频中教师形象呈现与否的结果可能受到视频呈现特点的影响。例如，教师图像呈现比例便是其中一个因素，有研究表明，当教师图像以小比例（8.4%）呈现时，学习者的学习满意度更高（杨九民，2014）。教师的手势和面部表情也会影响学习者的学习成绩（杨九民，2014；Sueyoshi & Hardison，2005；Pi et al.，2017a）。然而，只有少数研究关注教学视频中教师形象的呈现方式（持续呈现 vs. 间断呈现）。有研究发现，与观看持续呈现教师形象的教学视频的学习者相比，观看间断呈现教师形象的教学视频的学习者的认知负荷和社会存在感更高，但学习效果无明显差异（Kizilcec et al.，2015）。

本研究弥补了 Kizilcec 等的研究中存在的不足之处。首先，他们的被试来自 Coursera 平台上一门社会学主题的课程，学习内容属于陈述性知识。陈述性知识回答“是什么”的问题，是依赖于输入信息再现的静态知识，而程序性知识是回答“如何做”的问题，是依赖于信息转化和应用的动态知识（Anderson，1982；Schunk，1996）。因此，与程序性知识相比，陈述性知识的学习较为简单，仅需要较少的认知策略与技能（Anderson，1995）。此外，学习者通过视频学习陈述性知识和程序性知识的效果存在差异（时宇石，2014；Höffler & Leutner，2007）。其次，Kizilcec 等采用的是田野研究方法，未进行严格的实验控制。

综上所述，在教学视频中呈现教师形象对学习者有积极作用，但是如何基于此改进教学视频还有待研究。本研究旨在探究程序性知识教学视频中教师呈现方式对学习者学习的影响，包括学习效果、学习满意度、社会存在感和认知负荷。基于以上综述，提出如下假设：与观看持续呈现教师形象的教学视频相比，观看间断呈现教师形象的教学视频的学习者的学习效果更好（H1）、认知负荷更低（H2）、社会存在感更低（H3）、学习满意度更高（H4）。

二、方法

（一）被试

本研究采用方便抽样法，从某高校选取 4 个自然班级共 120 名大学生（男生 24 名，女生 96 名），被试年龄为 18～23 岁（M=20.98，SD=0.85）。实验前，所有被试对教学视频内容均不了解，约 82%的被试具有教学视频学习经验。所有被试均知情同意，实验结束后得到 10 元被试费。

（二）实验材料

本研究使用了两种形式的教学视频：持续呈现教师形象（教学内容与教师形象均持续可见，见图 6-2-1）与间断呈现教师形象（重点内容讲解时隐藏教师形象，见图 6-2-2），教师图像约占屏幕的 8.4%。视频时长为 4 分 17 秒，由专业人员使用摄像机和视频编辑软件进行录制、编辑和处理，讲解了“使用 Camtasia Studio 制作视频”的程序性知识。

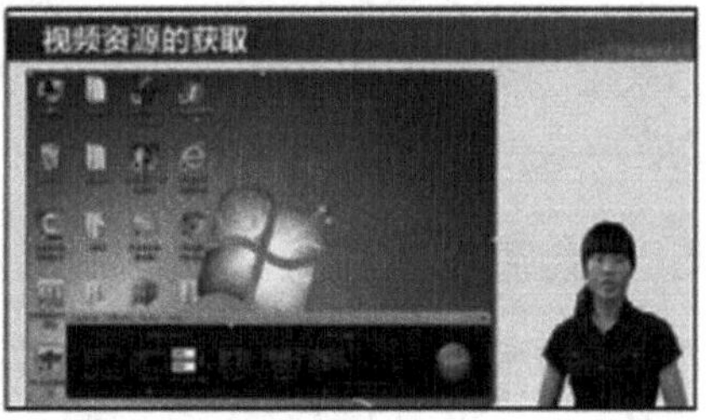

时刻1　　时刻2

图 6-2-1　持续呈现教师形象的教学视频截图

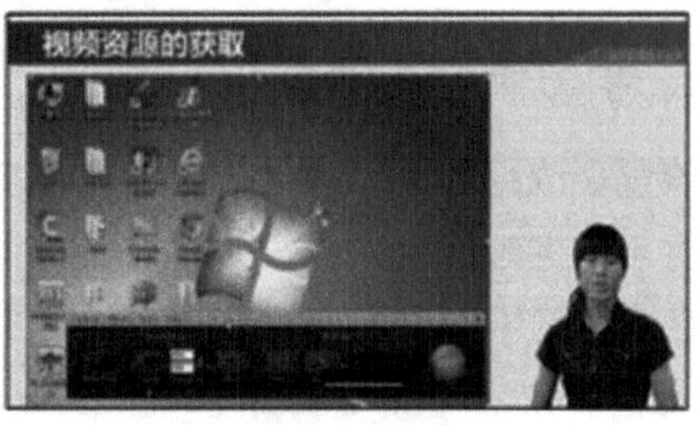

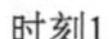

时刻2

图 6-2-2　间断呈现教师形象的教学视频截图

（三）测量工具

1. 人口统计学问卷

每名被试需填写姓名、学号、性别、年级、专业和教学视频学习经验。

2. 先前知识测验

参照刘万辉（2015）的《微课开发与制作技术》编制测验，用于检测被试使用 Camtasia Studio 进行录屏的先前知识经验。测验包括 2 道单项选择题：①你会使用 Camtasia Studio 软件进行录屏吗？A.会；B.不会（2 分）；②你会使用除 Camtasia Studio 之外的录屏软件吗？A.会；B.不会（1 分），选错或不选均不得分。

3. 认知负荷量表

认知负荷表示学习者在完成特定任务时认知系统所承受的负荷（Paas & van Merriënboer，1993，1994）。认知负荷水平不是一成不变的，不同的个体、不同的时期、处理不同的任务材料时，认知负荷是存在差异的。本研究的认知负荷量表以 Paas 和 van-Merriënboer（1993）开发的认知负荷自评量表为基础，由两个问题组成："你认为刚才的视频材料难度如何"以及"在刚才这段视频材料的学习中，你投入了多少努力"，分别评价任务难度和学习过程中的心理努力程度，采用利克特 9 点计分，从 1（"极简单/极少努力"）到 9（"极困难/极多努力"）。

4. 社会存在感量表

该量表改编自 Kim 和 Biocca（1997）使用的自评量表，原量表被广泛用于测量学习者在在线学习中的社会存在感（Homer et al.，2008），具有良好的信度和效度（Coyle & Thorson，2001）。该量表由 8 个问题构成，采用利克特 5 点计分，从 1（"非常不同意"）到 5（"非常同意"）。

5. 学习满意度量表

该量表改编自王欣欣（2013）的视频课程学习满意度问卷，原问卷具有较好的信度与结构效度（内部一致性系数为 0.92）。根据研究需要对原问卷进行了修订，修订后的量表由 5 道题构成，包括 3 个维度：教师教学（2 道题）、课堂内容（1 道题）、教学环境与设备（2 道题），采用利克特 5 点计分，从 1（"非常不同意"）到 5（"非常同意"）。

6. 学习效果测验

根据教学视频的内容及刘万辉（2015）的《微课开发与制作技术》编制学习效果测验，包括保持测验与迁移测验。保持测验包括 3 道单项选择题，答对 1 题得 2 分，答错或不答得 0 分。迁移测验要求被试根据从视频中所学内容录制以 PPT 为内容的视频，由两名非研究人员对作品进行单独评分，满分为 10 分，评分标准如下：录制大小为 1280 像素×720 像素（4 分）、保存为原格式（2 分）、录制内容为 PPT（2 分）、屏幕录制整体效果（2 分）。

（四）实验设计

本研究采用准实验设计。自变量为两种形式的教学视频：控制组（持续呈现教师形象）和实验组（间断呈现教师形象），因变量为学习效果、认知负荷、社会存在感和学习满意度。

（五）实验流程

为减少 MOOC 学习平台中其他功能的影响，本研究中的被试通过视频播放器离线观看教学视频。实验在多媒体教室进行，每组随机分配 60 名被试。被试进入教室后，首先填写人口统计学问卷与先前知识测验，之后，每组观看一种教学视频（持续呈现或间断呈现教师形象），视频观看结束后，完成认知负荷量表、社会存在感量表、学习满意度量表和学习效果测验，具体流程见图 6-2-3。

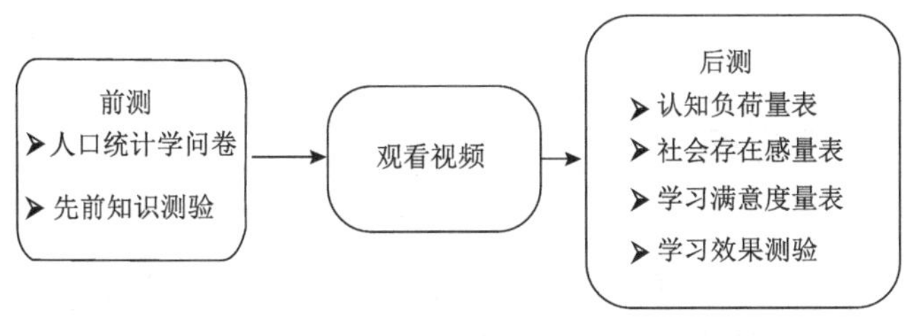

图 6-2-3　实验流程

三、结果

为了解实验组与控制组在认知负荷、社会存在感、学习满意度、学习效果方面是否存在显著差异，笔者进行了独立样本 t 检验，描述性统计结果如表 6-2-1 所示。

表 6-2-1　各变量的描述性统计结果

因变量	控制组（n=60）		实验组（n=60）	
	M	SD	M	SD
认知负荷	11.95	2.070	10.85	2.231
社会存在感	22.12	5.059	21.28	5.536
学习满意度	16.33	3.667	18.82	2.175
保持测验成绩	2.10	1.581	2.77	1.280
迁移测验成绩	6.18	2.861	7.80	2.024

（一）认知负荷

实验组和控制组在认知负荷上存在显著差异[$t(118)=2.80$, $p<0.05$, $MD=1.10$]，即控制组的认知负荷（$M=11.95$）高于实验组（$M=10.85$），该结果支持了 H2。

（二）社会存在感

实验组和控制组在社会存在感上无显著差异[$t(118)=0.86$, $p>0.05$, $MD=0.83$]，该结果不支持 H3。

（三）学习满意度

实验组和控制组在学习满意度上存在显著差异[t（95，95）=–4.51，$p<0.05$，$MD=-2.48$]，即控制组的学习满意度（$M=16.33$）低于实验组（$M=18.82$），该结果支持了 H4。

（四）学习效果

实验组和控制组在保持测验成绩上存在显著差异[t（118）=–2.53，p<0.05，MD=–0.667]，即控制组的保持测验成绩（M=2.10）低于实验组（M=2.77）。同样，两组被试在迁移测验上也存在显著差异[t（118）=–3.57，p<0.05，MD=–1.617]，即控制组的迁移测验成绩（M=6.18）低于实验组（M=7.80）。以上结果支持了 H1。

四、讨论

本研究探究了学习者在观看间断呈现或持续呈现教师形象的、教授程序性知识的教学视频时的学习效果、认知负荷、社会存在感和学习满意度的差异。总体来说，实验结果与假设相符。与观看持续呈现教师形象的教学视频的学习者相比，观看间断呈现教师形象的教学视频的学习者的学习效果更好，认知负荷更低，学习满意度更高。本研究在一定程度上丰富了多媒体学习的认知负荷理论。根据研究结果，在教授程序性知识的教学视频中，应间隔呈现教师形象。

虽然研究结果与假设基本一致，但未来研究应在现有研究的基础上进行拓展。例如，增加视频时长；收集定性数据帮助解释实证结果，以为未来的研究提供思路；使用眼动追踪技术记录学习者在观看教学视频过程中的注意力分配情况。本研究的学习内容为程序性知识，未来研究可探讨陈述性知识教学视频的呈现方式。此外，学习者个体差异（如性别、年龄、文化和个性）对其学习呈现教师形象的教学视频的影响有待进一步研究。

本研究结果与 Kizilcec 等（2015）的研究结果不同，Kizilcec 等（2015）发现，间断呈现教师形象的教学视频的学习效果较差。造成这种差异的原因可能包括知识类型（陈述性知识 vs.程序性知识）、学习环境（自然环境 vs.实验环境）、视频观看次数（多次 vs.一次）以及学习效果测试（可查阅资料 vs.不可查阅资料），被试的文化差异也可能对结果产生影响。皮忠玲（2014）指出，与美国学习者相比，中国学习者对教学视频中的社会线索更敏感，因此，教师在教学视频中的持续呈现可能会给中国学习者造成更大的认知负荷，也更容易分散他们的注意力。

本研究为教授程序性知识的教学视频中教师形象呈现的设计提供了参考。结果表明，在设计教授程序性知识的教学视频时，教师形象的间断呈现可能更有利于学习者的学习，因此，教授程序性知识的教学视频应当间断呈现教师形象。

第三节 教师图像呈现比例对视频学习的影响①

一、引言

教学视频是一种强大的学习工具，它可以通过生动的视听形式呈现教学内容，因此，被广泛应用于在线学习和混合式学习教学中（Giannakos，2013）。其中最常见的一种形式是教学视频中同时包含教师形象与 PPT（杨九民等，2015）。通过对在线开放课程的分析发现，不同教学视频中教师图像的呈现比例（指教师图像在教学视频中所占的空间）存在一定差异（杨九民等，2015）。

多媒体学习理论如多媒体学习的社会存在感理论、社会代理理论和认知理论，主要关注教师形象在视频教学中的作用。社会存在感理论和社会代理理论均强调社会线索（如教师形象）在在线学习中的重要性。这些理论认为，呈现教师形象可提高学习者的学习效果（Lowenthal，2009；Mayer，2014）。这一假设的基本原理是教师的手势、眼神交流和面部表情能够增强学习者的归属感（即社会存在感），激活学习者的社会反应，如努力选择、组织和整合学习内容（Lowenthal，2009；Mayer，2014）。然而，多媒体学习的认知负荷理论认为，教师形象也会造成学习者注意力分散以及负荷超载（Harp & Mayer，1998）。从这个角度看，教师形象并不是学习内容本身，而是额外的学习材料，它可能会超出学习者的认知能力，因此，加工教师形象可能会超出学习者的认知能力，从而抵消其原有的优势。该理论认为，如果在视频教学中呈现教师形象，可能会消耗学习者额外的认

① 本节修改自 Pi Z, Hong J, Yang J. 2017. Does instructor's image size in video lectures affect learning outcomes?. ***Journal of Computer Assisted Learning***, 33(6): 347-354

知资源（Sweller，1994；Mayer & Fiorella，2014）。虽然上述理论指出了教学视频中呈现教师形象会影响学习者的社会存在感和认知负荷等，但并没有具体说明教师图像呈现比例的问题。

一些研究也已经证实了在教学视频中呈现教师形象的重要性（Ilioudi et al.，2013；Pi & Hong，2016；Pi et al.，2017b），如可以增加学习者积极的学习体验。有研究发现，大多数学习者更喜欢含有教师形象的教学视频，而且当观看含有教师形象的教学视频时，他们的参与度更高（Lyons et al.，2012；Kizilcec et al.，2015）。然而，关于呈现教师形象对学习效果影响的研究结果并不一致（Homer et al.，2008；Pi & Hong，2016）。有研究发现，在主题为"组织与管理"的教学视频中，在右下角以"画中画"的形式呈现教师图像并不能提高大学生的学习效果（Kizilcec et al.，2014；Kizilcec et al.，2015）。而另有研究发现，在主题为"教育技术"的教学视频中，在右下角以"画中画"的形式呈现教师图像有助于提高学习者的学习效果（Hong et al.，2018）。虽然在这些研究中，教师图像均在视频右下角以"画中画"的形式呈现，但图像比例可能不同。然而，这些研究大多并未提供教师图像呈现比例的信息，因此，结果不一致的原因可能是由于教师在教学视频中的图像比例发生了变化。

之所以教师图像呈现比例是视频教学中一个至关重要的问题，是因为它会影响学习者的视觉注意力分配和认知负荷，进而影响他们的学习成绩。有研究探讨了呈现文本或文本+图像材料时，屏幕比例对学习者注意力的影响（Reeves et al.，1999；Maniar et al.，2008；Kim & Kim，2012）。例如，Reeves 等（1999）通过心率减速，比较了大学生在观看三种不同尺寸屏幕（大：56 英寸；中：13 英寸；小：2 英寸）时的注意力。结果发现，学习者观看大尺寸屏幕与观看中、小尺寸屏幕相比，会有大幅度的心率减速，说明观看大尺寸屏幕时，学习者需要分配更多的注意力和产生更大的认知负荷。

纵观在线开放课程，许多教学视频中均呈现了教师图像，但由于呈现教师图像会分散学习者的注意力，研究教师图像呈现比例对学习者认知负荷和学习成绩的影响是非常重要的。据笔者所知，之前没有研究对教学视频中的教师图像呈现比例进行过比较。本研究对已有的多媒体学习理论进行了扩展，考察了学习者在观看三种不同教师图像呈现比例的教学视频时的社会存在感、认知负荷、学习效果和学习满意度。本研究中，学习者随机观看其中一种教学视频，然后需要完成学习效果测验、社会存在感量表、认知负荷量表和学习满意度量表。

根据屏幕比例对学习者注意力影响的研究，我们假设学习者在教学视频中处理教师的小比例图像比处理大比例图像需要更少的注意资源。只要教师的小比例图像中的手势、眼神和面部表情能够被清晰地看到，小比例图像就可以在保持呈现教师形象的社会优势和非语言优势的同时，减少冗余的认知负荷。因此，本研究提出如下假设：观看不同教师图像呈现比例的教学视频的学习者的社会存在感相同（H1）；与观看呈现大比例教师图像教学视频的学习者相比，观看呈现小比例教师图像教学视频的学习者的认知负荷更低（H2）、学习效果更好（H3）、满意度更高（H4）。

二、方法

（一）被试与实验设计

本研究随机招募了 87 名大学生（男生为 35 名，女生为 52 名），年龄为 18～25 岁（*M*=21.36，*SD*=1.28）。被试均有一年以上的在线视频学习经历，他们的专业有化学、生物科学、地理、体育、历史、数学和经济学等，无教育技术学专业。在研究之前，被试对教学视频的学习内容均不熟悉。参与实验的被试均知情同意，并且在实验结束后均得到了实验报酬。研究方案经华中师范大学心理学院学术委员会批准。

（二）实验材料

杨九民等（2015）的研究表明，在大型网络公开课（如 Coursera、Udacity、edX 等平台的课程）中，教师图像呈现比例在 1%～60%，其中最常见的为 21%～40%（模态值）。参考杨九民等关于模态屏幕尺寸的信息，本研究定义了小、中、大三种比例。“小比例”是指教师图像呈现比例低于模态值；“中比例”是指教师图像呈现比例介于模态值范围内；“大比例”是指教师图像呈现比例高于模态值。在小比例教师图像的教学视频中，教师图像占视频画面的 8.4%。研究前的非正式访谈是为了确保被试可以清晰地看到小比例教师图像中教师的面部表情和手势。在中比例教师图像的教学视频中，教师图像占视频画面的 26.1%。在大比例教师图像的教学视频中，教师图像占视频画面的 41.8%。PPT 在三种教学视频中均占据了相同的空间大小（图 6-3-1），每个视频时长约为 7 分钟，主题为“Photoshop 中曲线的调整”。

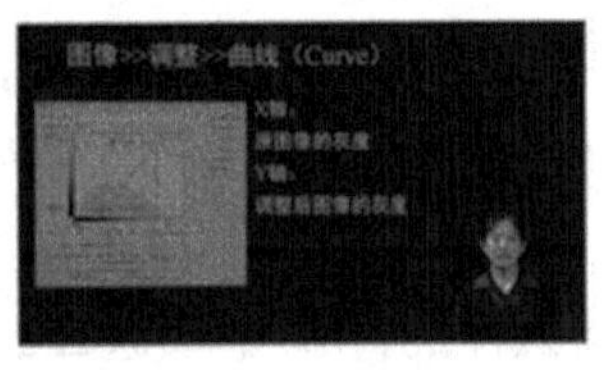

小比例教师图像

中比例教师图像

大比例教师图像

图 6-3-1　不同教师图像呈现比例的教学视频实例

（三）测量工具

1. 人口统计学问卷

实验前，每名被试需要填写性别、年龄、年级和专业，以及在线教学视频的学习经历（少于 1 年、1～3 年或超过 3 年）。

2. 先前知识测验

本研究通过 8 道单项选择题测试被试对 Photoshop 的先前知识经验。每道题目包括 4 个选项，只有 1 个正确选项。例如，其中一道题目是“Photoshop 的主要用途是什么？”回答正确得 1 分。结果发现，三组被试先前知识经验相当[$F（2，84）= 1.56$，$p>0.05$，$\eta^2=0.04$]。

3. 社会存在感量表

该量表改编自 Kim 和 Biocca（1997）使用的自评量表，该量表包括两个维度：“离开”和“来到”。该量表采用利克特 7 点计分，从 1（“强烈不同意”）到 7（“强烈同意”），由 8 项关于被试社会存在感的陈述组成，如“当视频结束后，我感觉自己从一次旅行中回到现实世界”。

4. 认知负荷量表

该量表以 Paas 和 van Merriënboer（1993）开发的认知负荷自评量表为基础。该量表由两个 9 分制的利克特量表问题组成：评价任务难度（“你认为刚才的视频材料难度如何？”）和学习过程中的心理努力程度（“在刚才这段视频材料的学习中，你投入了多少努力？”）。该量表在研究中得到了广泛应用，被认为可以反映学习过程中学习者体验到的认知负荷。

5. 学习效果测验

该测验由教学视频中的教师开发，所有题目均来自教学视频中的学习内容。测试包括 10 道单项选择题和 2 道开放式问答题。例如，其中一道单项选择题为“图片未经调整之前在 Photoshop 中的曲线是什么样的?”，单项选择题每答对 1 题得 1 分。开放式问答题如下：“从曲线调整状态来看，调整之后的图片会变成如下中的哪种效果？请简要说明理由”及“根据原图和调整图，请推断可能的调整方法”。其中，第一道开放式问答题的评分标准为：调整效果（1 分）和理由（4 分）；第二道开放式问答题的评分标准为：调整亮度（1 分）、调整颜色通道（3 分）以及调整图片中的某个区域（1 分）。每道开放式问答题的满分为 5 分，由两名非研究人员对该题进行单独评分，评分者的一致性较高（分别为：$r_1=0.90$，$p_1<0.01$；$r_2=0.83$，$p_2<0.01$），因此，取两个评分的平均值作为每道题目的最终得分。学习效果测验总分为单项选择题和开放式问答题得分总和。

6. 学习满意度量表

被试的学习满意度通过以下题目进行测量：“整体而言，你对教学视频的学习有多满意？”（Ho & Dzeng，2010；González-Gómez et al.，2012）。该题目采用利克特 5 点计分，从 1（“极度失望”）到 5（“极度满意”）。

（四）实验流程

该研究在三个计算机实验室进行，耗时约 30 分钟。在研究开始之前，按照被试到达实验室的先后顺序将其分为 3 组，每组 29 人。3 组被试进入不同的计算机实验室，所有被试填写人口统计学问卷和先前知识测验，之后随机观看一种形式的教学视频。视频观看结束后，立即完成相关量表及学习效果测验，具体流程见图 6-3-2。

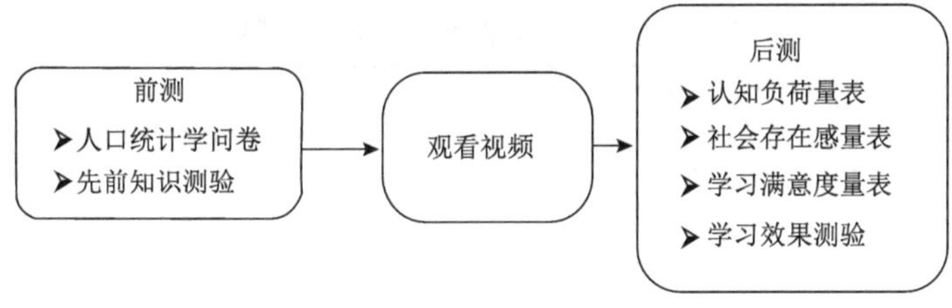

图 6-3-2　实验流程

三、结果

各变量的描述性统计和相关性如表 6-3-1—表 6-3-3 所示。社会存在感、认知负荷和学习满意度的统计检验和效应量由方差分析得出，学习效果的统计检验和效应量由协方差分析得出（表 6-3-4）。

表 6-3-1　小比例教师图像组描述性统计结果及相关性（*n*=29）

测量	*M*	*SD*	1	2	3
1. 社会存在感	4.24	0.65			
2. 认知负荷	6.09	0.85	0.27		
3. 学习效果	2.01	0.86	0.01	0.30	
4. 学习满意度	4.07	0.75	0.29	0.22	0.03

表 6-3-2　中比例教师图像组描述性统计结果及相关性（*n*=29）

测量	*M*	*SD*	1	2	3
1. 社会存在感	4.06	0.82			
2. 认知负荷	5.81	1.18	0.21		
3. 学习效果	1.08	0.79	0.02	−0.12	
4. 学习满意度	3.86	0.79	0.14	0.53**	0.09

$^{**}p<0.01$，余同

表 6-3-3　大比例教师图像组描述性统计结果及相关性（*n*=29）

测量	*M*	*SD*	1	2	3
1. 社会存在感	3.81	0.66			
2. 认知负荷	6.18	1.00	0.10		
3. 学习效果	1.13	0.84	−0.01	0.31	
4. 学习满意度	3.17	0.89	0.33	0.15	0.01

表 6-3-4　学习成绩的协方差分析结果

变异来源	Ⅲ型平方和	*df*	*F*
实验条件	17.841	3	8.883***
先前知识	0.379	1	0.566
实验条件×先前知识	3.373	2	2.519

***p<0.001，余同

（一）社会存在感

H1 提出，观看不同教师图像呈现比例教学视频的学习者的社会存在感相同。方差分析结果发现，三组被试的社会存在感无显著差异[F（2，84）=2.77，p>0.05，η^2=0.06]，结果支持 H1。因此，即使教师图像呈现比例较小，但只要可以像大比例教师图像一样清晰地呈现教师的眼神交流、面部表情等社会线索，就足以激发学习者的社会反应。

（二）认知负荷

H2 提出，在教学视频中，与呈现大比例教师图像相比，呈现小比例教师图像会降低学习者的认知负荷。方差分析结果发现，三组被试的认知负荷无显著差异[F（2，84）=1.13，p>0.05，η^2=0.03]，结果不支持 H2。因此，在教学视频中，无论教师图像呈现比例如何，被试的认知负荷处于相同水平。

（三）学习效果

H3 提出，观看小比例教师图像教学视频的学习者的学习效果好于观看大比例教师图像教学视频的学习者。以先前知识测验成绩为协变量，以实验条件为自变量，以学习效果为因变量，进行协方差分析。结果表明，先前知识经验与实验条件之间不存在交互作用（表 6-3-4）。三组被试的学习效果存在显著差异[F（3，81）=8.88，p<0.001，η^2=0.22]。Bonferroni 事后检验结果发现，小比例教师图像组的学习效果好于中比例和大比例教师图像组（分别为 $MD_{小-中}$=0.97，$SE_{小-中}$=0.22，p<0.001；$MD_{小-大}$=0.88，$SE_{小-大}$=0.22，p<0.001），中比例和大比例教师图像组无

差别（$MD=-0.09$，$SE=0.22$，$p>0.05$）。该结果支持了 H3。

（四）学习满意度

H4 提出，与观看呈现大比例教师图像教学视频的学习者相比，观看呈现小比例教师图像教学视频的学习者的满意度更高。方差分析发现，不同实验条件下三组被试的学习满意度存在显著差异[$F(2, 84)=9.68$, $p<0.001$, $\eta^2=0.19$]。Bonferroni 事后检验结果发现，与观看呈现小比例和中比例教师图像组相比，观看呈现大比例教师图像组的学习满意度更低（分别为 $MD_{小-大}=-0.69$，$SE_{小-大}=0.21$，$p<0.001$；$MD_{中-大}=-0.48$，$SE_{中-大}=0.21$，$p<0.01$），学习者对呈现小比例和中比例教师图像教学视频的学习满意度相当（$MD=0.21$，$SE=0.21$，$p>0.05$）。

总的来说，学习满意度的结果支持了 H4。随着教师图像呈现比例的增加，学习者对教学视频的满意度会降低。

四、讨论

本研究探讨了教师图像呈现比例对视频教学效果的影响。研究结果证实了小比例教师图像在视频教学中的积极作用，具体表现为，与观看呈现中比例、大比例教师图像的教学视频相比，在观看呈现小比例教师图像的教学视频时，学习者在学习测试中表现得更好。此外，本研究还发现，观看呈现小比例教师图像教学视频的学习者的学习满意度更高，且社会存在感水平与观看呈现大比例教师图像教学视频的学习者相当。总的来说，本研究的结果表明，呈现小比例教师图像的教学视频更有利于促进学习者学习。因此，本研究在一定程度上拓展了社会存在感理论、社会代理理论和多媒体学习认知理论，并对教学视频设计方面有一定的指导意义。

本研究发现，教学视频中呈现小比例和大比例教师图像对学习者的社会存在感无显著影响，该结果支持了 H1。根据研究前进行的非正式访谈，小比例的教师图像仍可以清晰地呈现教师的眼神交流和面部表情，因此，我们假定小比例与大比例教师图像同样激活了学习者的社会反应。

本研究发现，不同教师图像呈现比例对学习者认知负荷的影响并无显著差异，这一结果与 H2 以及多媒体学习认知理论不一致。基于多媒体学习认知负荷理论的预测，观看呈现大比例教师图像的教学视频可能会增加学习者的认知负荷

（Sweller，1994；Mayer & Fiorella，2014），这种不一致可能是由自我报告的偏差或学习材料的难度导致的。认知负荷是通过学习者对学习教学视频的困难程度和努力程度的自我报告来衡量的。根据社会期许效应，即使学习者在实验过程中没有努力学习，他们也可能倾向于报告努力学习了（郑俊等，2012）。事实上，所有的学习者在认知负荷量表上的得分均较高。更重要的是，对于学习者来说，由于学习内容相同，三种情况下的难度相对恒定，因此，教师图像呈现比例对认知负荷的影响可能不会在认知负荷量表的得分上表现出来。未来的研究应该使用更灵敏的工具来测量认知负荷，如心率、瞳孔直径的变化和任务诱发的脑电（Paas et al.，2003）。

本研究的主要发现是，学习者从呈现小比例教师图像的教学视频中获得了更多的知识，以及对教学视频更高的满意度。该结果与 H3、H4 相一致。多媒体学习的认知负荷理论认为，教师图像呈现比例较小的视频包含较少的干扰线索。此外，小比例教师图像也可以清晰地呈现教师的手势、眼神交流和面部表情，因此，小比例教师图像可以保留呈现教师形象的社会和非语言优势（Reeves et al.，1999；Maniar et al.，2008；Kim & Kim，2012）。小比例教师图像需要较少的注意力资源，同时能使学习者保持较高的社会存在感（Reeves et al.，1999）。虽然小比例教师图像和大比例教师图像组之间的认知负荷没有差异，但大比例教师图像过于明显，容易分散学习者的注意力，增加其额外的认知加工负担，从而阻碍知识的获取（Sweller，1994）。教学视频中呈现中比例、大比例的教师图像对学习者学习效果的影响无显著差异，这表明，教师图像呈现比例的增加可能会对学习者的学习效果产生地板效应，即当教师图像呈现比例增加到一定程度时，学习者对比例的增加并不那么敏感。

本研究仍具有一定的局限性。首先，我们虽然收集了被试学习教学视频的经验，但是并没有对其进行控制，而这种经验可能对学习者在教学视频中的有效学习起到重要作用。其次，先前知识测验包括 8 道单项选择题，学习效果测验包括 10 道单项选择题，当被试不确定答案时，他们可能会对答案进行猜测，这可能在一定程度上影响了研究结果。

本研究在一定程度上拓展了教学视频中教师图像呈现比例的相关研究。据笔者所知，之前并没有探讨教学视频中教师图像呈现比例对学习者影响的研究。本研究丰富了技术环境下的学习理论（社会在场理论、社会代理理论和多媒体学习认知理论）以及教学视频的设计研究。总而言之，本研究对教学视频设计的启示是：为使学习者获得最佳学习效果，应在教学视频中插入约占视频画面 8.4%的小比例教师图像。

第四节

教师不同手势对视频学习的影响①

一、引言

在课堂教学中，教师手势十分常见，教师经常使用手势对所讲内容进行解释（Alibali et al.，2013，2014），但是，我们对于教学环境中不同类型手势的效果知之甚少。手势是指自发的手部动作，通常伴随着讲话，同时向听众传达信息（McNeill，1992；Goldin-Meadow，2014）。手势可以分为三大类：①指示性手势，是指通过伸手指向物体的位置来表示该物体（例如，指着花瓶里的一朵花来表示那朵花）；②描述性手势，是指通过手的形状或运动轨迹来描述语义内容，从而唤起听者脑海中的心理形象；③节拍性手势，指简单的、上下有节奏的动作，不描述语义内容，而是与讲话的韵律节奏保持一致（McNeill，1992；Alibali et al.，2014）。

以往关于手势的研究均证实，视频教学中教师手势对多个科学领域和不同年龄段学习者的学习都有积极作用（Kang et al.，2013；Koumoutsakis et al.，2016；Rueckert et al.，2017）。例如，Cook 等（2013）的研究比较了学习者观看包含语音和手势的教学视频与只包含语音的教学视频的学习效果的差异。结果发现，与观看只包含语音的教学视频的学习者相比，观看包含语音和手势教学视频的学习者在不同问题的解决上表现出更强的迁移能力。这一结果表明，教师手势能够促进学习者对抽象概念的理解。

教学视频中教师手势的积极作用可以被已有诸多教学设计的相关理论解释，如具身认知理论（Wilson，2002）及 Mayer 的多媒体学习双通道原则（Mayer，2005b）。

① 本节修改自 Pi Z, Zhang Y, Yang J, et al. 2019. All roads lead to Rome: Instructors' pointing and depictive gestures in video lectures promote learning through different patterns of attention allocation. ***Journal of Nonverbal Behavior***, 43: 549-559

根据具身认知理论，身体的感觉和运动体验是个体思维和认知建立的基础，身体体验与心理状态之间有着强烈的联系。因此，学习者在观看教学视频中的教师手势时，可以与教师发生联合理解，建立相似的感觉和运动系统中的心理模型（Alibali & Nathan，2012；Ping et al.，2014）。另外，多媒体学习双通道原则认为，学习者的视觉/图像通道和听觉/语言通道是相互独立的，且两个通道均有容量的限制，因此，教学内容的呈现应该充分利用学习者的双通道传递教学信息。当教师使用手势进行教学时，其手势和语言表达分别从视觉/图像通道和听觉/语言通道传递教学信息，有助于学习者理解教学内容（Goldin-Meadow et al.，2009；Congdon et al.，2017）。根据教学情境下教学视频的研究和相关理论，可以得出结论：教师手势可以促进学习者学习（Koumoutsakis et al.，2016；Rueckert et al.，2017）。

然而，目前鲜有研究关注教学视频中教师不同类型手势的作用。通过对教学情境的观察发现，当教师意识到学习者没有理解教学内容时，他们通常会使用指示性手势、描述性手势和节拍性手势，来帮助学习者学习（Alibali & Nathan，2012；Alibali et al.，2013）。基于这些观察结果，研究者提出，不同的手势可能对视频学习产生不同的影响（Alibali & Nathan，2012；Alibali et al.，2013）。具体来说，指示性手势可以帮助学习者搜索目标，并使他们将注意力转移到相应的对象上，如呈现学习内容的屏幕；描述性手势可以刺激学习者对动作和知觉的心理模拟，从而帮助他们掌握教师的语义和意图，这意味着描述性手势可能会将学习者的注意力引向教师；节拍性手势可以帮助学习者注意教师，从而避免走神（Alibali et al.，2013，2014）。因此，教师的手势可以通过多种方式促进学习者的理解。

据笔者所知，目前仅有一项研究探讨了不同类型的教师手势是否会对学习者的理解水平产生不同影响（Kang et al.，2013）。在该研究中，主试使用了 3 种含有不同类型教师手势的教学视频：指示性+描述性手势、节拍性手势、无手势。结果发现，观看含有指示性+描述性手势教学视频的学习者的理解水平高于观看含有节拍性手势或无手势教学视频的学习者。然而，正如之前所讲，教师的指示性和描述性手势可能对学习者的学习有不同的影响。因此，在教学视频中，指示性手势和描述性手势是否会对学习者的理解产生不同的影响以及如何影响，目前尚不清楚。

基于此，本研究将探讨以下两个问题：第一，探究教师指示性手势和描述性手势是否会对学习者的学习成绩（保持测验成绩和迁移测验成绩）产生不同影响；第二，使用眼动追踪技术探究这两种手势对学习者视觉注意力分配的影响。实验包含 3 种含有不同类型教师手势的教学视频：指示性手势、描述性手势和无手势。本研究将实时记录学习者观看教学视频时的注意力分配，并在观看结束之后，测量其保持和迁移测验成绩。基于以上综述，本研究提出如下假设：观看含有指示性手势或描述性手势教学视频的学习者比观看无手势教学视频的学习者取得了更好的学习成绩（H1）、更关注屏幕上呈现的学习内容（H2）以及教师形象（H3）。

二、方法

（一）被试与实验设计

本研究随机招募了 85 名本科生作为被试（男生 22 名，女生 63 名），年龄为 18～24 岁（M=21.50，SD=1.01）。被试所涉及的专业范围较为广泛（如心理学、数学、地理），但均非教育技术专业，且在研究之前对教学视频的学习内容均不熟悉。被试听力与视力（或矫正视力）正常，均知情同意。

（二）实验仪器

同第六章第一节。

（三）实验材料

1. 教学视频

本研究使用了三种不同条件下的教学视频，视频时长均约为 7 分钟，视频内容为一位女教师讲解“Photoshop 中曲线的调整”。三种教学视频除教师的手势使用不同外，其余完全相同。具体的三种条件如下：①指示性手势条件，即教师站在 PPT 旁，整个教学过程对着屏幕做出 8 次指示性手势；②描述性手势条件，即教师做出 8 次描述性手势来解释学习内容，时间点与指示性手势条件相同；③无手势条件，即教师不使用任何手势。

举例说明：教师说“看坐标轴上的曲线，x 轴的值表示调整前的亮度，y 轴的值表示调整后的亮度”。在指示性手势条件下，教师指向坐标轴；在描述性手势条件下，教师通过手势创建坐标轴；在无手势条件下，教师的手一直放在两侧，不做任何手势（图 6-4-1）。

指示性手势

描述性手势

无手势

图 6-4-1　三种条件的视频截图

2. 测量工具

（1）先前知识测验

该测验由 Pi 等（2017a）开发，包括 8 道单项选择题，测试检验的是被试编辑技术的基本知识（例如，“记录和编辑视频的常用工具是什么?” 4 个选项分别为：A. RdfSnap；B. Commence；C. Camtasia studio；D. Corel Video Studio）。每答对 1 题得 1 分，满分为 8 分。根据先前知识测验结果得知，三组被试的先前知识经验无显著差异[F（2，82）=0.39，MSE=2.46，p>0.05，η^2=0.01]。

（2）学习效果测验

为检验学习效果，本研究采用了笔者编制的测验，包含保持测验与迁移测验（杨九民，2014）。

保持测验由 7 道单项选择题构成，考察被试对视频中基本知识的记忆。例如，“一张黑白数码照片最多可以有多少个灰度级？” 4 个选项分别为：A. 2；B. 8；C. 256；D. 256^3。每道题目有 4 个选项，只有一个选项是正确的。每答对 1 题得 1 分，满分为 7 分。

迁移测验由 3 道简答题构成，考察被试是否理解如何在 Photoshop 中调整曲线以使图片更加美观。题目如下：①从曲线调整状态来看，调整后的图片效果如何?（2 分）请解释原因（8 分）；②下面的蒲公英图片按所示的方式调整，画面效果将与哪一个选项相符？（2 分）请简要说明理由（8 分）；③根据原图和调整图，请推断可能的调整方法。调整亮度（2 分）、调整颜色通道（6 分）以及调整图片中的某个区域（2 分）。由两名不了解研究目的的评分者对这 3 道简答题进行独立评分。评分者一致性较高（分别为：r_1=0.90，p_1<0.01；r_2=0.91，p_2<0.01；r_3=0.89，p_3<0.01），取两个评分的平均值作为该题目的最终得分。每道题的满分为 10 分，迁移测验的满分为 30 分。

（3）视觉注意

以往研究表明，学习者的注视时间与其视觉注意相关，即对某区域注视时间越长，表明学习者对该区域的视觉注意越多（Holmqvist et al.，2011）。因此，为了分析教师的指示性手势和描述性手势是否对被试的视觉注意有不同的影响，本研究创建了 3 个兴趣区：①对应学习内容区：教师所讲内容对应的 PPT 区域；②教师区；③整个 PPT 区：测试在无教师手势时被试的眼动情况。本研究使用眼动技术来计算教师做出指示性手势或描述性手势时，被试在 3 个兴趣区以及整个屏幕上注视的时间百分比。注视时间百分比是指某一兴趣区的注视时间占整个屏幕注视总时间的百分比（Pi et al.，2019）。

（四）实验流程

该研究在实验室独立进行，耗时约 40 分钟。所有被试均填写了先前知识测验，然后进入实验室，随机观看一种形式的视频：指示性手势（n=28），描述性手势（n=29），无手势（n=28）。观看结束后立即填写学习效果测验。具体流程如图 6-4-2 所示。

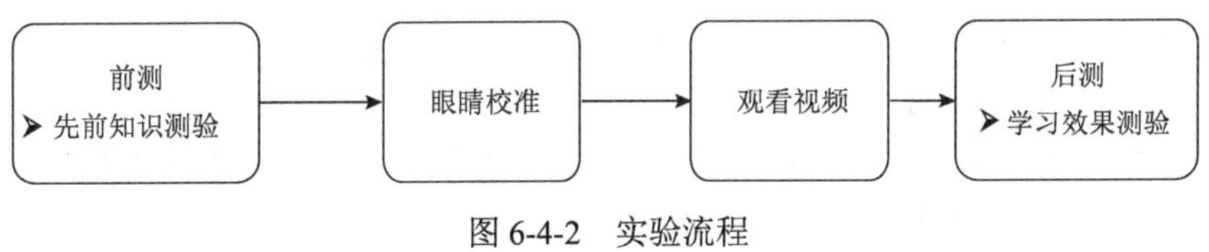

图 6-4-2　实验流程

三、结果

各变量的描述性统计结果见表 6-4-1。

表 6-4-1　先前知识经验、学习效果、不同兴趣区视觉注意力分配的均值和标准差

因变量	指示性手势（n=28）		描述性手势（n=29）		无手势（n=28）	
	M	SD	M	SD	M	SD
先前知识经验	4.82	1.57	5.14	1.48	4.82	1.66
保持测验成绩	5.61	1.07	4.97	1.45	4.75	1.40
迁移测验成绩	10.68	3.68	11.79	5.17	7.02	4.14
对应学习内容区注视时间百分比	0.26	0.09	0.16	0.07	0.16	0.08
教师区注视时间百分比	0.07	0.04	0.23	0.11	0.14	0.09

续表

因变量	指示性手势（n=28）		描述性手势（n=29）		无手势（n=28）	
	M	SD	M	SD	M	SD
整个 PPT 区注视时间百分比	0.73	0.09	0.53	0.12	0.65	0.13
整个屏幕注视时间百分比	0.80	0.07	0.76	0.11	0.79	0.07

注：保持测验成绩反映被试对视频中关键概念的记忆，迁移测验成绩反映被试将知识迁移到新情境的能力

（一）教师手势对学习效果的影响

以实验条件（指示性手势 vs.描述性手势 vs.无手势）为被试间因素，对保持测验得分和迁移测验得分进行多元方差分析。结果与 H1 一致，三组之间存在显著差异[分别为：$F_{保持}$（2，82）=3.20，$MSE_{保持}$=1.74，p<0.05，η^2=0.07；$F_{迁移}$（2，82）=9.16，$MSE_{迁移}$=19.22，p<0.001，η^2=0.18]。

对保持测验进行最小显著性差异（least-significant difference，LSD）事后检验（下同），发现指示性手势组明显优于无手势组（MD=0.86，p<0.05），其他组之间无显著差异（p>0.05）。对迁移测验的事后检验发现，指示性手势组与描述性手势组的迁移测验成绩均显著高于无手势组（分别为：$MD_{指-无}$=3.66，p<0.01；$MD_{描-无}$=4.77，p<0.001），但指示性与描述性手势组之间差异不显著（MD=–1.11，p>0.05）。

以上结果表明，在观看教学视频时，教师的指示性手势或描述性手势对学习有一定的帮助。

（二）学习者先前知识经验对实验条件与学习成绩关系的调节效应

被试的先前知识经验为连续变量，因此，进行两次回归分析，以实验条件为自变量，被试的先前知识经验为调节变量，分别以保持测验成绩、迁移测验成绩为因变量进行调节效应检验。对实验条件采用 Helmert 编码，该编码方式适用于分类变量的回归模型（Hayes，2018）。

保持测验结果表明，指示性手势组与描述性手势组之间存在显著差异（B=3.49，SE=1.18，p<0.01；B 代表回归系数），被试的先前知识经验与实验条件存在显著的交互作用（B=–0.56，SE=0.23，p<0.05）。存在交互作用表明，对于低

经验和中经验的被试来说，观看含有指示性手势教学视频的保持测验成绩优于观看含有描述性手势教学视频的成绩（分别为：$B_{低}$=1.60，$SE_{低}$=0.50，p<0.01；$B_{中}$=0.72，$SE_{中}$=0.34，p<0.01）；而高经验被试观看这两种不同手势的教学视频时的保持测验成绩相当（B=–0.15，SE=0.42，p>0.05）。

迁移测验结果表明，无手势组与有手势组（指示性手势与描述性手势）存在显著差异（B=12.31，SE=3.19，p<0.001）。被试的先前知识经验与实验条件之间也存在显著的交互作用（B=−1.67，SE=0.62，p<0.01）。存在交互作用表明，对于低经验和中经验的被试来说，观看含有指示性手势和描述性手势教学视频的表现优于观看无手势教学视频的表现(分别为:$B_{指-无}$=6.69,$SE_{指-无}$=1.36,p<0.001;$B_{描-无}$=4.90,$SE_{描-无}$=0.98，p<0.001）；而高经验被试观看有手势和无手势教学视频时的迁移测验成绩相当（B=1.49，SE=1.40，p>0.05）。

以上结果表明，对于低经验和中等经验的被试来说，教学视频中教师手势的作用更大。

（三）教师手势对视觉注意力分配的影响

1. 对应学习内容区注视时间百分比

正如H2所预测的，方差分析显示，三组被试对对应学习内容区的注视时间百分比存在显著差异[F（2，82）=13.74，MSE=0.01，p<0.001，η^2=0.25]。事后检验结果显示，与描述性手势组和无手势组相比，指示性手势组在对应学习内容区的注视时间明显更长（分别为：$MD_{指-描}$=0.10，p<0.001；$MD_{指-无}$=0.10，p<0.001）；而描述性手势组与无手势组之间无显著性差异（MD<0.001，p>0.05）。这些结果表明，通过教师的指示性手势，学习者的视觉注意力可以被有效地引导到对应学习内容区。

2. 教师区注视时间百分比

正如H3预测的一样，方差分析结果发现，三组被试对教师区的注视时间百分比存在显著差异[F（2，82）=24.73，MSE=0.01，p<0.001，η^2=0.38]。事后检验的结果显示，描述性手势组比指示性手势组和无手势组对教师区注视时间更长（分别为：$MD_{描-指}$=0.09，p<0.001；$MD_{描-无}$=0.16，p<0.001）。与无手势组相比，指示性手势组对教师区的注视时间更短（MD=−0.07，p<0.01）。这些结果表明，当教师使用描述性手势时，学习者会分配更多的视觉注意力加工教师形象。

3. PPT 区和整个屏幕注视时间百分比

为了进一步了解被试在看什么，分别以 PPT 区注视时间百分比、整个屏幕注视时间百分比为因变量进行两次方差分析。

三组被试的 PPT 区注视时间百分比存在显著差异[$F(2,82)=22.64$, $MSE=0.01$, $p<0.001$, $\eta^2=0.36$]。事后检验结果显示，与描述性手势组和无手势组相比，指示性手势组对 PPT 区的注视时间更长（分别为：$MD_{指-描}=0.20$, $p<0.001$; $MD_{指-无}=0.08$, $p<0.01$）；而无手势组对 PPT 区的注视时间明显长于描述性手势组（$MD=0.08$, $p<0.01$）。

整个屏幕注视时间百分比的方差分析显示，三组间无显著差异[$F(2,82)=1.80$, $MSE=0.01$, $p>0.05$, $\eta^2=0.04$]，这表明，被试在指示性手势、描述性手势和无手势条件下，对整个屏幕的视觉注意水平相当。

以上结果表明，三组被试对视频的总注意力投入没有显著差异，但在注意力分配上存在差异。

四、讨论

本研究探讨了教学视频中教师的不同手势是否会对学习者的学习效果和注意力分配产生不同的影响。结果表明，学习者观看含有教师指示性手势或描述性手势教学视频的学习效果，要好于观看无手势教学视频。此外，眼动追踪技术的结果显示，教师的指示性手势能让学习者更关注 PPT 中的相应内容，而教师的描述性手势则能使学习者更关注教师形象。而本研究的结果表明，无论是指示性手势还是描述性手势，都能增强学习者的学习效果，而且这些积极的影响可能有不同的潜在机制。本研究首次探究了指示性手势和描述性手势对学习者学习效果和视觉注意力分配的不同影响。

正如预期，教学视频中教师的指示性手势和描述性手势都促进了学习者的知识迁移，但这种效果在保持测验中并未发现，这一结果与相关理论和以往研究结果一致（Wilson，2002；Mayer，2005a；Rueckert et al.，2017）。具身认知理论认为，学习者在观看教师手势时，其运动与知觉系统和教师产生同等程度的激活，这种激活能够帮助他们理解教师的语义信息，从而提高他们的学习效果（Alibali & Nathan，2012；Ping et al.，2014）。本研究要求学习者在迁移测验中使用设计技术对一系列图片进行调整，因此，学习者必须理解 Photoshop 中曲线的多方面知识，在完成曲线调整的测验时，需要与几何相关的知识，迁移测验中考察的知识与具身认知联系更加紧密；相反，保持测验考察的是学习者对关键性知识的死记硬背，与运动和知觉系统的激活联系较少。因此，教师的手势对学习者迁移测验成绩的影响大于对保持测验成绩的影响。此外，教师的讲话通过语言通道传递信息，手势通过视觉通道传递信息，符合双通道原则（Goldin-Meadow et al., 2009；Congdon et al.，2017）。

有趣的是，学习者的先前知识经验在教师手势对学习成绩的影响中起到了调节作用。教师手势对低经验学习者的积极影响更大，而对中、高经验学习者的积极影响较小。研究结果与以往有关多媒体学习线索的经验反转的研究结果一致（Kalyuga，2014；Arslan-Ari，2018）。多媒体学习线索的经验反转效应表明，低经验学习者比高经验学习者更容易受到教学视频设计（如彩色文本）的影响（Moreno，2007；Kalyuga，2014）。本研究发现，教学视频中教师手势的效果随学习者先前知识经验的不同而变化，当教师使用手势时，先前知识经验较低的学习者受益更多。

为了考察教师手势对学习者的视觉注意力分配的影响，本研究实时记录了学习者在观看教学视频时的眼动轨迹。结果显示，教师的手势并没有增加学习者在视频上的总注意力资源的投入，但对注意力分配有不同的影响。具体来说，当教师使用指示性手势时，学习者更关注 PPT 上的相关学习内容；当教师使用描述性手势时，学习者更关注教师形象。然而，观看无手势教学视频时，学习者并没有表现出将注意力分配到 PPT 或教师形象上的倾向。本研究结果与假设相一致：指示性手势可将学习者的注意力引导至相关学习内容上；描述性手势通过手的形状或运动轨迹来描述对象，从而唤起学习者的心理模型，因此，描述性手势可显著刺激学习者的感官，从而吸引其更多的注意力（McNeill, 1992；Alibali et al., 2013, 2014）。

本研究仍存在以下局限性。首先，教学视频的主题是“Photoshop 中的曲线调整”，因此，本研究结果是否可以推广到其他学科主题，还需要进一步的研究。其次，本研究没有考虑教师手势的长期影响，长期的积极作用是最终的教育目标，因此，需要进一步的研究来检验教师手势的积极作用能持续多久。

尽管本研究存在以上局限性，但其结果拓展了教学视频的相关研究。据笔者所知，这是首次比较教师的指示性手势和描述性手势在教学视频中作用的研究。此外，本研究通过实时追踪学习者的视觉注意力分配，探讨了教师手势积极作用的潜在机制。结果发现，教师的指示性手势和描述性手势对学习者的注意力有不同的引导作用。学习者不同的注意力分配模式表明，教师的这两种手势可能存在不同的注意机制。

综上所述，本研究的重要发现是教师的指示性手势和描述性手势均增强了学习者的学习效果，且这两种手势对学习者的视觉注意力分配有不同的影响。本研究结果表明，在教学视频中，指示性手势和描述性手势通过不同的注意机制促进学习者学习，这对教学视频设计的启示是：应鼓励教师在教学视频中使用指示性手势和描述性手势。

第五节 教师指示性手势对视频学习的影响①

一、引言

近年来，教学视频越来越多地被应用于在线学习和混合式学习中（Giannakos，2013）。视频可以同时通过生动地呈现画面和声音来讲解知识，该优点使得教学视频成为应用最为广泛的学习资源。随着教学视频的广泛应用，大量的研究探索了教学视频在不同学科教学中的有效性，如数学、医学和计算机科学等（Zhang et al.，2006；Schreiber et al.，2010；Kay & Kletskin，2012）。

事实上，教学视频中视觉画面的稍纵即逝，对学习者的工作记忆提出了更高的要求（Ayres & Paas，2007）。具体体现在，为了理解学习信息，学习者不仅需要加工视觉画面中正在呈现的信息，还需要记住已经消失的信息（Post et al.，2013）。根据认知负荷理论，学习者的工作记忆容量是有限的，因此，学习者只有将足够的工作记忆资源集中在相关信息上，才能表现出良好的学习效果（Sweller et al.，1998）。

根据教学视频中有无注意线索，可以将其分为两类：有注意线索的教学视频

① 本节修改自 Pi Z, Hong J, Yang J. 2016. Effects of the instructor's pointing gestures on learning performance in video lectures. ***British Journal of Educational Technology***, 48(4): 1020-1029

和无注意线索的教学视频。注意线索是指在重要的学习信息中添加非内容信息，以吸引或引导学习者的注意力（de Koning et al.，2007）。在教学视频中，注意线索能够及时将学习者的视觉注意力引导到教师所讲授的内容上，从而减少相关信息和无关信息对工作记忆资源的竞争，以及不必要的认知负荷（van Gog，2014），进而提高学习者的学习成绩。因此，通过在教学视频中添加注意线索来优化学习效果，从理论上是可行的。

教学视频中的注意线索通常有两种，即物理线索和手势（Ouwehand et al.，2015b）。大量的多媒体学习相关研究表明，在多媒体学习材料中加入物理线索，如符号和颜色线索，可以提高学习者的学习效果（王福兴等，2013）。因此，目前在设计教学视频时，通常直接借鉴该研究结果，在教学视频中加入物理线索，来提高学习者的学习效果。此外，在教学视频中，教师的指示性手势作为一种典型的手势，也是一种重要的注意线索，对学习者学习效果的促进作用也被许多研究证实了（Kelly，2001；Valenzeno et al.，2003；de Koning et al.，2009；Paas & Sweller，2012）。例如，在一项关于教学视频的研究中，教师站在一个呈现 PPT 的屏幕旁，其指示性手势可以将学习者的视觉注意力引导至正在讲授的内容上。通过避免对 PPT 进行不必要的视觉搜索，学习者可以将更多的认知资源分配到相关的学习活动中，从而使学习者表现出较好的学习效果（de Koning & Tabbers，2013）。

有趣的是，关于社会认知的研究表明，即使听众（如学生）并没有意识到说话者（如教师）的指示性手势，这些手势依然可以导致他们之间的联合注意，即听众与说话者的注意焦点一致（Tomasello et al.，2007；Ouwehand et al.，2015b）。例如，当教师用手指向白板上的图片时，学习者也会跟随教师的手势看向那张图片。从这一视角出发，与物理线索相比，学习者跟随教师手势找寻目标仅需要消耗较少的工作记忆资源。基于此，本研究假设，教学视频中的指示性手势比物理线索发挥了更重要的作用。

据笔者所知，目前仅有较少研究对教学视频中教师指示性手势的效果与物理线索的效果进行比较（de Koning & Tabbers，2013；Ouwehand et al.，2015b）。而且，仅有的对“教师指示性手势的作用是否优于物理线索”的研究也没有得到一致的结果。例如，de Koning 和 Tabbers（2013）比较了在教学视频中使用指示性手势图片和物理线索（箭头）的作用，结果发现，观看前种教学视频的学习者取得了更好的学习成绩。然而，Ouwehand 等（2015b）得出了不同的结果。Ouwehand 等比较了教学视频中动画人物的指示性手势与物理线索所产生的效果，但并没有发现观看含有指示性手势教学视频的被试比观看含有物理线索教学视频的被试学习得更好。

因此，从这些研究中，我们无法得出教学视频中的指示性手势比物理线索发挥了更重要的作用。这些研究结果的不一致可能是因为研究中使用的指示性手势不同（手的图片 vs.动画人物）。我们感兴趣的是另一种在教育实践中普遍使用的教师形象的指示性手势，这种手势是由一个真实的教师做出来的，而不只是手的图片。但以往研究并未比较教学视频中教师指示性手势与物理线索的效果。因此，本研究探索与物理线索相比，教师指示性手势是否对提升学习者的学习效果具有更积极的效应，如果具有更积极的效应，将进一步分析这种积极效应的潜在机制，即指示性手势比物理线索具有更大的注意引导作用，从而减轻学习者的认知负荷。

综上所述，本研究旨在比较教学视频中教师指示性手势、物理线索和无线索的效果。指示性手势条件是一位真实的教师在讲解知识时做出的指示性手势；物理线索是用箭头指向相同的位置；作为对照的无线索条件是不显示任何线索。基于认知负荷理论和上述文献综述，本研究提出如下假设：与物理线索条件和无线索条件相比，学习者在观看含有教师指示性手势的教学视频时，学习成绩更高（H1）；会将更多的视觉注意力分配到 PPT 上，即对 PPT 总注视时间更长（H2）；认知负荷量表得分更低（H3）。

二、方法

（一）被试与实验设计

本研究从一所中国大学招募到 84 名大学生（男生 65 名，女生 19 名），年龄为 18.67～20.25 岁（M=21.50，SD=0.99）。被试在研究之前对学习内容均不熟悉。采用色盲检查方法，以确保所有被试视力或矫正视力正常（俞自萍等，1996）。通过测试被试能否准确地报告 2 米外的电脑扬声器以 60 分贝播放的单词，来确保所有被试听力正常。

被试被随机分配到三种条件中的一种：指示性手势条件（n=28）、物理线索条件（n=28）和无线索条件（n=28）。

（二）实验仪器

同第六章第一节。

（三）实验材料

1. 教学视频

本研究使用了三种形式的教学视频，时长均为 7 分钟左右。视频内容为一位女教师讲解“Photoshop 中曲线的调整”，除注意线索外，其余均相同。具体的三种形式如下：①指示性手势条件：教师站在 PPT 旁，整个视频播放过程中，对着屏幕做出 8 次指示性手势；②物理线索条件：在 PPT 相同位置使用 8 次指向箭头；③无线索条件：视频中教师没有使用指示性手势或箭头线索（图 6-5-1）。

指示性手势

物理线索

无线索

图 6-5-1　三种条件的视频截图

注：呈现学习内容的区域占整个屏幕的 73.9%

2. 测量工具

（1）人口统计学问卷

每名被试需要填写性别、年级、专业和出生日期（根据出生日期计算年龄）。本研究将人口统计资料作为控制因素。

（2）先前知识测验

本研究通过 8 道单项选择题来测试被试对 Photoshop 的先前知识经验。测试由教学视频中的教师开发，不包含教学视频中学习的具体内容，以避免期望对学习效果产生的影响。每道题目包括 4 个选项，只有一个正确选项，每答对 1 题得 1 分，满分为 8 分。根据先前知识测验结果得知，三组被试的先前知识经验无显著差异[F（2，81）=0.96，MSE=2.42，p>0.05，η^2=0.02]，且均较少。

（3）学习效果测验

该测验由教学视频中的教师开发，所有题目均来自教学视频中的学习内容。测验包括两部分：①保持测验：包含 10 道单项选择题，测试被试对视频中关键概念的记忆。每道题目有 4 个选项，只有一个选项是正确的，每答对 1 题得 1 分，满分为 10 分。②迁移测验：包含两个开放式问答题，考察被试对所学知识的迁移能力，每题 10 分。由两名评分者对两道题目进行独立评分，一致性较高（分别为：r_1=0.90，p_1<0.01；r_2=0.86，p_2<0.01），因此，取平均值作为每道题目的最终得分。

学习效果测验总分为单项选择题和开放式问答题平均分总和。

（4）视觉注意力

通过眼动追踪技术测量被试的视觉注意力。该技术可以实时记录被试的眼球运动（如注视、扫视、眨眼），因此，该技术被认为是一种很有效的测量视觉注意力的工具。本研究计算了被试对教师在 PPT 中做出指示性手势和出现物理线索的 8 个区域的总注视时间；在无线索条件下，同样计算了被试对这 8 个区域的总注视时间。

（5）认知负荷量表

认知负荷通过 Paas（1992）开发的心理努力 9 点量表来测量，从 1（“极少努力”）到 9（“极多努力”）。该量表在研究中得到了广泛应用，且心理努力被认为可以反映实际的认知负荷。

（四）实验流程

本研究在实验室独立进行，耗时约 40 分钟。首先，所有被试填写人口统计学问卷和先前知识测验。之后，被试被带到眼动实验室，随机观看一种形式的视频。在视频开始之前，要求被试眼睛跟随屏幕上的一个点进行 9 点校正。随后，被试不间断观看视频。视频观看结束后，被试立即填写学习效果测验和认知负荷量表。具体流程如图 6-5-2 所示。

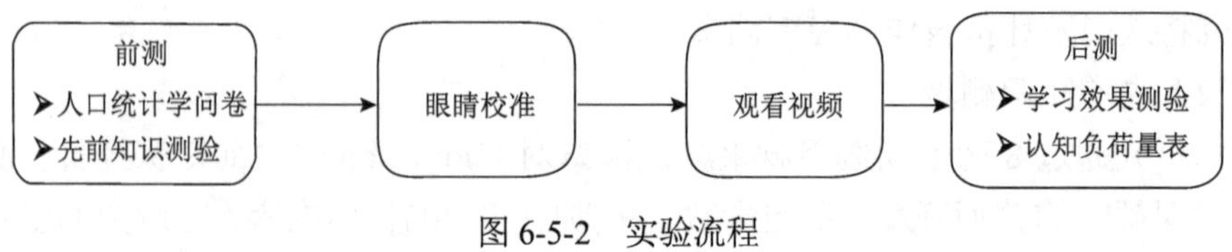

图 6-5-2　实验流程

三、结果

在学习效果测验、总注视时间和认知负荷量表的得分上，以实验条件（指示性手势 vs.物理线索 vs.无线索）作为被试间变量进行方差分析。

（一）学习效果

学习效果测验的均值和标准差如图 6-5-3 所示。结果显示，线索的主效应显著

[F（2，81）=9.55，MSE=22.11，p<0.001，η^2=0.19]。Bonferroni 事后检验发现，指示性手势组比物理线索组和无线索组的学习效果得分更高，且物理线索组和无线索组之间的差异不显著（MD=2.26，p>0.05）。这些结果支持了 H1，即被试在观看含有教师指示性手势的教学视频时，学习成绩更高。

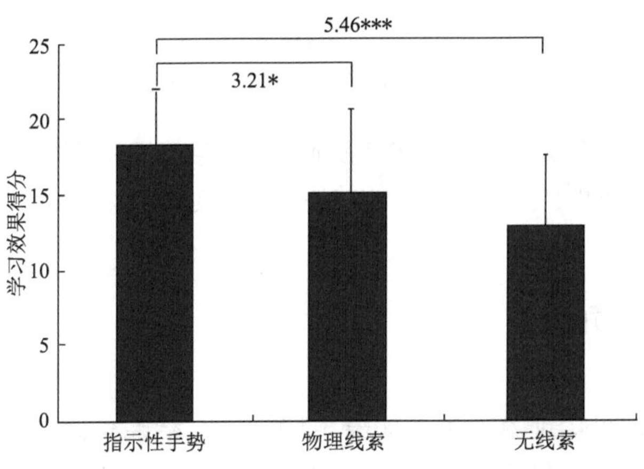

图 6-5-3　三种条件下学习效果的均值与标准差

（二）视觉注意力

被试总注视时间和心理努力的均值和标准差如表 6-5-1 所示。结果发现，线索的主效应显著[F（2，81）=5.51，MSE=74.42，p<0.001，η^2=0.12]。Bonferroni 事后检验发现，指示性手势组对 PPT 相应区域的总注视时间比物理线索组和无线索组更长（$MD_{指\text{-}物}$=6.47，p<0.05；$MD_{指\text{-}无}$=6.71，p<0.05），但是物理线索组和无线索组之间差异不显著（MD=0.24，p>0.05）。研究结果表明，被试对教师用手指向 PPT 的注视时间更长（图 6-5-4）。

表 6-5-1　总注视时间（秒）和心理努力的均值和标准差

因变量	指示性手势（n=28）		物理线索（n=28）		无线索（n=28）	
	M	SD	M	SD	M	SD
视觉注意力（总注视时间）	42.94	8.50	36.48	8.99	36.24	8.37
认知负荷（心理努力）	7.36	0.83	6.68	1.52	6.75	1.30

指示性手势

物理线索

无线索

图 6-5-4　三种条件下视觉注意的热区图

以上结果支持了 H2，即观看含有教师指示性手势视频的被试，会将更多的视觉注意力分配到 PPT 上，即对 PPT 的总注视时间更长。

（三）认知负荷

被试心理努力的均值和标准差如表 6-5-1 所示。结果发现，教师指示性手势对心理努力无显著影响[F（2，81）=2.51，MSE=1.55，p>0.05，η^2=0.06]，该结果与 H3 相反，即观看含有教师指示性手势视频的被试的认知负荷量表得分并没有更低，而是三种条件下，被试的认知负荷水平相当。

四、讨论

本研究探讨了教师指示性手势在提高视频学习效果方面是否优于物理线索，以及具有这种效应的作用机制。结果表明，相比于观看含有物理线索和无线索的教学视频的学习者，观看含有教师指示性手势的教学视频的学习者的学习效果更好，且对 PPT 中相应内容的注视时间更长。这表明，在提高学习效果方面，相比于物理线索，教师指示性手势具有更强的积极效应。从实际应用的角度来看，由于教学视频的广泛应用，研究视频中教师手势的效果显得尤为重要。

本研究的结果是基于讲解教育技术知识的教学视频，因此，在其他知识学习中，教师指示性手势的作用可能不同。此外，本研究的被试均是中国人，文化研究表明，不同文化背景的人有不同的认知加工风格。中国人比西方人更注重语境信息，而西方人更善于分析，更注重重点信息（Hong et al.，2010；Nisbett & Miyamoto，2005）。教学视频中也含有重点信息和上下文信息，其中重点信息是 PPT 中相应的内容，上下文信息是剩余的内容。在这方面，中国人对 PPT 中学习信息的处理可能与西方人不同，因此，教学视频中的注意线索可能对中国人和西方人产生不同的影响。

与本研究假设一致，笔者发现教师指示性手势比物理线索或无线索更能吸引学习者对 PPT 中相关信息的视觉注意力，研究结果支持社会认知理论。这一结果表明，指示性手势比物理线索更能吸引学习者的视觉注意力，这可能是手势的生物学特性使然。本研究在通过眼动追踪技术记录注视总时长来测量被试的视觉注意力时，要求其头部相对静止，这种学习情境与自然学习情境不同，可能对测量结果产生影响。

此外，指示性手势被认为可以帮助学习者自动整合和处理学习信息，不需要额外的工作记忆资源（Kelly et al，2010）。然而，与认知负荷理论和相关结果相比，本研究结果并没有发现指示性手势组比物理线索组或无线索组的认知负荷更低。研究中的心理努力得分表明，无论实验条件如何，学习者在每一组中投入的心理努力水平是相当的。指示性手势对认知负荷的影响不明显，这可能是由于自我报告的社会期许效应（郑俊等，2012）。根据该效应，即使学习者在实验过程中没有努力学习，他们也可能会倾向于报告努力学习了。

本研究的主要贡献是拓展了教学视频相关研究。首先，据笔者所知，这是首次将真实的教师指示性手势与物理线索进行比较的研究。本研究中所考察的含有教师指示性手势的教学视频在教育实践中被普遍应用，而本研究的确发现，教师指示性手势在提高学习者学习效果和引导其视觉注意方面比物理线索具有更积极的作用。这说明手势具有独特的社会功能，有利于学习者学习。其次，本研究采用眼动追踪技术，实时记录被试在视频学习过程中的眼动轨迹，以考察他们的注意力分配，为指示性手势积极效应的作用机制提供了直接证据。最后，本研究证实指示性手势通过将学习者的视觉注意力引导至 PPT 中的相关信息，而提高了学习者的学习成绩。虽然之前的研究发现手势对学习成绩有积极影响，但只是尝试性解释，缺乏相应的证据（de Koning & Tabbers，2013）。

五、结论

本研究将教学视频中的教师指示性手势与物理线索进行了比较。结果发现，教师指示性手势在提高学习者学习效果和将其视觉注意引导至 PPT 相关内容方面优于物理线索。这表明，在教学视频中，教师的指示性手势是提高学习者学习效果的一种有效手段，尤其是当 PPT 中含有大量学习信息时。

笔者建议未来的研究应注意以下几点：首先，本研究的学习内容为教育技术的相关知识，未来的研究应检验教师指示性手势对其他学习内容中的效果是否相同。其次，本研究招募的被试为中国的本科生，未来的研究应该检验和确认教师指示性手势是否对来自不同文化背景的学习者的学习效果有相同的影响。最后，未来的研究应该使用比自报告更敏感的工具来测量被试的认知负荷。有研究发现，心率、任务诱发脑电、眨眼频率等生理指标对学习过程中认知负荷的波动更加敏感（Paas et al.，2003）。

第六节

教师的引导行为对视频学习的影响[①]

一、引言

假设一位教师想利用教学视频来解释生物是如何繁殖和克隆的，但是学习者缺乏相关的先前知识，学习内容又随着幻灯片的切换而不断切换，学习者如何快速有效地搜索到相关内容，对于提升其学习效果至关重要。作为教师，可以采取怎样的手段来提高学习者的视觉搜索效率，进而提高他们的学习成绩呢？研究表明，指示性手势是一种重要的方式，教师可以利用指示性手势将学习者的注意引导至幻灯片上的相关内容，以此来提高学习者的视觉搜索效率（Goldin-Meadow，2014）。指示性手势是指在真实环境中，用手指指向某个具体对象，如指向花瓶中的一朵花来表示“那朵花”（McNeill，1992；Goldin-Meadow，2014）。

教师的指示性手势为什么有助于学习者的学习呢？以往研究表明，教师的指示性手势能够帮助学习者更加关注学习内容，进而提升学习效果（Moreno et al.，2010；Koumoutsakis et al.，2016；Pi et al.，2017a； Rueckert et al.，2017）。例如，Pi 等（2017a）通过让被试观看“Photoshop 中曲线的调整”的教学视频，比较了

① 本节修改自 Pi Z, Zhang Y, Zhu F, et al. 2018. Instructors’ pointing gestures improve learning regardless of their use of directed gaze in video lectures. ***Computers & Education***, 128: 345-352

视频中教师有无指示性手势对学习者注意力分配和学习效果的影响，结果发现，当教师有指示性手势时，学习者对相关内容的注视时间更长，且学习效果更好。

在大多数探究教师指示性手势效果的相关研究中，包括前面提到的研究，研究者都没有区分教师的手势引导和目光引导的作用（Pi et al., 2017a; Rueckert et al., 2017）。在教学视频中，教师的目光引导是指教师将视线从摄像机镜头转移到正在教授的学习内容上（van Wermeskerken & van Gog，2017）。在有指示性手势的情况下，教师使用目光引导与否会对学习者的学习产生不同的效果（Ouwehand et al.，2015a）。为了区分教师的指示性手势和目光引导的作用，本研究设计了两种实验条件：第一种实验条件，教师只有手势引导；第二种实验条件，教师不仅有手势引导，还有目光引导。

最近，研究者开始关注目光引导在教学视频中的作用（Ouwehand et al.，2015a）。相关研究发现，教师的目光引导能够有效吸引学习者对教师目光指向内容的关注，但却不能提高其学习成绩（van Gog et al., 2014; Ouwehand et al., 2015a; van Wermeskerken & van Gog，2017）。因此，本研究假设，在提升学习者的学习效果方面，教师手势引导的效果可能比目光引导更好。

尽管目光引导对学习效果的影响尚无定论，但是一些教学设计理论，如 Sweller 的认知负荷理论和 Mayer 的多媒体学习认知理论认为，手势引导和目光引导均能够提升学习者的学习效果（Sweller，1988；Mayer，2005a）。这两个理论均强调学习者的工作记忆容量是有限的，他们只能在同一时间注意部分的输入信息（Baddeley，1992）。因此，教学视频的设计应该减少不必要的加工过程，如减少学习者对教师讲授的幻灯片上对应内容的视觉搜索，尤其是当信息的呈现非常短暂的时候。在教学视频中，教师增加手势引导和目光引导可以引导学习者对关键信息的注意，进而减少不必要的视觉搜索（Ouwehand et al., 2015a; Pi et al., 2017a; van Wermeskerken & van Gog，2017）。因此，学习者可以不用花费有限的认知容量在不必要的视觉搜索上，而是用于必要的认知加工，也就是将教师的言语解释和视觉信息整合到一致的心智模型中。

尽管以往研究证实了教学视频中教师指示性手势对学习的积极作用，但并未区分教师指示性手势和目光引导的效果（Pi et al.，2017a；Rueckert et al.，2017）。此外，这些研究大多基于注视时间或注视总时长的百分比来考察学习者的视觉注意力（Ouwehand et al.，2015a；van Wermeskerken & van Gog，2017），这些指标仅仅反映了学习者加工信息所花费的时间（Ouwehand et al.，2015a；van Wermeskerken & van Gog，2017），并不能反映教师指示性手势和目光引导是否在恰当的时间引导了学习者的注意力。首次注视时间是视觉搜索及时性的有效指标

（闫国利等，2013），它是指被试第一次看向特定兴趣区的时间，首次注视时间越短，说明学习者的视觉搜索效率越高。因此，本研究通过首次注视时间和注视总时长的百分比来考察教师手势引导和目光引导对学习者注意力的影响。

本研究通过检验学习者的学习成绩（保持测验成绩和迁移测验成绩）和注意力分配，来考察教学视频中教师指示性手势和目光引导的效果。被试分别在四种条件下观看一段与生物的繁殖和克隆相关的教学视频，四种条件分别为：无社会线索条件，即教师看着摄像机镜头，并且没有指示性手势和目光引导；目光引导条件，即教师看向幻灯片，但没有指示性手势；指示性手势条件，即教师看着摄像机镜头，通过指向幻灯片的相关区域来引导学习者的注意力；目光引导+指示性手势引导条件，即教师看向并指向幻灯片的相关区域。基于多媒体学习认知理论、认知负荷理论和前人的研究，本研究提出了以下假设。

假设 1：目光引导+指示性手势引导条件下，学习者的保持测验成绩最好，其次是指示性手势条件，再次是目光引导条件，最后是无社会线索条件。

假设 2：目光引导+指示性手势引导条件下，学习者的迁移测验成绩最好，其次是指示性手势条件，再次是目光引导条件，最后是无社会线索条件。

假设 3：目光引导+指示性手势引导条件下，学习者对关键内容的视觉搜索效率最高，其次是指示性手势条件，再次是目光引导条件，最后是无社会线索条件。

假设 4：目光引导+指示性手势引导条件下，学习者将分配更多的注意力至关键内容，其次是指示性手势条件，再次是目光引导条件，最后是无社会线索条件。

二、方法

（一）被试和实验设计

通过在国内某大学教学楼的公告板上张贴广告，公开招募了 120 名本科生和研究生，其中，27 名男生，93 名女生，年龄为 17～35 岁（M=21.25，SD=2.52）。被试被随机平均分为四组，每组 30 人。被试涉及多个专业，如心理学、化学、历史等。根据实验前的非正式访谈得知，被试均不熟悉教学视频教授的内容。

为保证所有被试的视力和听力处于正常水平，研究开始前开展了两项测试。

其中，第一项测试考察被试是否能够准确报告 2 米外计算机扬声器以 60 分贝播放的单词；第二项测试考察被试能否看清视力表上字母 E 的朝向。测验结果显示，所有被试的听力和视力或矫正视力均正常。

每名被试在实验前都签署了书面知情同意书，确保自愿参与实验。实验结束后，每名被试都收到了一份小礼物作为参与实验的报酬。本研究已获得当地学术伦理委员会的批准。

（二）实验仪器

同第六章第一节。

（三）实验材料

1. 教学视频

本研究制作了四种形式的教学视频，除了视频中教师的指示性手势和目光引导不同外，其他全部相同。教学主题为“生物的繁殖和克隆”，时长均为 8 分 40 秒。四种形式的教学视频所用的教学 PPT 相同，由同一名女性教师在同一个录播室内录制。无社会线索条件下，教师站在摄像机前，一边教学一边看着摄像机镜头，全程没有发生目光转移，也没有做出指示性手势。目光引导条件下，教师没有做出指示性手势，进行了 15 次目光引导。指示性手势条件下，教师使用了 15 次手势引导，引导的区域与目光引导条件中的一致。目光引导+指示性手势条件下，教师同时使用了目光引导和指示性手势，共计 15 次。四种形式的教学视频的截图如图 6-6-1 所示。

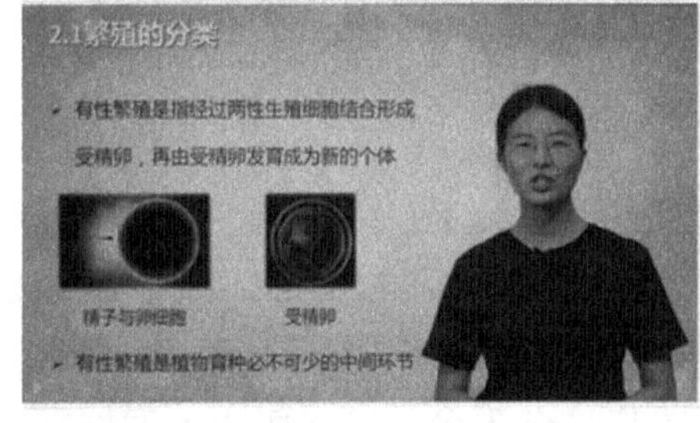

无社会线索

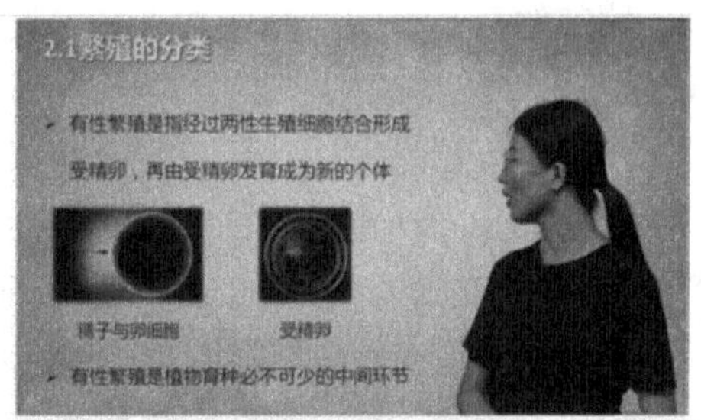

目光引导

指示性手势

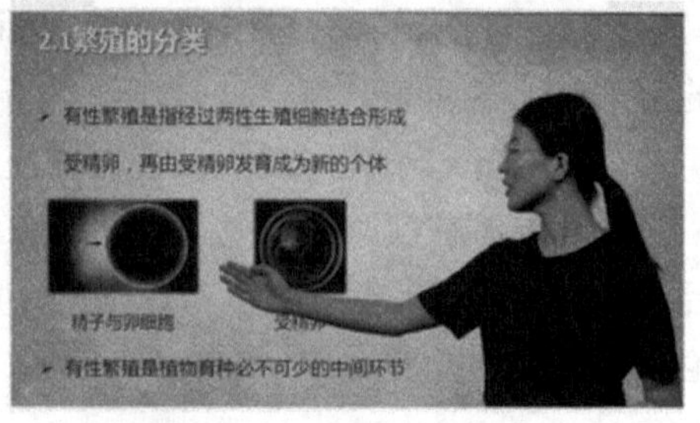

目光引导+指示性手势

图 6-6-1　四种形式的教学视频的静态截图

2. 测量工具

（1）先前知识测验

先前知识测验由视频中的教师编制，为避免学习者的期望对测验成绩产生影响及练习效应，所有题目均与教学视频的内容无关，包括 3 道填空题和 6 道单项选择题。题目考察生殖和克隆的一般知识。例如，其中 1 道填空题如下：“有性生殖是指在经过_______结合形成_______，再发育成为新的个体。”其中 1 道选择题如下：“有性生殖和无性生殖之间最大的区别是（　）。A. 是否产生生殖细胞；B. 是否只有一个父母；C. 是否有细胞分裂；D. 性细胞是否结合。”测验中，填空题共有 8 个空，每空为 1 分。选择题每题 2 分，每道题有 4 个选项，但只有一个答案是正确的，多选或选错均不得分。因此，先前知识测验的满分为 20 分（M=9.49，SD=2.53）。测验结果显示，四种实验条件下，被试的先前知识经验没有显著差异[F（3，116）=0.56，MSE=6.49，p=0.64，η^2=0.01]。

（2）保持测验

保持测验也由视频中的教师编制，用于考察被试学习关键概念后的保持效果，包括 5 道填空题和 1 道单项选择题。例如，其中 1 道填空题如下：“细菌的繁殖是_______，酵母菌的繁殖是_______。”保持测验的评分方法与先前知识测验相同，填空题共 8 个空，每空为 1 分，选择题每题 2 分，因此，保持测验的满分为 10 分。

（3）迁移测验

迁移测验同样也是由视频中的教师编制，用于考察被试将视频中的知识运用到新情境中的能力，包括 8 道单项选择题和 1 道材料分析题。例如，其中 1 道选择题如下：“（　）不能产生孢子？A. 细菌；B. 酵母菌；C. 蘑菇；D. 青霉菌。”在材料分析题中，被试需要阅读两个新的情境并回答 3 个问题，包括 1 道填空题和 2 道单项选择题。该测验的评分方式与先前知识测验相同，满分为 21 分。

（四）眼动数据分析

为了分析教师的指示性手势和目光引导对学习者视觉搜索效果和注意力分配的影响，根据教师引导的区域，在幻灯片上划分了 15 个兴趣区。本研究主要分析两个眼动指标，即被试对 15 个兴趣区的首次注视时间的平均值，以及对 15 个兴趣区平均注视时间的百分比。

（五）实验流程

该研究在眼动追踪实验室进行，耗时约 40 分钟。首先，所有被试需完成先前知识测验；然后，进入眼动实验室观看教学视频。被试被随机分配到四种实验条件之一，包括无社会线索条件，目光引导条件，指示性手势条件，以及目光引导+指示性手势条件。最后，被试需完成保持测验和迁移测验。具体流程如图 6-6-2 所示。

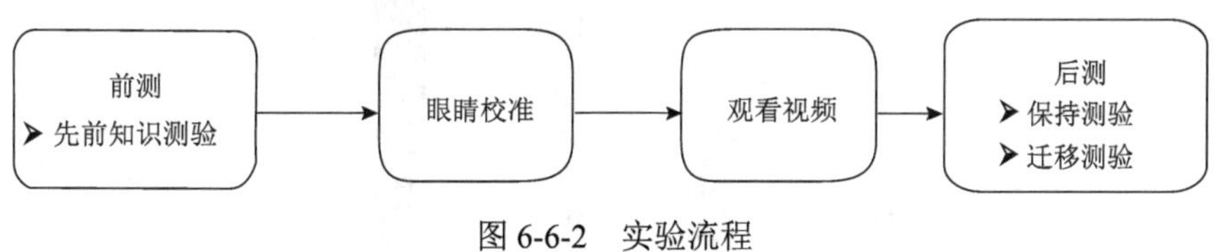

图 6-6-2 实验流程

三、结果

所有变量的描述性统计结果如表 6-6-1 所示。以实验条件（无社会线索 vs.目光引导 vs.指示性手势 vs.目光引导+指示性手势）为自变量，以保持测验成绩、迁移测验成绩、兴趣区首次注视时间和兴趣区平均注视时间百分比为因变量，进行了 4 次单因素方差分析。

表 6-6-1 描述性统计结果

因变量	无社会线索		目光引导		指示性手势		目光引导+指示性手势	
	M	*SD*	*M*	*SD*	*M*	*SD*	*M*	*SD*
保持测验成绩	5.37	1.77	5.93	1.68	6.57	2.18	6.73	1.91
迁移测验成绩	12.23	3.20	13.93	3.53	14.50	3.26	14.50	3.70
兴趣区首次注视时间（ms）	706.43	368.94	468.53	297.62	416.57	230.37	495.10	222.15
兴趣区平均注视时间百分比（%）	61.00	9.00	64.00	10.00	69.00	10.00	69.00	8.00

（一）学习成绩

为了检验假设 1 和假设 2，即目光引导+指示性手势条件下，被试的学习成绩最好，其次是指示性手势条件，再次是目光引导条件，最后是无社会线索条件，本研究分析了被试的保持测验成绩和迁移测验成绩。

1. 保持测验成绩

四种条件下，被试的保持测验成绩差异显著[F（3，116）=3.27，MSE=3.59，p=0.024，η^2=0.08]。事后检验结果显示，指示性手势条件和目光引导+指示性手势条件下，被试的保持测验成绩显著高于无社会线索条件（图 6-6-3）。其他条件下，被试的保持测验成绩不存在显著差异（ps>0.05）。

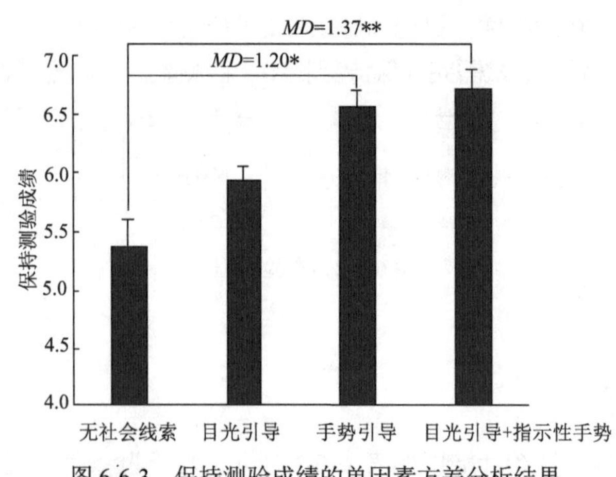

图 6-6-3 保持测验成绩的单因素方差分析结果

2. 迁移测验成绩

四种条件下，被试的迁移测验成绩差异显著[F（3，116）=2.94，MSE=11.76，p=0.036，η^2=0.07]。事后检验结果显示，指示性手势条件和目光引导+指示性手势条件下，被试的迁移测验成绩显著高于无社会线索条件（图 6-6-4）。其他条件下，被试的保持测验成绩不存在显著差异（ps>0.05）。

综上，与无社会线索相比，教学视频中的教师指示性手势、目光引导+指示性手势均提高了被试的学习成绩；而指示性手势组和目光引导组在学习效果上没有显著差异。以上结果部分支持了假设 1 和假设 2。

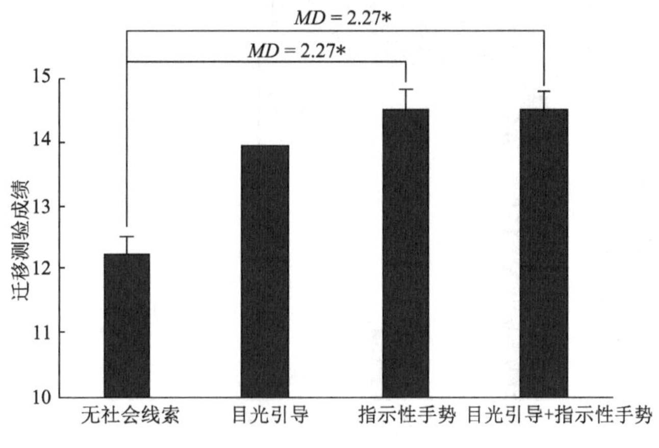

图 6-6-4　迁移测验成绩的单因素方差分析结果

（二）注意

为考察教师的目光引导和指示性手势对被试注意的影响，本研究比较了四种条件下被试的平均首次注视时间（假设 3）和平均注视时间的百分比（假设 4）。

1. 平均首次注视时间

为了检验假设 3，即教师的目光引导和指示性手势都能够有效地引导被试关注教师讲授的区域，本研究对被试在兴趣区内的平均首次注视时间进行了单因素方差分析，结果显示，四种实验条件之间存在显著差异[$F(3, 116)=5.96$，$MSE=81\,779.17$，$p=0.001$，$\eta^2=0.13$]。事后多重比较发现，相较于目光引导、指示性手势和目光引导+指示性手势，无社会线索条件下被试需要花费更长的时间搜索到教师正在讲述的内容（图 6-6-5）。其他条件下，被试的平均首次注视时间不存在显著差异（$ps>0.05$）。

2. 平均注视时间百分比

为了检验假设 4，即教师的目光引导和指示性手势都能够提高学习者对引导区域的关注。本研究对兴趣区内的平均注视时间百分比进行了单因素方差分析，结果显示，四种实验条件之间存在显著差异[$F(3, 116)=4.80$，$MSE=0.01$，$p=0.003$，$\eta^2=0.11$]。事后多重比较表明，相比无社会性线索条件，指示性手势和目光引导条件下的被试更关注相关区域（图 6-6-6）。其他条件下，被试的平均注视时间百分比不存在显著差异（$p>0.05$）。

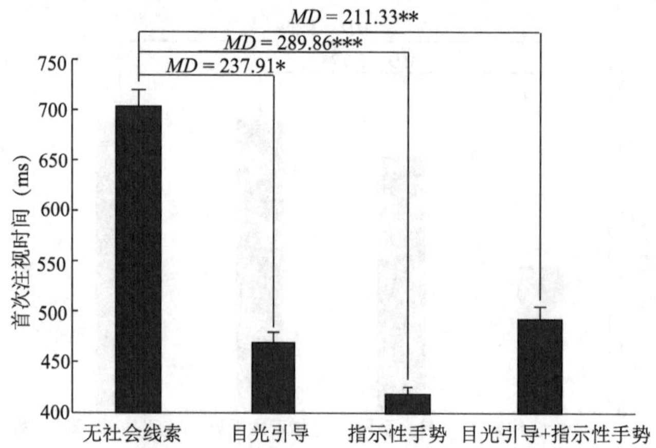

图 6-6-5　兴趣区内平均首次注视时间的单因素方差分析结果

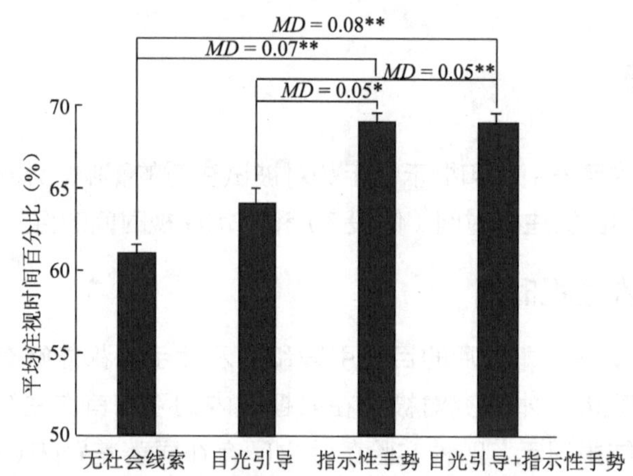

图 6-6-6　兴趣区内平均注视时间百分比的单因素方差分析结果

以上结果表明，教师的指示性手势以及目光引导+指示性手势不仅成功地将被试的注意力吸引至相关内容，而且导致他们分配更多的注意资源加工这些区域。相比之下，教师的目光引导仅仅提高了被试对相关内容的视觉搜索效率。以上结果部分支持了假设 3 和假设 4。

四、讨论

本研究旨在比较教学视频中教师的目光引导和指示性手势对学习者学习成绩和注意力分配的影响。结果发现，观看含有指示性手势的教学视频的学习者，不仅取得了更好的学习效果，而且能更有效地搜索并更加关注教师所指的幻灯片区域。这说明，教学视频中无论是否有教师的目光引导，教师的指示性手势总是能够促进学习者学习。

学习效果方面的结果部分验证了本研究的假设，即教师指示性手势提高了学习者的保持测验成绩和迁移测验成绩。此外，指示性手势还提高了学习者的视觉搜索效率，并引导他们更加关注幻灯片上的相关区域。本研究结果与以往研究一致，符合多媒体学习认知理论和认知负荷理论（Sweller，1988；Mayer，2005b；Pi et al.，2017a；Rueckert et al.，2017）。多媒体学习认知理论和认知负荷理论认为，教师指示性手势的主要功能是引导学习者的注意力，也就是说，指示性手势可以帮助学习者有效地搜索关键信息，同时对关键信息给予更多的关注。因此，学习者可以使用有限的认知资源来建构必要的心智模型，进而提高他们的学习效果。

与无社会线索条件相比，观看仅有目光引导的教学视频的学习者的视觉搜索效率更高，但是对引导区域的关注较少，学习效果也没有更好。这些结果与以往研究一致（Ouwehand et al.，2015a；van Wermeskerken & van Gog，2017）。尽管教师的目光引导能够像指示性手势一样，提高学习者搜索相关信息的效率，但它可能无法影响学习者的注意力分配。这或许是观看有教师指示性手势教学视频的学习者的学习效果显著高于观看无社会线索教学视频的学习者，而观看仅有教师目光引导教学视频的学习者却没有显著高于观看无社会线索教学视频的学习者的原因所在。

此外，教师注视镜头不看向幻灯片时，也可能对学习者的学习有益。具体来说，当教师注视镜头时，会让学习者认为教师在关注自己，二者之间能够产生眼神交流（Leong et al.，2017）。有研究表明，这种眼神交流不仅可以刺激和加强学习者的社会反应（如微笑），还可以通过神经活动同步促进学习者的学习（Mayer，2005b；Leong et al.，2017）。这也为本研究和以往研究未能发现有目光引导条件下学习者的学习效果与无目光引导条件下学习者的学习效果存在差异提供了解释（Ouwehand et al.，2015a；van Wermeskerken & van Gog，2017）。未来的研究可以通过对比教学视频中有无教师形象，来探究教师与学习者之间的眼神交流对其学习的影响，进而区分教师的目光引导和眼神交流的效果。

本研究主要存在两点局限。首先，教学视频的教学主题是“生物的繁殖和克隆”，与以往研究中的问题解决任务（如“怎样构建谷氨酰胺分子”）不同。因此，需要进一步检验本研究的结论是否可以推广到其他学科。其次，本研究没有考虑学习者先前知识经验的调节作用。已有研究表明，与高经验学习者相比，低经验学习者更易受到注意线索（如教师的指示性手势）的影响（Kalyuga，2014；Arslan-Ari，2018）。因此，未来研究需要进一步检验教师的指示性手势和目光引导对不同先前知识经验的学习者的影响是否不同。

尽管本研究存在以上局限，但仍然丰富了教学视频中教师指示性手势和目光引导的相关研究。此外，本研究首次区分了教学视频中教师指示性手势和目光引导对学习者学习成绩、视觉搜索效率、注意力分配的影响。尽管有研究者认为，指示性手势和目光引导都能减少学习者无关的视觉搜索，但他们并未直接考察二者独立和组合的效果。本研究则采用平均首次注视时间这一眼动指标，来反映学习者的视觉搜索效率（闫国利等，2013），并直接考察了教师的指示性手势和目光引导是否有效地提高了学习者的视觉搜索效率。

综上所述，本研究主要探究了教师的指示性手势对提高学习者的学习成绩、视觉搜索效率和注意力分配的积极影响，以及目光引导对提高学习者视觉搜索效率的积极影响。结果表明，教学视频中不管教师是否使用目光引导，其指示性手势均能促进学习者的学习。本研究对如何设计教学视频具有实践指导意义，即在教学视频中，不管教师是否使用目光引导，都应该尽量使用指示性手势。

第七节 教师引导行为与学习者先前知识经验的交互影响①

一、引言

随着互联网技术的发展，教学视频以其生动形象、图文声像并茂等特征，成为当下学习者首选的学习资源（聂竹明，刘钊颖，2018）。但通过视频呈现的信息内容具有转瞬即逝的特点，使得学习者在观看过程中可能面临着信息加工超载的情况，从而阻碍其学习（Paas et al.，2003；Ayres & Paas，2007）。因此，如何合理设计教学视频以促进学习者学习，成为研究者关注的话题。

以往研究表明，在视频中加入注意线索，能够有效提高学习者的信息搜索效率（Ozcelik et al.，2010），帮助他们在转瞬即逝的视觉画面中快速找到教师正在

① 本节修改自杨九民，章仪，李丽，等. 2019. 教师引导行为与学习者先前知识水平对视频学习的交互影响. 中国电化教育，（7）：74-81

讲的内容。注意线索是指在不增加教学内容的前提下，能将学习者的注意力吸引到教学内容上的线索（de Koning et al.，2007）。注意线索包括物理线索和社会线索（杨显忠，2016），常见的物理线索有高亮、箭头、闪烁等（王福兴等，2013），社会线索则包括教师的手势、目光和面部表情等（Mayer et al.，2003）。研究发现，相比于物理线索，社会线索能够更快地引导学习者关注到相关内容（Ouwehand et al.，2015a），如教师手势能够更快地将学习者的注意引导到相应的教学内容上，并提高他们的学习成绩（Pi et al.，2017a）。

此外，作为学习发生的主导者，学习者个人先前知识经验也必然会影响到教学视频设计的有效性（Kalyuga et al.，2000）。根据多媒体学习原则的相关研究，多媒体的设计原则适用于低经验学习者，但未必适用于高经验学习者（Kalyuga et al.，2000；Kalyuga，2011）。例如，Arslan 等（2018）比较了高、低经验学习者在学习具有颜色线索的动画和无线索的动画时的学习效果的差异，结果发现，低经验学习者学习具有颜色线索的动画的学习效果好于无线索的动画；相反，高经验学习者学习无线索的动画的学习效果好于具有颜色线索的动画。

基于此，本研究考察了教学视频中作为社会线索的教师引导行为和学习者的先前知识经验对学习者视觉注意力和学习效果的交互影响，以期探究符合不同先前知识经验学习者的教学视频设计规律。

二、教师引导行为与学习者先前知识经验对视频学习效果影响的相关研究

教学视频中教师的引导行为，可以分为手势引导与目光引导（王红艳等，2018）。手势引导是指教师通过手指或手掌指向特定教学内容，来引导学习者将注意力集中到该内容的一种引导方式，通常发生在教学过程中（McNeill，1992；Goldin-Meadow，2014）。目光引导是指在讲述教学内容过程中，教师不只是看镜头，而是在镜头和教学内容之间转换，如将目光从摄像机镜头转向正在讲述的学习内容（van Wermeskerken & van Gog，2017）。多媒体学习认知理论认为教师的这两种引导行为都属于社会线索（Mayer，2005a）。

人们普遍认为，在教学视频中加入教师的引导行为能够有效提升学习者的学习效果（Mayer et al.，2003）。一方面，根据 Mayer 的多媒体学习认知理论，教师的引导行为能够激发学习者的社交反应，如试图理解教师讲授的内容。当学习者更加努力地选择、组织和整合信息时，这种社会反应会促进学习者的主动认知

加工，为解决问题提供更好的支持。另一方面，根据 Sweller 的认知负荷理论，学习者的认知负荷是有限的，面对不断切换呈现内容的教学视频，学习者需要在有限的认知负荷下，时刻调配认知资源，搜索有效信息进行加工。

关于教师的手势引导对学习者教学视频学习的作用的相关研究并未达成一致结论（Koumoutsakis et al.，2016；Yeo et al.，2017）。大部分研究发现，教学视频中教师的手势引导能够提高学习者的学习成绩（Moreno et al.，2010；Koumoutsakis et al.，2016；Rueckert et al.，2017）。有研究者通过眼动追踪技术发现，教师的手势引导通过影响学习者的注意力分配来影响其视频学习效果，具体表现为，观看有手势引导的教学视频的学习者比观看无手势引导的教学视频的学习者，关注相关学习内容的时间更长（Pi et al.，2017a），在教师和教学内容之间眼跳次数更少，认知负荷更低，学习成绩更好（王红艳等，2018）。然而，还有部分研究发现，手势引导并不总是有利于学习的。Yeo 等通过给 82 名中学生观看有关线性方程和相应图形关系的一种教学视频（无手势引导 vs.引导图形 vs.引导方程 vs.引导方程和图形），发现无论教师是否呈现引导图形，学习者的学习效果均无显著差别，甚至无手势引导组学习者的成绩反而比手势引导方程组的学习者更高（Yeo et al.，2017）。产生这种与以往研究结论矛盾的结果，可能是因为忽略了被试的个体特征。

目光引导作为教学视频中另一种重要的教师引导行为，能够有效提升学习者的学习成绩吗？目前研究一致认为，目光引导能够有效引导学习者的注意力分配，但是对学习成绩没有明显的促进作用（Kizilcec et al.，2015；Ouwehand et al.，2015a；van Wermeskerken & van Gog，2017）。van Wermeskerken 和 van Gog（2017）通过对比无教师、有教师无目光引导、有教师有目光引导三种实验条件下学习者在观看视频过程中的眼动情况，发现教师的目光引导能将学习者的注意力有效地引导到教学内容上，但是对学习者的成绩没有影响。Pi 等（2019）的研究也支持了这个结论，并且通过对比手势引导和目光引导对注意力的影响，发现在提高信息搜索效率上，手势引导优于目光引导。

手势引导和目光引导在教学视频中的作用不一致的重要原因可能是，这两种引导方式对学习的影响存在边界条件，如学习者的先前知识经验。多媒体学习中的认知加工方式可以分为自上而下的加工和自下而上的加工。这里的自上而下的加工，是指一种在知觉过程中运用已有知识和经验对知觉信息进行加工的方式；而自下而上的加工，是指一种由外部刺激开始和推动的加工（Hegarty et al.，2010）。

有研究表明，高经验学习者在两种不同的加工方式上都优于低经验学习者。在自上而下的加工方式上，高经验学习者因具有更多、更复杂的图式，在认知加工过程中，能更好地区分任务相关信息和无关信息，迅速地将当前知识与先前的图式进行整合，从而有更好的学习表现（Charness et al.，2001）。Henderson（2003）

通过探究学习者是如何观看复杂视觉显示（如自然场景图片）的，发现先前知识会引导学习者注视到有意义的学习场景，如场景图示知识（场景中物体的典型位置）。先前知识对自下而上的加工方式的影响更多地体现在抽象知识上（如 X 射线图像、国际象棋图），研究发现，高、低经验学习者在视觉注意上有显著差别，可以在相同的内容显示中提取不同的信息（Chase & Simon，1973；Myles-Worsley et al.，1988；Reingold et al.，2001）。Lowe（1993，1994，2004）在一系列气象学领域的研究中发现，低经验学习者主要关注的是天气图的表面特征，而高经验学习者关注的是与主题相关的元素。

这种经验优势效应让研究者逐渐开始关注先前知识经验与教学方法之间的交互作用，如经验反转效应。经验反转效应是指在某些情况下，对低经验学习者有效的设计原则，对高经验学习者是无效的，甚至是负面的（Mayer，2001）。有关线索引导的研究中发现，视觉线索（如颜色）仅促进了低经验学习者的学习效果，而对高经验学习者无影响，甚至有负面影响（Johnson et al.，2015；Khacharem，2017；Arslan-Ari，2018）。教学视频中教师的手势引导和目光引导对学习者学习的影响是否也存在着经验反转效应呢?

本研究旨在探索不同先前知识经验的学习者观看含有不同社会线索（手势引导与目光引导）的教学视频的学习效果和视觉注意力分配情况。为了了解不同先前知识经验的学习者在含有手势引导与目光引导的教学视频学习过程中与学习效果的内在机制，本研究运用实验研究法，采用眼动追踪技术实时记录学习者观看教学视频时的眼动轨迹。基于以上文献综述，本研究提出以下 4 个研究假设：低经验学习者在学习含有手势+目光引导的教学视频时的视觉搜索效率最高（H1）、视觉注意时间最长（H2）、保持测验成绩较好（H3）和迁移测验成绩较好（H4），其余依次为手势引导、目光引导、无引导；高经验学习者在学习四种线索类型的教学视频时，视觉搜索效率、视觉注意时间、保持测验成绩和迁移测验成绩没有差异。

三、方法

（一）被试与实验设计

本研究首先从某大学随机招募 360 名本科生和研究生填写有关“生物的繁殖和克隆”的先前知识测验，根据测验成绩，筛选出高、低经验学习者，具体信息如表 6-7-1 所示。所有被试均能够熟练使用计算机，具备一定的网络学习经历，听力及视力或矫正视力正常。实验开始前，被试均知情同意；实验结束后，每名被试均获得了一份礼品作为实验报酬。

表 6-7-1　高、低经验学习者的描述性统计信息

被试	人数	性别		年龄		先前知识经验	
	n	男	女	*M*	*SD*	*M*	*SD*
低经验学习者	96	13	83	21.02	2.031	6.56	1.38
高经验学习者	100	17	83	20.43	2.396	13.01	1.66

注：高、低经验是根据先前知识测验得分进行划分的，得分排名前 27%的被确定为高经验被试，得分排名后 27%的被确定为低经验被试

高、低经验被试被随机分配到四种实验条件之一：无引导教学视频组（高经验被试 26 名，低经验被试 24 名）；目光引导教学视频组（高经验被试 24 名，低经验被试 25 名）；手势引导教学视频组（高经验被试 25 名，低经验被试 23 名）；手势+目光引导教学视频组（高经验被试 25 名，低经验被试 24 名）。

（二）实验仪器

同第六章第一节。

（三）实验材料

1. 视频材料

视频材料采用 Pi 等（2019）使用的实验材料，以“生物的繁殖和克隆”为知识点。实验的教学视频采用融入式拍摄。四种形式的教学视频时长一致，均为 8 分 40 秒。教师在录制的过程中，除无引导的教学视频外，其余均在三种视频的相同内容处进行引导，共引导 15 次，引导总时长在 174 ～195 s。其中，含目光引导的教学视频，即教师仅用目光进行引导；含手势引导的教学视频，即教师仅用手势引导；手势+目光引导的教学视频，即教师在目光引导的同时用手势进行引导。本研究有效摒除了实验变量外的其他干扰变量，如四种形式的教学视频中教师的形象、语气、语调、措辞等基本一致，拍摄过程中机位、灯光均保持不变。视频以 1 倍的播放速度进行。教学视频示意如图 6-7-1 所示。

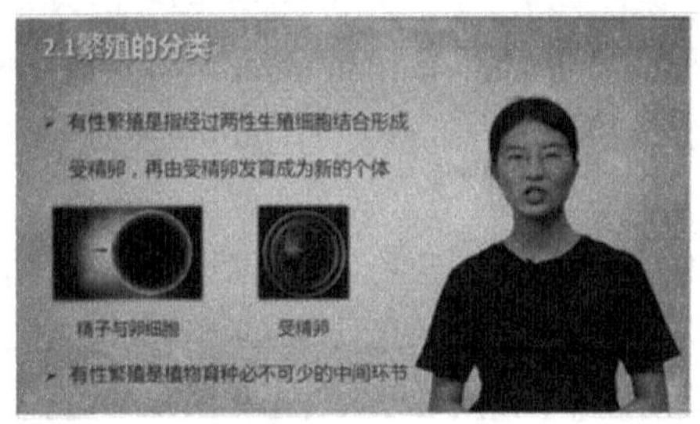

无引导

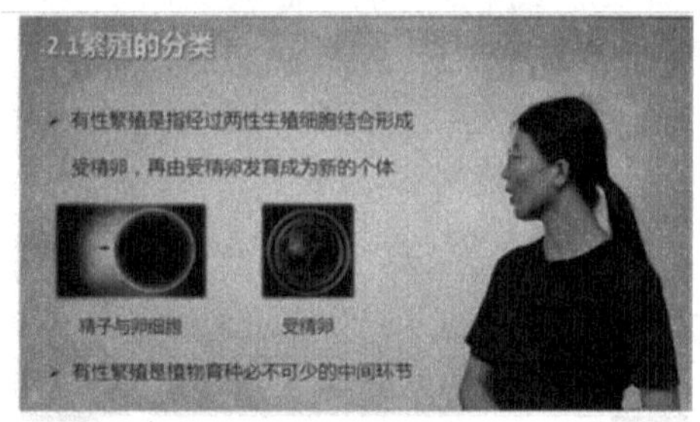

目光引导

手势引导

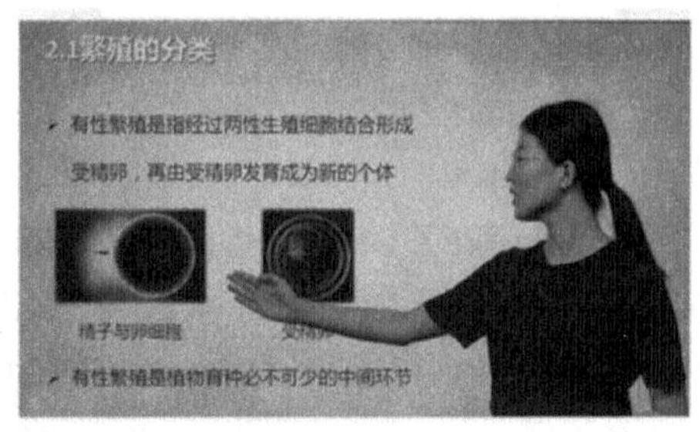

手势+目光引导

图 6-7-1　不同教师引导类型教学视频的示意图

2. 测量工具

（1）先前知识测验

该测验采用 Pi 等（2019）开发的前测问卷，具体信息如下。

该测验由录制实验材料的教师开发，包括 3 道填空题，每空 1 分，共 8 分；6 道单项选择题，每题 2 分，共 12 分，满分为 20 分（M=9.85，SD=3.57）。题目检验的是学习者对“生物的繁殖和克隆”知识的了解情况，题目没有涉及与教学视频内容完全一致的内容，以避免影响后测学习效果。得分越高，表示被试的先前知识经验越多，本研究选择的高、低经验被试在先前知识测验上的得分有显著差异[$M_{高}$=13.01，$SD_{高}$=1.61；$M_{低}$=6.56，$SD_{低}$=1.38；t（194）=29.5，p<0.001]，题目难度中等（p=0.49）。

（2）学习效果测验

本研究的学习效果测验由保持测验与迁移测验构成，为更好地区分学习成绩，在 Pi 等（2019）开发的学习效果问卷的基础上，请录制视频的实验教师增加了相关题目，具体如下。

保持测验主要考察被试对“生物的繁殖和克隆”知识的识记情况，由授课教师开发。该测验包括 5 道填空题（共 8 空，每空 1 分），2 道单项选择题（每题 2 分）和 4 道多项选择题（每题 3 分，全部选对得 3 分，错选或漏选不得分），满分为 24 分（M=12.65，SD=4.51）。该测验区分度较高[t（115）=26.80，p<0.001]，题目难度中等（p=0.53）。

迁移测验主要考察被试将从教学视频中学习到的内容应用到新情境中的能力。该测验包括 10 道单项选择题（每题 2 分）和 2 道材料题（包括 2 个填空题，每空 1 分；2 道单项选择题，每题 2 分），满分为 26 分（M=16.90，SD=4.60）。该测验的区分度良好[t（125）=25.31，p<0.001]，题目难度中等（p=0.65）。

（四）眼动数据分析

先前研究表明，学习者的注视和视觉注意力之间存在积极的联系。到达某一特定区域的时间越短，表示学习者在该时间段的信息搜索效率就越高（Pi et al., 2019）；对某一特定区域的注视持续时间越长，表示学习者对该区域的视觉关注就越多（Kennedy，2016）。因此，本研究计算了在教学视频中教师手势引导、目光引导线索出现时（15 次），学习者的平均首次到达兴趣区的注视时间（单位：ms）和平均注视兴趣区的时间比例（注视时间/总时间），来考察学习者在观看教学视频时视觉信息搜索和注意力分配的情况。

（五）实验流程

本研究在眼动实验室进行，耗时约为 40 分钟。首先，被试了解实验流程，知情同意后，填写人口统计学问卷及先前知识测验。主试将根据被试的前测得分，判断其是否参与后续测验。然后，主试引导符合要求的被试进入眼动实验室。被试被随机分到四组实验条件之一，单独观看教学视频，在观看教学视频的过程中，记录其眼动轨迹，观看结束后，被试需完成学习效果测验。具体流程如图 6-7-2 所示。

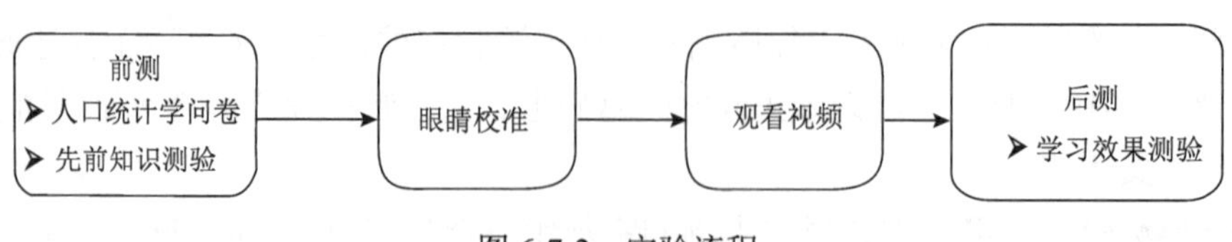

图 6-7-2 实验流程

四、结果

本研究以教师引导类型（无引导 vs.目光引导 vs.手势引导 vs.手势+目光引导）和先前知识经验（高经验 vs.低经验）为被试间变量，以平均首次到达兴趣区的注视时间、平均注视时间比例、保持测验成绩和迁移测验成绩为因变量，进行方差分析。所有变量的描述性统计如表 6-7-2 所示。

表 6-7-2　高、低经验学习者各变量的描述性统计结果

引导类型	先前知识经验	平均首次到达兴趣区的注视时间（ms）		平均注视时间比例（%）		保持测验成绩		迁移测验成绩	
		M	*SD*	*M*	*SD*	*M*	*SD*	*M*	*SD*
无引导	高经验	839.126	345.844	68.7	0.749	14.00	3.250	19.81	3.137
	低经验	945.072	441.229	62.1	0.994	8.920	4.211	12.54	4.075
目光引导	高经验	930.206	471.811	61.0	0.093	14.50	4.000	18.38	4.441
	低经验	737.341	258.310	66.3	0.081	9.920	4.222	13.48	4.155
手势引导	高经验	652.555	245.482	67.7	0.091	15.04	4.108	19.68	3.119
	低经验	494.023	226.900	71.3	0.076	12.13	4.159	14.92	2.820
手势+目光引导	高经验	804.896	389.965	68.5	0.081	15.24	3.586	19.40	3.775
	低经验	844.453	263.350	67.6	0.080	11.21	4.086	16.54	4.314

（一）教师引导行为和学习者先前知识经验对学习者视觉注意的影响

为更细致地了解不同先前知识经验的学习者，在学习过程中的注意力是如何被教师的目光和手势引导所影响的，本研究比较了高、低经验学习者在四种实验条件下的平均首次到达兴趣区的注视时间和平均注视兴趣区的时间比例。

1. 平均首次到达兴趣区的注视时间

为检验教师手势和目光引导是否能够将学习者的注意力引导到讲授内容上，本研究以被试平均首次到达兴趣区的注视时间为因变量，进行方差分析。结果显示，引导类型的主效应显著[$F(3, 196)=8.29$, $MSE=970\ 931.61$, $p=0.000$, $\eta^2=0.117$]，而学习者先前知识经验的主效应不显著[$F(1, 196)=8.29$, $MSE=129\ 661.96$, $p=0.294$, $\eta^2=0.006$]，且两者的交互效应不显著[$F(3, 196)=2.26$, $MSE=264\ 245.94$, $p=0.083$, $\eta^2=0.035$]。具体表现为，观看含有手势引导教学视频的学习者首次到达兴趣区的注视时间小于其他三组（$ps<0.001$），未发现其他显著性差异（$ps>0.05$），如图 6-7-3 所示。该结果说明，相比于无引导、目光引导和手势+目光引导，手势引导能够使学习者更快地定位到相关教学内容，部分支持 H1。

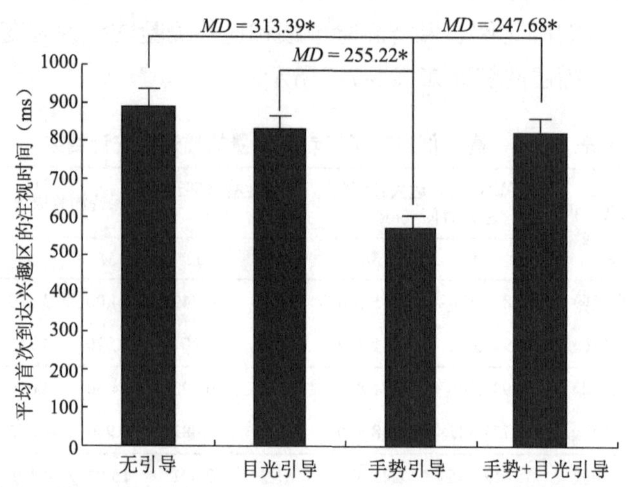

图 6-7-3　不同引导类型下学习者平均首次到达兴趣区的注视时间差异情况

2. 平均注视兴趣区的时间比例

为检验教师手势和目光引导是否能使学习者更加关注讲授内容，本研究以被试平均注视兴趣区的时间比例为因变量，进行了方差分析。结果显示，引导类型的主效应显著[$F(3, 196)=4.66$，$MSE=0.034$，$p=0.004$，$\eta^2=0.069$]，而学习者先前知识经验的主效应不显著[$F(1, 196)=0.086$，$MSE=0.001$，$p=0.770$，$\eta^2=0.000$]，但两者的交互效应显著[$F(3, 196)=4.780$，$MSE=0.035$，$p=0.003$，$\eta^2=0.071$]。具体表现为，对于低经验学习者来说，手势引导组和手势+目光引导组注视兴趣区的时间比例大于无引导组（$ps<0.05$），且大于目光引导组（$p=0.044$）；对于高经验学习者来说，无引导组、手势引导组和手势+目光引导组注视教学内容的时间比例均大于目光引导组（$ps<0.05$），如图 6-7-4 所示。该结果说明，引导类型对不同知识经验水平学习者有不同影响，具体表现为，对于低经验学习者而言，无论有无目光引导，手势引导都能有效地将其注意力集中到教学内容上；而对于高经验学习者而言，目光引导条件下注视教学内容的时间比例最小，支持 H2。

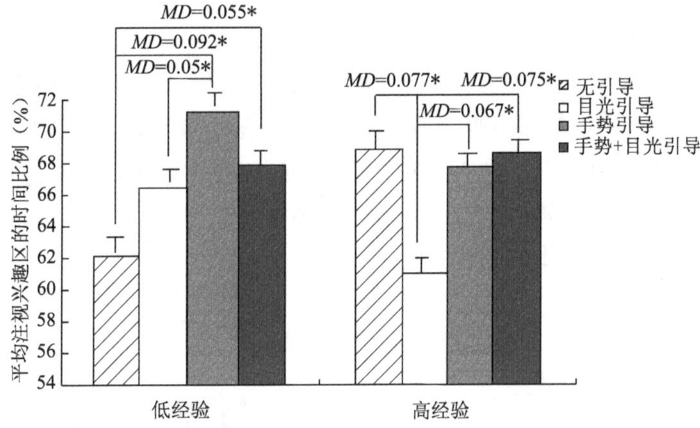

图 6-7-4　高、低经验学习者在不同教师引导类型视频学习中平均注视兴趣区的时间比例差异情况

（二）教师引导行为和学习者先前知识经验对学习效果的影响

1. 保持测验成绩

与 H3 相反，引导类型的主效应显著[$F(3, 192)=2.94$，$MSE=46.03$，$p=0.035$，$\eta^2=0.045$]，学习者先前知识经验的主效应显著[$F(1, 192)=53.82$，$MSE=843.31$，$p=0.000$，$\eta^2=0.223$]，而交互效应不显著[$F(3, 192)=0.675$，$MSE=10.58$，$p=0.568$，$\eta^2=0.011$]。具体而言，无论在哪一种引导类型条件下，高经验学习者的保持测验成绩均显著高于低经验学习者。对引导类型进行事后检验显示，在视频学习过程中，手势引导组和手势+目光引导组学习者的保持测验成绩显著高于无引导组的学习者（$ps<0.05$），其余组别间无显著差异（$ps>0.05$），如图 6-7-5 所示。

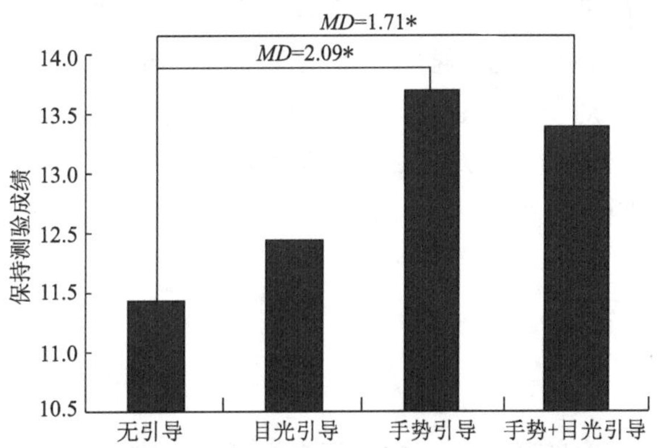

图 6-7-5　不同引导类型条件下学习者视频学习的保持测验成绩的差异情况

2. 迁移测验成绩

如 H4 预期，引导类型的主效应显著[F（3，192）=3.20，MSE=45.49，p=0.025，η^2=0.049]，学习者先前知识经验的主效应显著，高经验学习者的迁移测验成绩显著高于低经验学习者[F（1，192）=83.81，MSE=1192.21，p=0.000，η^2=0.308]，引导类型和学习者先前知识经验的交互效应显著[F（3，192）=2.84，MSE=40.39，p=0.039，η^2=0.043]，具体如图 6-7-6 所示。

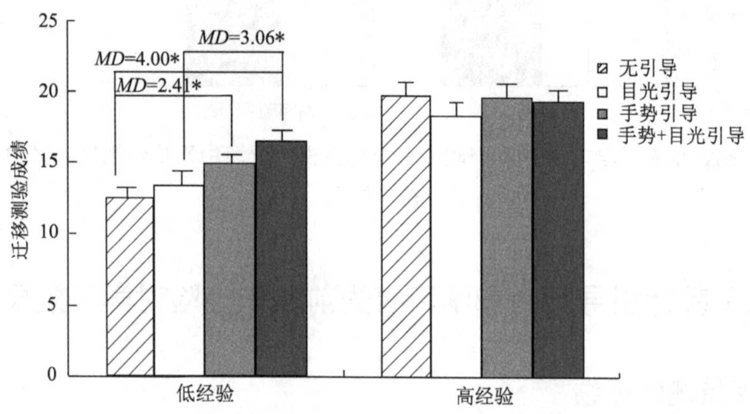

图 6-7-6　不同引导类型下学习者视频学习迁移测验成绩的差异情况

简单效应分析发现，对于低经验学习者而言，教师引导类型对其的迁移测验成绩存在显著影响[F（3，95）=4.85，MSE=73.71，p=0.004，η^2=0.136]。其中，手势引导组和手势+目光引导组的学习者的迁移测验成绩显著高于无引导组的学习者（ps<0.05），并且手势+目光引导组的迁移测验成绩显著高于目光引导组（p=0.007）；而对于高经验学习者而言，四组迁移测验成绩间无显著性差异[F（3，99）=0.778，MSE=10.336，p=0.509，η^2=0.024]。

综上所述，上述研究结果部分支持了 H4。学习者在学习教学视频时，他们自己的先前知识经验与教师的引导类型共同影响他们的学习成绩，尤其是迁移测试成绩。具体表现为，对于低经验学习者而言，无论有无目光引导，手势引导都能有效提高其迁移测验成绩；而对于高经验学习者而言，有无引导及不同引导类型对其学习成绩的影响无差异。

五、讨论

本研究在已有研究的基础上，探索了在视频学习中，不同教师引导类型（无引导 vs.目光引导 vs.手势引导 vs.手势+目光引导）对不同先前知识经验（高经验 vs.低经验）学习者的视觉注意力分配和学习效果的交互影响。结果发现，教师的手势引导能够提升学习者的信息搜索效率及保持测验成绩，但在迁移测验成绩中出现了经验反转效应，即手势引导对高经验学习者的迁移测验成绩无显著影响，但对低经验学习者的迁移测验成绩有积极影响。这表明，教学视频中教师的手势引导的确能够有效引导学习者的注意力并提高其学习成绩，但存在一个边界条件，即仅对低经验学习者有效。本研究为教学视频中教师引导行为可以有效调配学习者的注意力和提高其学习成绩提供了有力证明，并探索出了其边界条件，为教学实践应用提供了一定的理论指导。

1）教师的手势引导能够有效提升高、低经验学习者的信息搜索效率，但在注视时间上出现了经验反转效应，即能够增加低经验学习者对教学内容的注视时间，但对高经验学习者无显著影响。

从眼动数据分析的结果来看，目光引导和手势引导对高、低经验学习者视觉注意力分配的影响不同。教师的手势引导能够有效提升高、低经验学习者的信息搜索效率，增加低经验学习者对教学内容的注视时间，但对高经验学习者的注视时间没有显著影响。这可能是因为高、低经验学习者的认知加工方式不同，低经验学习者倾向于“知识获取”，而高经验学习者更倾向于通过已有知识与先前知识的对比，进行“知识确认”（Moos & Azevedo，2008）。由此，我们可以推测，手势引导的确能够帮助学习者第一时间关注到教学内容，但因认知加工方式不同，高经验学习者在学习过程中倾向于使用新旧知识对比的加工方式，受手势引导的影响较弱，而低经验学习者倾向于使用“知识获取”的加工方式，因此其注意力更容易受手势引导的影响，这与以往研究结果（低经验学习者更容易受到线索引导的积极影响）是一致的（Arslan-Ari，2018；Jamet，2014）。

有趣的是，相比于手势引导，目光引导对高经验学习者的注视时间产生了负面影响，减少了其对教学内容的关注时长。这可能是因为目光引导比不引导的学习条件减少了目光的注视时间。有研究发现，目光注视具有很强的社会性暗示作用，能够刺激和加强学习者的社会反应（Leong et al.，2017），从而促进其学习。与低经验学习者相比，高经验学习者的社会存在感较低，在教学过程中，更倾向于与教师进行眼神交流。在目光引导条件下，教师注视学习者的时间少于无引导和手势引导的时间，导致与学习者的互动较少，因此，学习者可能更多关注教师，而非教学内容。未来的研究可以探索在相同情况下，目光引导、目光注视和目光回避对学习者社会存在感、注意力分配的影响。

2）教师的手势引导能够有效提升高、低经验学习者的保持测验成绩，但在迁移测验成绩上出现了经验反转效应，即能够有效提升低经验学习者的迁移测验成绩，但对高经验学习者无显著影响。

教师手势引导对保持测验成绩的优势影响与眼动数据的分析结果相吻合，也与以往研究结论一致，即能够帮助学习者用最短的时间定位到相关教学内容（Moreno et al.，2010；Koumoutsakis et al.，2016；Rueckert et al.，2017；Pi et al.，2019）。如上所述，教学视频中的教师手势引导是一种社会线索，能够在学习者认知负荷有限的情况下，承担线索的作用，帮助学习者调动认知资源，提高信息搜索效率，降低认知负荷；同时，教师的手势引导能够激发学习者的社交反应，如试图理解教学内容，当加工相关知识时，学习者会付出更多的努力主动进行认知加工，为解决问题提供更好的支持。

学习者的迁移测验成绩在含有教师手势引导的教学视频中出现了经验反转效应，与以往研究结论相对一致（Kalyuga，2007；Kalyuga et al.，2012）。经验反转效应表明，学习者的先前知识经验会影响其对知识的认知加工过程，但对于低经验学习者有效的原则，对高经验学习者不一定有效（Mayer，2014）。高经验学习者比低经验学习者的认知图示更丰富，且两者的认知加工方式不同（Moos & Azevedo，2008）。迁移测验考察的是学习者先前的学习内容对新的学习内容的影响（Woolfolk，2008），已有认知图式越多越复杂，越有利于知识的迁移（王蓓，2018）。因此，当教学视频中教师利用手势引导教授新知识时，低经验学习者由于缺乏认知图示，倾向于采用“知识获取”的加工方式，更容易受手势引导的影响；而高经验学习者拥有更多的认知图示，更多的注意力集中在新旧知识的对比上，受教师手势引导的影响较小，因此出现了经验反转效应。

六、结论

本研究的结果为教学视频的设计与开发提供了一定的理论支撑。尽管近年来研究者开始关注教学视频中教师的引导行为的作用，但鲜有研究考察学习者先前知识经验与不同引导行为的交互作用。本研究通过眼动追踪技术，从认知的角度探究了教师引导行为和学习者先前知识经验对学习的影响，加深了我们对教学视频效果影响因素的理解。总而言之，本研究结果证实了手势引导可以提高学习者尤其是低经验学习者的视频学习效果。在未来的教学视频开发中，可以给低经验学习者提供含有教师手势引导的教学视频，以提高其学习效果。

本研究存在两个局限：第一，被试性别不均衡，女性被试远远多于男性被试，在之后的研究中，应尽量平衡性别的比例，以避免因性别不均而对实验结果产生差异；第二，本研究在实验环境中进行，具有特殊性，因此，需要进一步在真实学习环境下研究本结论的适用性。

第八节 教学视频中教师的眼睛注视和站姿的作用[①]

一、引言

随着在线学习的发展，教师在教学视频中的呈现方式已成为研究人员感兴趣的话题之一（Crook & Schofield，2017）。在含有教师形象的教学视频中，学习者不仅可以听到教师的讲解，同时可以看到教师的非语言线索，如眼睛注视和身体朝向，而这些线索恰好能够将教师想强调的重点很好地表现出来(Stull et al.，2018；Beege et al.，2019）。根据社会代理理论，具有代表性的社会线索，如教师的眼睛注视和身体朝向，能够促进教师和学习者的互动（Mayer，2014）。也就是说，当教师的眼睛直接注视学习者，且身体朝向学习者时，会让学习者产生一种“教师在单独为我授课”的感觉。这种感觉会激发学习者进行更深层次的认知加工，从而获得更好的学习效果。

在教学视频中，教师的眼睛注视和身体朝向已被证实对学习者的注意力分配和学习成绩有多方面的影响（Beege et al.，2017；Leong et al.，2017）。那么，教师在视频教学中的身体朝向和眼睛注视对学习者的学习是否有同样的影响，或者其中一个因素比另一个因素的影响更大？这个问题在含有幻灯片的教学视频的研究中尤其重要。

① 本节修改自 Pi Z, Xu K, Liu C, et al. 2020. Instructor presence in video lectures: Eye gaze matters, but not body orientation. ***Computers & Education***, 144: 103713

（一）眼睛注视的作用

在教学视频中，教师的眼睛注视有三种：直视目光、目光引导与目光回避。其中，直视目光是指在教学视频录制过程中，教师直视摄像机镜头，仿佛在与学习者进行眼神交流；目光引导是指教师在教学视频中注视学习材料（如幻灯片、白板），即持续的目光引导；目光回避是指在教学视频录制过程中，教师既不直面镜头，也不注视学习材料，好像是在给视频中的学生授课，而非屏幕前的学习者。最近的研究表明，教师不同类型的眼睛注视在视频教学中扮演着不同的角色（Stull et al.，2018）。

1. 直视目光

以往研究表明，教学视频中教师的直视目光对学习者注意力的影响是一致的（Pi & Hong，2016；van Wermeskerken & van Gog，2017；van Wermeskerken et al.，2018），即教师的直视目光会将学习者的注意力吸引到自身上，尤其是面部上。眼动数据显示，观看教师采用直视目光的教学视频时，学习者会花费超过 30%的时间（以停留时间百分比为指标）注视教师的面部，且这种注意力不会随着时间的推移而下降，学习者会持续盯着教师的面部直到课程结束（Pi & Hong，2016；van Wermeskerken et al.，2018）。

然而，教学视频中教师的直视目光对学生学习成绩的影响却是不一致的。一方面，根据社会代理理论（Mayer，2014），教学视频中教师的直视目光可能有利于学习者与教师的交互，从而提高学习者的学习成绩。这一点已被以往研究所证实，与目光回避相比，教师的直视目光对各个年龄段的学习者都有积极影响（Leong et al.，2017；Beege et al.，2019；Fiorella et al.，2019）。因此，我们可以认为教师的直视目光能够提升学习者的学习成绩。另一方面，教师的直视目光可能是分散学习者注意力的潜在原因，即学习者在关注学习材料的同时，也会将注意力集中在教师身上（Ayres & Sweller，2014；Wilson et al.，2018）。认知负荷理论认为，学习者的认知资源是有限的，因此，学习者只能注意到有限的信息（Sweller et al.，2011）。在观看教学视频的过程中，当学习者注视着教师的直视目光时，他们可能会对幻灯片中的学习材料没有给予足够的注意，反之亦然。然而，与这一假设相反的是，有研究发现虽然直视目光吸引了学习者对教师的注意力，并减少了对学习材料的关注，但当教师出现目光引导时，并不会影响学习者的保持测验成绩和迁移测验成绩（Ouwehand et al.，2015a；Pi et al.，2019）。

2. 目光引导

以往研究表明，与其他注意力线索（如手势和指向线索）一样，目光引导会将学习者的注意力吸引到教学视频中的学习材料上（Pouw et al.，2018；Pi et al.，2019）。根据社会认知理论，学习者在幼时就会主动跟随老师的目光来观察老师在看什么（Hoehl et al.，2008；Clifford & Palmer，2018）。但令人惊讶的是，在提高学习成绩方面，目光引导并没有比直视目光更有效（Ouwehand et al.，2015a；van Wermeskerken & van Gog，2017）。Fiorella 等（2019）发现，与观看在传统白板上书写并含有教师目光引导的教学视频的学习者相比，观看在透明白板上书写并含有教师直视目光的教学视频的学习者表现出了更好的保持测验成绩和迁移测验成绩。然而，该实验使用的是两种不同类型的书写板，因此，在这种情况下直接比较直视目光和目光引导得到的结论是不可靠的。

（二）身体朝向的作用

教师的身体朝向可以分为正面朝向和侧面朝向两种（Nagels et al.，2015；Beege et al.，2017）。正面朝向是指教学视频中教师身体正面对着摄像机镜头；侧面朝向是指教学视频中教师身体的一侧（左侧或右侧）正对着摄像机镜头。心理学研究已经提供了可以证明利用教师的身体朝向来了解学习者的关注焦点的证据（Paulus et al.，2016；Cooney et al.，2017）。在这方面，眼睛注视和身体朝向是相似的。教师用身体正面朝向来传达她是在直接和学习者说话（类似于直视目光），而用身体侧面朝向来传达她正在凝视幻灯片（类似于目光引导）或其他地方（类似于目光回避）。

最近的研究发现，教学视频中教师身体的正面朝向可以提高学习者的学习成绩（Beeg et al.，2017，2019）。然而，这些研究并没有对教师身体朝向和眼睛注视对学习效果的影响进行区分。因此，对于这种效果是否可以归因于直接注视或身体的正面朝向，或两者皆有，我们尚且无法做出结论。

如果教学视频中的教师同时使用身体朝向和眼睛注视来表达其注意力的关注点（Beege et al.，2017，2019），那么学习者的学习是受到了身体朝向和眼睛注视的共同影响，还是其中一个因素比另一个因素的影响更大？一些关于社会注意力的研究也提出了类似的问题。这些研究发现，在一些简单的注意力引导任务的教学视频中，当教师的眼睛注视和身体朝向同时呈现时，学习者对教师眼睛注视的反应超过了对身体朝向的反应（Perrett et al.，1992；

Lawson & Calder，2016；Cooney al.，2017）。另一项研究发现，在观看教学视频的过程中，学习者对教师的注意力主要集中在面部，而不是身体（van Wermeskerken et al.，2018）。

（三）研究目的与假设

本研究探究了教师的目光注视（直视、引导或回避）和身体朝向（正面或侧面）对学习者注意力分配（即对教师面部的注意、教师身体的注意、幻灯片的注意）和学习成绩（即保持测验成绩和迁移测验成绩）的影响。被试需观看一段教师在右边、幻灯片内容在左边的教学视频。在本实验中，有六种不同形式的教学视频：①直视目光+正面朝向；②目光引导+正面朝向；③目光回避+正面朝向；④直视目光+侧面朝向；⑤目光引导+侧面朝向；⑥目光回避+侧面朝向。综上所述，本研究提出如下假设。

假设 1：学习者在观看教学视频时，教师的目光注视比身体朝向对他们的注意力分配和学习成绩具有更大的影响。

假设 2：学习者在观看教学视频时，教师的直视目光会增加他们对教师面部注意引导的分配程度。

假设 3：学习者在观看教学视频时，教师的目光引导会增加他们对幻灯片注意力的分配程度。

假设 4：学习者在观看教学视频时，教师的目光回避会阻碍他们学习，从而降低他们的学习成绩。

二、方法

（一）被试与设计

本研究从一所大学招募了 174 名大学生（男 72 名，女 102 名），年龄为 17～27 岁（M=19.83，SD=1.80）。被试的听力与视力或矫正视力正常，所有被试均知情同意。实验结束后，每名被试均会收到一份小礼物（如纸巾、糖果）作为实验报酬。

在 3（眼睛注视：直视、引导或回避）×2（身体朝向：正面或侧面）的实验设计中，被试将随机被分配到六种情况中的一种。每种情况下均有 29 名被试。

（二）设备

采用 Tobii T120 眼动仪记录，采样率为 120 Hz。被试需坐在距离屏幕 60 厘米处观看视频。在教学视频中有三个兴趣区：教师面部、教师身体和幻灯片区。为了测量教师的眼睛注视和身体朝向是如何影响学习者的注意力分配的，本研究对停留时间百分比这一眼动指标展开了分析。停留时间百分比是指在某兴趣区的停留时间除以对教学视频的总注视时间。

（三）实验材料

1. 视频材料

教学视频的主题为“风”。在六种情况下，同一位女教师使用相同的幻灯片，讲授相同的内容（描述风，并讲述风的定义、成因、类别和特征等）。教师每分钟说大约 230 个词，且在讲解中不会用语言提醒学习者注意幻灯片上的特定信息。被试在研究之前对教学视频的学习内容均不熟悉。视频时长均为 7 分 20 秒。

图 6-8-1 为六种教学视频的静态截图。①直视目光+正面朝向：教师注视摄像机镜头，并且身体正面朝向摄像机站立。②目光引导+正面朝向：教师注视幻灯片，并且身体正面朝向摄像机站立。③目光回避+正面朝向：教师和摄像机成 40°注视她的左侧，并且身体正面朝向摄像机站立，就像在和其他学习者交谈。④直视目光+侧面朝向：教师注视摄像机镜头，并且身体侧面朝向摄像机站立。⑤目光引导+侧面朝向：教师注视幻灯片，并且身体侧面朝向摄像机站立。⑥目光回避+侧面朝向：教师和摄像机成 40°注视她的左侧，并且身体侧面朝向摄像机站立。

直视目光+正面朝向

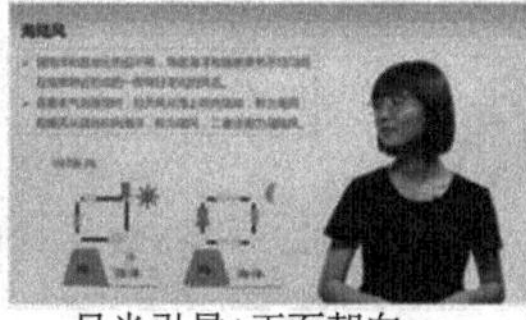
目光引导+正面朝向

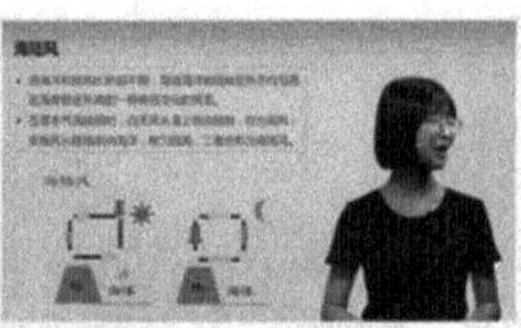
目光回避+正面朝向

直视目光+侧面朝向

目光引导+侧面朝向

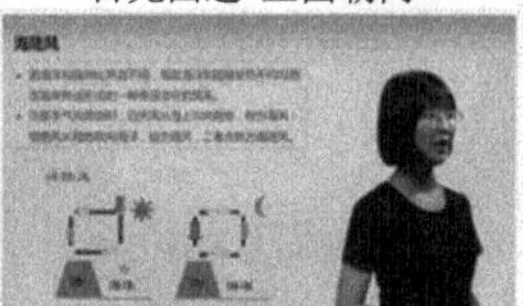
目光回避+侧面朝向

图 6-8-1　六种教学视频的静态截图

2. 测量工具

（1）先前知识测验

该测验由视频中的教师开发，考察被试对实验主题——“风”的一般性知识的理解程度，包括 4 道单项选择题（共 8 分）、2 道填空题（共 4 分）和 2 道开放式题（共 10 分），满分是所有题目分数的总和，即 22 分。由两名非研究人员对开放式题目进行单独评分，两道题目的评分者一致性较高（α_1=0.98，α_2=0.99）。下面是每种类型问题的示例，选择题：“风是空气的水平运动，从：A.高压到低压；B.低压到高压；C.相互对流；D.静止锋。”填空题：“测量风的两个基本要素是_____和_____。”开放式题：“到目前为止，为什么不能有效地预测龙卷风？”先验知识测验内部一致性良好（α=0.63）。

（2）保持测验

该测验包括 3 道单项选择题（两种评分方法，共 8 分）、8 道填空题（10 个空格，共 10 分）和 2 道开放式题（每项得分不同，共 11 分），满分是所有题目分数的总和，即 29 分。在 2 道开放式题中，评分者一致性较高（α_1=0.97，α_2=0.99）。下面是每种类型问题的示例，选择题：“什么是风的主要成因？A.海拔的差异；B.空气湿度差；C.大气温差；D.气压差。”填空题：“风是表示气流运动的物理量。它有大小和方向。因此，风是一个_____。”开放试题：“请画一张风力分布图。”保持测验内部一致性良好（α=0.53）。

（3）迁移测验

该测验要求学习者运用他们掌握的风的知识（定义、成因、类别和特征）来分析新情况下的风向和气压。例如，通过观看教学视频，被试学习了风从高压区吹向低压区的原理，然后根据风向判断中国浙江省东部地区的海、陆压力分布。测试包括 7 道单项选择题（共 14 分），1 道匹配题（共 5 分）和 2 道开放式题（每项得分不同，共 13 分），满分是所有题目分数的总和，即 32 分。开放式题由两名评分者独自评分，评分者一致性较高（α_1=0.99，α_2=0.98）。下面是每种类型问题的示例。选择题：“在浙江东部，夏天，风从海上吹向陆地；冬天，风从陆地吹向大海。可以推断出：A.浙江的冬季和夏季的风会不断地变化；B.夏天海上的气压比陆地上的气压高；C.浙江的风向无论冬夏，都不会改变；D.夏天陆地上的气压比海上的气压高。”匹配题要求参与者匹配风的等级、风的类型和风的特征，共有 5 个风力等级、5 种风的类型和 5 个描述风的特征的句子，构造了 5 对匹配。开放式题：“请解释为什么会出现‘水柱’。”迁移测验的内部一致性良好（α=0.53）。

（四）实验流程

实验耗时 30～40 分钟。首先，被试填写先前知识测试；随后进入一间眼动实验室，在观看视频之前，使用 5 点校准进行校准；最后，被试完成学习效果测验（保持测验和迁移测验）。

三、结果

为检验 6 个实验组之间的差异，本研究进行了 5 次 3（眼睛注视：直视、引导或回避）×2（身体朝向：正面或侧面）的协方差分析。在所有的分析中，眼睛注视和身体朝向被作为自变量，而先前知识测验的分数被作为协变量。因变量为学习者在 3 个兴趣区（教师面部、教师身体和幻灯片）的停留时间、保持测验成绩和迁移测验成绩。因变量的平均值和标准差以及协方差分析结果分别见表 6-8-1 和表 6-8-2。

表 6-8-1　因变量的平均值和标准差（n=29）

因变量	直视目光+正面朝向	目光引导+正面朝向	目光回避+正面朝向	直视目光+侧面朝向	目光引导+侧面朝向	目光回避+侧面朝向
先前知识经验	6.84（3.35）	8.03（3.85）	6.65（2.36）	7.93（4.51）	9.37（4.14）	7.86（2.07）
面部停留时间	6.43（6.86）	3.00（2.42）	5.35（5.57）	6.99（8.10）	3.66（3.56）	2.93（3.12）
身体停留时间	0.26（0.39）	0.19（0.19）	0.26（0.39）	0.32（0.51）	0.28（0.83）	0.20（0.29）
幻灯片停留时间	60.84（14.79）	65.26（10.27）	61.32（8.28）	57.67（13.81）	68.49（10.90）	64.58（9.25）
保持测验成绩	12.58（2.61）	13.90（4.10）	11.81（2.87）	12.38（3.83）	15.15（3.57）	10.31（3.86）
迁移测验成绩	16.74（3.45）	20.33（3.77）	15.78（3.48）	17.17（4.60）	19.72（4.47）	15.40（3.30）

注：括号内数值为标准差，括号前数值为平均值

表 6-8-2　协方差分析

因变量	主效应		交互影响
	眼睛注视	身体朝向	
面部停留时间	F（2，168）=6.30，p=0.002，η_p^2=0.07	F（1，168）=0.15，p=0.702，η_p^2=0.01	F（2，168）=1.55，p=0.215，η_p^2=0.02
身体停留时间	F（2，168）=0.30，p=0.740，η_p^2=0.004	F（1，168）=0.60，p=0.809，$\eta_p^2 < 0.001$	F（2，168）=0.36，p=0.696，η_p^2=0.004
幻灯片停留时间	F（2，168）=6.46，p=0.002，η_p^2=0.07	F（1，168）=0.49，p=0.485，η_p^2=0.003	F（2，168）=1.52，p=0.222，η_p^2=0.02

续表

因变量	主效应		交互影响
	眼睛注视	身体朝向	
保持测验成绩	F（2，168）=12.26，p<0.001，η_p^2=0.13	F（1，168）=0.37，p=0.542，η_p^2=0.002	F（2，168）=2.22，p=0.112，η_p^2=0.03
迁移测验成绩	F（2，168）=16.99，p<0.001，η_p^2=0.17	F（1，168）=0.62，p=0.434，η_p^2=0.004	F（2，168）=0.33，p=0.721，η_p^2=0.004

（一）教师眼睛注视和站姿对学习者视觉注意的影响

1. 面部停留时间

眼睛注视对学习者观看教师面部的时间有显著的主效应，事后多重比较结果显示，与目光引导和目光回避组相比，直视目光组的学习者更关注教师的面部表情（$MD_{直-引}$=3.29，p=0.001；$MD_{直-回}$=2.58，p<0.010）；但无身体朝向的主效应和交互效应。以上结果表明，教师的直视目光吸引了学习者将更多的注意力放到教师的面部。

2. 身体停留时间

在身体停留时间方面，未发现显著的眼睛注视和身体朝向主效应，且无交互效应。以上结果表明，教师的目光注视和身体朝向并不影响学习者对其身体的注意。

3. 幻灯片停留时间

眼睛注视对学习者观看幻灯片的时间有显著的主效应，事后多重比较结果显示，目光引导组比直视目光组和目光回避组的学习者更关注幻灯片（$MD_{引-直}$=7.76，p=0.001；$MD_{引-回}$=4.08，p<0.061）；但无显著的身体朝向主效应和交互效应。以上结果表明，教师的目光引导吸引了学习者将更多的注意力分配到幻灯片上。

（二）教师眼睛注视和站姿对学习者学习效果的影响

1. 保持测验

眼睛注视对保持测验具有主效应，事后多重比较结果显示，目光引导组的保持测验成绩最高，其次是直视目光组，最后是目光回避组（图 6-8-2）；但无显著的身体朝向主效应和交互效应。以上结果表明，教师的目光引导提升了学习者的保持测验成绩，而教师的目光回避干扰了学习者的记忆，从而降低了其保持测验成绩。

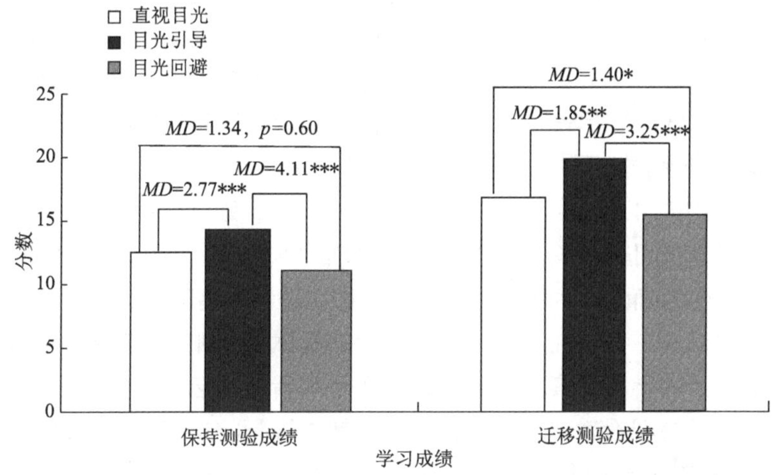

图 6-8-2　眼睛注视对保持测验成绩和迁移测验成绩的影响

2. 迁移测验

眼睛注视对迁移测试具有主效应，事后多重比较结果显示，目光引导组的迁移测验成绩最高，其次是直视目光组，最后是目光回避组（图 6-8-2）；但无显著的身体朝向主效应和交互效应。以上结果表明，教师的目光引导促进了学习者的学习迁移，而教师的目光回避阻碍了学习者的学习迁移。

3. 总结

综上所述，协方差分析结果显示，眼睛注视对学习者的注意力分配和学习成绩具有主效应，但身体朝向对学习者的注意力分配和学习成绩无显著影响，两者也没有显著的交互影响。这些结果支持了本研究的假设，即与身体朝向相比，教师的眼睛注视对学习者的注意力分配、保持测验成绩和迁移测验成绩有更强的影响。

四、讨论

本研究旨在比较在含有幻灯片的教学视频中，教师的目光注视和身体朝向对学习者注意力分配和学习成绩的影响。结果发现，只有眼睛注视对学习者的注意力分配和学习成绩有显著的正向影响。这是首次证明教师的眼睛注视对学习者的注意力分配和学习成绩的影响比身体朝向更大的研究。

注意力分配的结果证实了本研究的假设，即相对于身体朝向，教师的眼睛注视在引导学习者的注意力分配方面起主导作用。当教师使用直视目光时，不管他的身体朝向如何，学习者都更关注教师的面部；但当教师使用目光引导时，无论她的身体朝向如何，学习者都将更多的注意力放在幻灯片上。这一结果与社会认知研究的结果一致，即尽管眼睛注视和身体朝向都可能是注意的线索，但当眼睛注视和身体朝向在同一环境中出现时，眼睛注视在引导注意力方面表现更优越（Cooney al.，2017；Lawson & Calder，2016）。此外，眼动数据显示，学习者处理教师面部表情的时间显著多于处理身体动作的时间。因此，在教学视频的情境中，教师的目光注视的确比身体朝向更容易吸引和引导学习者的注意力。

在学习成绩上，有研究发现，无论教师的身体朝向如何，观看教师运用目光引导的教学视频的学习者表现都更好，其次是观看教师运用直视目光的教学视频的学习者，最后是观看教师运用目光回避的教学视频的学习者。本研究发现的目光引导的积极作用与以往研究的结论不一致（Ouwehand et al.，2015a；van Wermeskerken & van Gog，2017；Fiorella et al.，2019；Pi et al.，2019），有如下两种可能。

一种可能是以往研究和本研究使用的教师目光引导的方式是不相同的。以往研究中，教师只是在教学的几个关键时刻才使用目光引导，以将学习者的注意转移到幻灯片上（Ouwehand et al.，2015a；van Wermeskerken & van Gog，2017；Pi et al.，2019）。但在本研究中，教师在整个教学过程中都持续使用目光引导来吸引学习者对幻灯片的关注。本研究所使用的是一种新型的注视方式，即连续引导注视，这有助于在实验环境中进行研究，但可能与实际视频授课中教师的行为有所不同。因此，未来的研究可以从频率和时间上探究教学视频中教师目光引导的效果。

另外一种可能是不同研究使用的教学视频的形式不同。例如，在 Fiorella 等（2019）的研究中，含有教师直视目光的教学视频是指，教师站在镜头前与学生进行眼神交流，通过在透明白板上书写及动态图画，来引导学习者注意学习材料；而含有教师目光引导的教学视频是指，教师站在镜头前与学生进行眼神交流，通过转身在一个不透明的白板上书写，来引导学习者注意学习材料，这意味着目光引导和动态图画都会吸引学习者注意到学习材料。在本研究中，教师没有在任何白板上写字，学习材料为幻灯片。在直视目光条件下，教师只提供眼神交流，没有动态的图画来引导学习者的注意力；在目光引导条件下，教师仅用他们的目光来引导学习者注意学习材料。因此，与直视目光条件（没有动态图画，即完全不涉及其他引导线索的情况下）相比，目光引导的好处在本研究中可能比在 Fiorella 等（2019）的研究中更明显。

值得注意的是，以往证明了教师直视目光的积极效果的研究，大多是将直视目光与目光回避进行比较（Leong et al.，2017；Beege et al.，2019），而证明直视目光无积极影响的研究则多是将直视目光与目光引导相比较（Ouwehand et al.，2015a；Pi et al.，2019）。此外，在证明直视目光有积极效果的研究中，教师是在教室里或在透明的白板后写字（Beege et al.，2017，2019；Stull et al.，2018），而在证明直视目光无积极影响结果的研究中，视觉学习信息显示在幻灯片或不透明的白板上，教师在另一侧（Ouwehand et al.，2015a；Pi et al.，2019）。也就是说，证明直视目光具有显著积极效果的研究中不存在视觉注意力的竞争，因为视频中只包括教师或写字的教师。因此，教师应该使用直视目光还是目光引导应当取决于学习材料的特点。

本研究的局限主要有三点。首先，本研究没有测量学习者对教师经验水平的感知，而这些感知可能会影响学习者对教学视频的学习，当学习者感知教学视频中的教师为专家或新手时，他们的学习表现可能会有所不同（Beege et al.，2019）。当学习者将教学视频中的教师视为专家时，会更信任他，这也被认为是有效学习的基础（Johnston，2015）。其次，未来的研究应考虑教学视频中教师言语表达的节奏。在本研究中，录制视频时，教师是按照自己的节奏进行的，然而，当教师口头讲解速度不同时，教师的目光引导在多大程度上有助于将学习者的注意力引导到幻灯片上，也可能存在着差异。本研究具有较高的内部效度，但生态效度有待验证，因此，该研究结果可能不能推广到其他所有的教学视频形式中。尽管教师+幻灯片形式在在线学习中越来越流行，但在其他类型的视频课程中也需要研究直视目光和目光引导的价值。例如，演示教学的视频中应包括教师建模的步骤或操作对象。通过不同类型视频之间的比较，我们可以推测哪种视频形式下直视目光或目光引导最有效。最后，先前知识测验和学习测验的信度较低的原因可能有两个：第一，每个测验中的题目数量较少；第二，测验评估了关于风的广泛知识，题目异质且难度不同，这就导致每个被试的作答水平不一致（Beege et al.，2019）。

本研究的结果对教学视频中社会线索的应用有独特贡献。据笔者所知，这是首次对教学视频中教师的目光注视与身体朝向对学习者注意力分配和学习成绩的影响进行区分的研究。此外，在早期研究中，教师的眼睛注视和身体朝向都被认为能引导学习者的注意力，但迄今为止，尚无研究探究两者同时出现在视频中时，一个因素是否比另一个因素更有影响。本研究基于学习者的眼动数据观察了教师的眼睛注视与身体朝向是如何影响学习者对教师和幻灯片的注意力分配的。纸笔测验也提供了关于保持测验和迁移测验的信息。

综上所述，在影响学习者注意力分配和学习成绩方面，教学视频中教师的眼睛注视明显优于身体朝向。教学视频中教师的目光引导似乎比直视目光更能吸引学习者的注意，更能使他们注意到学习材料中的重要信息。因此，在设计教学视频时，教师不需要考虑身体朝向。此外，本研究关于眼睛注视类型的发现对教学视频的设计也有启示，即教师不应该在整个教学过程中直视摄像机镜头，而应该使用目光引导来吸引学习者对学习材料的注意。

第九节

教学视频中教师眼睛注视与面部表情的交互作用[①]

一、引言

基于幻灯片的教学视频通常会呈现教师形象，且这种类型的教学视频非常受欢迎，但教师形象的呈现是否会对学习者学习产生积极影响尚不明确（Stull et al.，2018）。根据社会代理理论（Mayer，2014），教师形象的呈现有助于促进师生互动，增进师生之间的社会关系。因此，教师形象的呈现能够促进学习者主动加工学习材料，从而调整其注意力分配，提高其学习成绩。

许多研究者认为，教学视频中教师形象的作用存在边界条件（Stull et al.，2018；Pi et al.，2019）。以往相关研究主要集中于教师的眼睛注视（直视目光 vs.目光回避）和面部表情（高兴 vs.中性）的作用上（Beege et al.，2017；Wang et al.，2019）。直

① 本节修改自 Pi Z, Chen M, Zhu F, et al. 2020. Modulation of instructor's eye gaze by facial expression in video lectures. ***Innovations in Education and Teaching International***. Advance online publication

视目光是指教学视频中的教师直视摄像机镜头，仿佛在看着屏幕前的学习者；目光回避是指教学视频中的教师既没有看向摄像机镜头，也没有看向学习材料（如幻灯片或其他视觉学习材料），仿佛在给视频中其他学习者上课（Pi et al.，2020）。

近年来的研究发现，相比于目光回避，教师的直视目光对不同年龄段学习者的学习均有积极作用（Leong et al.，2017；Beege et al.，2019）。需要指出的是，以往研究中的教学视频与基于幻灯片的教学视频不同，在基于幻灯片的教学视频中，教师通常是站在幻灯片旁讲授学习材料的，即教师和幻灯片同时呈现。

然而，眼动研究发现，当教师直视摄像机镜头时，学习者会分配一定的注意力到教师形象上。例如，学习者会花费超过 30%的时间注视教师（Pi & Hong，2016；van Wermeskerken et al.，2018），教师形象与学习材料之间形成视觉注意力竞争。因此，在基于幻灯片的教学视频中，教师的直视目光对学习者的学习是否有同样的积极影响，有待进一步探究。

教学视频的另一个重要的设计问题是，教师的面部表情对学习者的注意力分配和学习成绩的作用。面部表情能够反映教师的心理状态（Wang et al.，2019）。一般来说，相比于中性的面部表情，人们更喜欢看高兴的面部表情（Graham et al.，2010）。因此，教师高兴的面部表情可能通过激发学习者积极的社会反应，如“老师很乐意教我”，来促进其学习（Mayer，2014）。

有研究发现，人们对他人眼睛注视和面部表情的感知是相互关联的（Bindemann et al.，2008；Jackson，2018）。例如，Bindemann 等（2008）发现，相比于目光回避，被观察者采用直视目光时，观察者能更快地识别出其高兴的面部表情；同样地，被观察者的面部表情为高兴而非悲伤时，其直视目光比目光回避更容易被识别。基于此，我们推测，教学视频中教师的目光和面部表情可能会对学习者的注意力分配和学习成绩产生交互影响。然而，截至目前，尚未有研究对此展开探究。

本研究旨在探讨在基于幻灯片的教学视频中，教师的眼睛注视和面部表情对学习者注意力分配和学习成绩的交互效应。实验中，我们通过控制教师的眼睛注视（直视目光 vs.目光回避）和面部表情（高兴 vs.中性），共设计开发了四种教学视频：①直视目光+高兴表情；②直视目光+中性表情；③目光回避+高兴表情；④目光回避+中性表情。基于以往研究和社会代理理论，我们假设在基于幻灯片的教学视频中，教师的眼睛注视和面部表情会对学习者的注意力分配和学习成绩产生交互影响。具体包括以下假设。

假设 1：直视目光+高兴表情组对教师形象的注视时间最长，其次是直视目光+中性表情组和目光回避+高兴表情组，最后是目光回避+中性表情组。

假设 2：直视目光+高兴表情组对教学内容的注视时间最短，其次是直视目光+中性表情组和目光回避+高兴表情组，最后是目光回避+中性表情组。

假设 3：直视目光+高兴表情组在教师形象和教学内容之间的跳视次数最多，其次是直视目光+中性表情组和目光回避+高兴表情组，最后是目光回避+中性表情组。

假设 4：直视目光+高兴表情组的学习成绩最好，其次是直视目光+中性表情组和目光回避+高兴表情组，最后是目光回避+中性表情组。

二、方法

（一）被试与研究设计

本研究随机招募了 120 名本科生和研究生（男生 13 名，女生 107 名），年龄为 17～36 岁（*M*=20.33，*SD*=2.20）。所有被试在实验前均签署了知情同意书，实验结束后，每人获得了 20 元人民币作为实验报酬。

被试被随机分配观看其中一种教学视频：①直视目光+高兴表情；②直视目光+中性表情；③目光回避+高兴表情；④目光回避+中性表情；每组各 30 名。

（二）实验设备

采用 Eyelink 1000 眼动仪记录被试观看教学视频过程中的眼动轨迹，采样率为 1000 Hz。被试坐在距离 21 英寸的显示器 60 厘米的地方观看教学视频。

（三）实验材料

1. 基于幻灯片的教学视频

教学视频中一位女教师站在幻灯片旁讲解主题为“地球”的内容，视频时长约 7 分钟。四种教学视频除了教师的眼睛注视和面部表情不同之外，其他条件均相同（如教师服饰、语音讲解），见图 6-9-1。在直视目光+高兴表情的教学视频中，教师直视镜头并一直保持微笑；在直视目光+中性表情的教学视频中，教师直视镜头并保持中性表情；在目光回避+高兴表情的教学视频中，教师看向幻灯片的相反方向（且回避摄像机镜头）并一直保持微笑；在目光回避+中性表情的教学视频中，教师看向幻灯片的相反方向并保持中性表情。

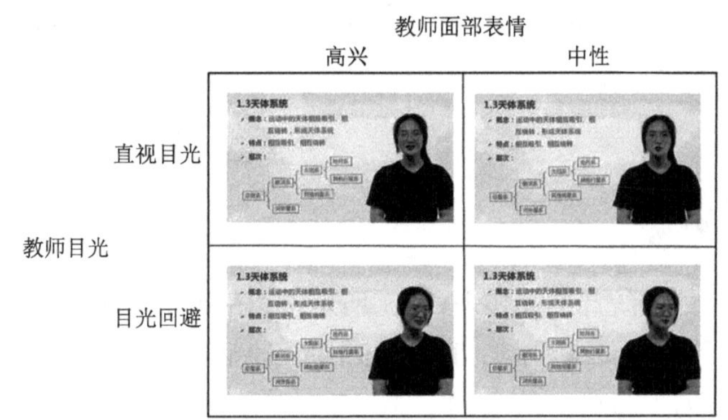

图 6-9-1　四种教学视频的静态截图

2. 测量工具

（1）先前知识测验

该测验由两位天文学教授和教学视频中的教师开发（α=0.59），旨在考察被试对天文学一般性知识的了解程度，包括 4 道填空题和 3 道单项选择题，满分为 14 分。结果发现，四组被试的先前知识无显著性差异[F（3，116）=1.04，p=0.379，η^2=0.03]。

（2）学习效果测验

该测验同样由两位天文学教授和教学视频中的教师开发（α=0.60），包括 2 道填空题、3 道判断题和 12 道单项选择题，满分为 34 分。

（四）眼动数据分析

本研究绘制了 3 个兴趣区，即教学内容、教师面部、教师身体，并分别计算了学习者在 3 个兴趣区的总注视时间以及学习者在教学内容和教师面部之间、教学内容和教师身体之间的眼跳次数。总注视时间是指在一个兴趣区的总注视时间（Stull et al.，2018）。

（五）实验流程

本实验在眼动实验室内完成，每名被试单独施测。具体流程为：首先，每名被试填写先前知识测验；其次，被试不间断地观看四种教学视频中的一种；最后，教学视频观看结束后，被试立即完成学习效果测验。每名被试的实验时长约为 40 分钟。

三、结果

各变量的描述性统计结果如表 6-9-1 所示。本研究对学习者的注意力分配和学习成绩分别进行了 2（眼睛注视：直视目光 vs.目光回避）×2（面部表情：高兴 vs.中性）的两因素方差分析。

表 6-9-1　各变量的描述性统计结果

因变量	直视目光				目光回避			
	高兴		中性		高兴		中性	
	M	*SD*	*M*	*SD*	*M*	*SD*	*M*	*SD*
教师面部总注视时间（min）	0.97	0.55	0.78	0.54	0.66	0.48	0.55	0.34
教师身体总注视时间（min）	0.02	0.02	0.02	0.02	0.02	0.02	0.03	0.03
教学内容总注视时间（min）	5.02	0.76	4.87	0.60	5.46	0.75	5.37	0.49
教学内容和教师面部之间的眼跳次数（次）	58.97	37.72	67.07	45.33	53.40	36.35	39.87	22.19
教学内容和教师身体之间的眼跳次数（次）	2.03	1.97	2.73	2.43	2.97	3.26	3.53	3.75
学习成绩	19.30	4.76	15.17	3.77	16.13	5.41	15.43	5.21

（一）教师的眼睛注视和面部表情对学习者注意力分配的交互效应

1. 总注视时间

在教师面部的总注视时间上，教师眼睛注视和面部表情的交互效应不显著[F（1，116）=0.19，p=0.666，η_p^2=0.002]，但眼睛注视的主效应显著[F（1，116）= 9.46，

p=0.003，η_p^2=0.075]，即直视目光组比目光回避组对教师面部的注视时间更长；面部表情的主效应不显著[F（1，116）=2.82，p=0.096，η_p^2=0.024]。

在教师身体的总注视时间上，教师眼睛注视和面部表情的主效应以及二者间的交互效应均不显著[$F_{眼主}$（1，116）=0.43，p=0.514，η_p^2=0.004；$F_{面主}$（1，116）=3.53，p=0.063，η_p^2=0.030；$F_{交互}$（1，116）=1.48，p=0.227，η_p^2=0.013]，因此，该结果不支持假设 1。

在教学内容的总注视时间上，教师眼睛注视和面部表情的交互效应不显著[F（1，116）=0.06，p=0.813，η_p^2<0.001]；但目光的主效应显著[F（1，116）=14.89，p<0.001，η_p^2 =0.114]，即直视目光组比目光回避组对教学内容的注视时间更短；面部表情的主效应不显著[F（1，116）=0.97，p=0.326，η_p^2=0.008]，因此，该结果不支持假设 2。

2. 在兴趣区之间的眼跳次数

在教学内容和教师面部之间的眼跳次数上，教师眼睛注视和面部表情的交互效应不显著[F（1，116）=2.65，p=0.106，η_p^2 =0.022]；但目光的主效应显著[F（1，116）=6.09，p=0.015，η_p^2=0.050]，即直视目光组比目光回避组在教学内容和教师面部之间的眼跳次数更多；面部表情的主效应不显著[F（1，116）=0.17，p=0.683，η_p^2=0.001]，因此，该结果不支持假设 3。

同样与假设 3 相反的是，关于学习者在教学内容和教师身体之间的眼跳次数，眼睛注视和面部表情的主效应及二者间的交互效应均不显著（ps>0.05）。

3. 小结

综上，根据眼动数据分析结果，教师的眼睛注视和面部表情对学习者注意力分配不存在显著的交互效应。在大部分眼动指标上，本研究仅发现了教师眼睛注视的主效应。通过分析学习者在兴趣区内的总注视时间发现，当教师采用直视目光时，学习者会更多地关注教师，而较少地关注教学内容；此外，通过分析学习者在不同兴趣区之间的眼跳次数发现，学习者在教学内容和教师面部之间的眼跳次数较多，未发现教师面部表情对学习者注意力分配有显著影响。

（二）教师的眼睛注视和面部表情对学习者学习成绩的交互效应

研究结果部分支持假设 4，即教师的眼睛注视和面部表情对学习者学习成绩的交互效应边缘显著[F（1，116）=3.79，p=0.054，η_p^2=0.032]；眼睛注视的主效应不显著[F（1，116）=2.71，p=0.103，η_p^2=0.023]；面部表情的主效应显著[F（1，116）=7.51，p=0.007，η_p^2=0.061]，即当教师呈现高兴的面部表情时，学习者的学习成绩更好，如图 6-9-2 所示。当教师采用直视目光时，高兴面部表情组比中性面部表情组的学习成绩更好；当教师采用目光回避时，面部表情对学习者的学习成绩无显著影响。

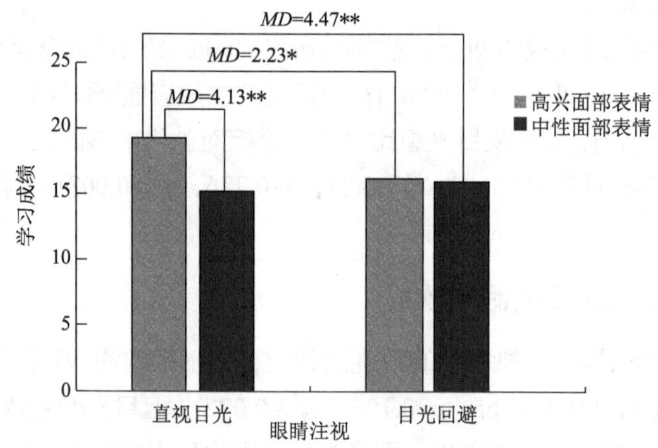

图 6-9-2　教师的眼睛注视和面部表情在学习效果上的交互效应

四、讨论

本研究探讨了教师的眼睛注视和面部表情对学习者的注意力分配和学习成绩的影响。研究结果与研究假设部分一致。与预期相反的是，在注意力分配上，教师的眼睛注视和面部表情没有显著的交互效应。眼动数据结果一致表明，教师眼睛注视的主效应显著，即当教师采用直视目光时，学习者对教学内容的关注较少，但在教学内容和教师面部之间的眼跳次数更多。在学习成绩上，教师的眼睛注视和面部表情存在交互效应，即观看含有教师直视目光和高兴的面部表情的教学视频的学习者的学习成绩最好。这说明，学习者的注意力分配只受教师眼睛注视的影响，而学习成绩则受教师眼睛注视和面部表情的交互影响。本研究首次探究了教师眼睛注视和面部表情对学习者学习的交互影响，并发现了教师直视目光和高兴的面部表情对学习者的学习成绩有积极影响。

眼动数据结果与以往关于教师眼睛注视和面部表情的研究结论并不一致。以往研究发现，被观察者的眼睛注视和面部表情交互影响观察者（非学习者）的注意力分配（Bindemann et al.，2008；Jackson，2018）。结论不一致的可能原因是任务存在差异。在以往的研究中，被观察者的眼睛注视和面部表情均以静态图片呈现，被试观看静态图片之后，通常需要完成一个空间定位任务（Bindemann et al.，2008）。而有研究发现，个体对被观察者眼睛注视的加工在被观察者的面部表情是动态的或是静态的情况下有所差异（Graham et al.，2010）。因此，在将其他领域的研究结论推广至教学视频领域时，应该十分谨慎。

研究结果如假设所料，教师眼睛注视对学习者学习成绩的影响受其面部表情的影响。具体来说，当教师的目光偏离镜头（目光回避）时，观看含有高兴的面部表情和观看含有中性的面部表情的教学视频的学习者的学习成绩没有显著差异；但当教师直视镜头（直视目光）时，观看含有教师高兴的面部表情的教学视频的学习者的成绩更好。该研究结果与社会代理理论一致（Mayer，2014），该理论认为，教师的眼睛注视和面部表情作为社会线索，可以激活学习者的社会反应。例如，当教师采用直视目光和呈现高兴的面部表情时，学习者会产生积极的社会反应，从而更加积极地投入到学习活动中。虽然在本研究中，教师的眼睛注视和面部表情对学习者的注意力分配没有交互影响，但可能会交互影响他们的情绪体验或学习动机（Wang et al.，2019）。因此，未来研究有必要进一步探讨教师眼睛注视与面部表情交互影响学习的作用机制。

本研究存在以下两方面的局限。首先，被试大部分是女性，而以往研究表明，在加工他人眼睛注视和面部表情上存在性别差异（Thayer & Johnsen，2000；Lee et al.，2002；Leeb & Rejskind，2004；Bayliss et al.，2005）。与男性相比，女性更倾向于通过他人的直视目光进行眼神交流，也更容易受到他人目光回避的影响（Leeb & Rejskind，2004）；同时，女性对他人的面部表情也更敏感，包括高兴的面部表情（Thayer & Johnsen，2000）。因此，教师的眼睛注视与面部表情对学习者的注意力分配和学习成绩的影响可能存在性别差异。其次，以往研究探讨了两种类型的目光回避，即看向幻灯片的一致方向和看向幻灯片的相反方向（Pi et al.，2020），本研究中的目光回避在实际教学中可能较少存在。此外，实际教学中教师不同类型的目光要更加复杂。

综上所述，本研究的主要发现是，教学视频中教师采用直视目光，并呈现高兴的面部表情能最有效地促进学习者学习。这说明，教师的眼睛注视对学习者学习成绩的影响受到其面部表情的影响。这些社会线索的协同作用为社会代理理论提供了新的证据。本研究结论对基于幻灯片的教学视频设计具有实践指导意义，即设计基于幻灯片的教学视频时，应该鼓励教师直视镜头并面带微笑。

第十节
录制教学视频时教师的手势对其教学效果的影响①

一、引言

假设你现在需要录制一段以 PPT 为背景的教学视频来讲解方程的知识，由于 PPT 上仅呈现简要的信息，生动地呈现解决问题的过程对你而言尤为重要。那么，你可以采取什么手段来提高整体教学效果呢？教学效果是衡量教师的教学能力和教学质量的指标（Mcgowan & Graham，2009）。教学视频相关研究表明，教师手势是提高教学效果的有效手段（Chui，2011）。手势被定义为人们用手臂和手做出的特定肢体动作（Hostetter & Alibali，2008；Bleichner et al.，2016），它可以分为三种类型：节拍性手势、指示性手势和描述性手势（McNeill，1992；Kelly & Church，1998）。节拍性手势类似于乐队指挥拍打音乐节奏，且手势的节奏和言语表达一致。指示性手势用于指示事物的空间位置或方向，如教师想要向学习者强调他正在讲授的内容时，他可以指向 PPT 上对应内容的位置。描述性手势包括两类：一类是传达具体内容的象征性手势；另一类是描述抽象概念的隐喻性手势。例如，当教师说到“平面图形围绕平面上一点进行旋转就称为图形的旋转”时，她展开手掌，手指向上，反复旋转手腕，此时，教师就是在使用象征性手势帮助学习者理解旋转的含义；而当教师讲到“这个方程有两个不同的零点，一个为正数，一个为负数”时，她把双手放于身体两侧前方，手掌相对此时，教师就是在使用隐喻性手势帮助学习者理解这两个零点的差异。一般来说，指示性手势和描述性手势都可以传递说话者的语义信息，但是节拍性手势不能，因此，本研究聚

① 本节修改自 Yang J, Zhu F, Guo P, et al. 2020. Instructors' gestures enhance their teaching experience and performance while recording video lectures. ***Journal of Computer Assisted Learning***, 36(2): 189-198

焦于能够传递语义信息的指示性手势和描述性手势。

教学视频中教师手势对学习有广泛的益处，如引导学习者的注意力分配，提高其学习成绩（皮忠玲等，2019；Kushch et al.，2018；Macedonia et al.，2011）。一方面，教师的描述性手势可以通过传达其未说出来的信息，来解释复杂的学习内容（Roth，2001；Behne et al.，2010）；另一方面，教师的指示性手势可以引导学习者注意 PPT 上的重要信息（Pi et al.，2017a）。综上所述，教师手势是学生学习过程中的一个重要组成部分。

尽管教师手势对学习的积极作用已被证实，但关于手势对教学本身影响的研究较少（Thomson et al.，2014）。根据具身认知理论，手势在交流、记忆和思考中扮演着重要的角色，因为我们对知识的内在表征不仅建立在语义和图像编码上，还建立在控制行为的感觉运动系统上（Goldin-Meadow & Beilock，2010）。具体来说，在交流和思考时，我们使用手势来辅助言语表达，推理和检索先前知识，从而在通过感觉运动经验建立的知识表征和对物体的作用之间建立联系（Chawla & Krauss，1994；Alibali et al.，2000；Cook et al.，2008）。与具身认知理论一致，教师手势也可能会影响其教学效果和教学体验。

认知负荷理论也有助于概念化教师手势对其教学和教学体验的影响。根据这一理论，如果教师有限的认知能力小于教学所需要的认知资源，就会出现认知负荷超载的情况，从而影响教学效果（Sweller，1988）。而手势可以帮助教师将空间信息组织成语言，因此，使用手势既可以帮助教师降低认知负荷，也可以帮助教师将语言与外部世界联系起来（Goldin-Meadow，2005）。与认知负荷理论一致，有研究表明，当个体被禁止使用手势时，其认知负荷较高，在各种认知活动（如空间记忆、词汇检索、数学问题解决等）中表现较差（Cook & Goldin-Meadow，2006；Chui，2011）。

此外，有研究表明，手势的使用与情绪状态密切相关（Gunes & Piccardi，2007；Kessous et al.，2010）。例如，人们在感受到压力时会做出更快的手势（Anthony et al.，2011），以此来减轻压力（Kylhammar，2012）。在教学视频这种新教育环境中，教师在面对镜头讲课时可能会产生一定程度的压力（Thomson et al.，2014）。因此，我们有理由认为，录制教学视频时，教师使用手势可以减轻他们的压力。

本研究旨在探究录制教学视频时教师手势的运用对其教学效果、认知负荷和压力的影响。实验 1 中，被试被分成两组来讲解如何求解函数零点的方程：一组直视摄像机，不使用手势（无手势组）；另一组直视摄像机，使用手势（手势组）。实验 2 中，被试也被分成两组来讲解曲线方程：一组直视摄像机，使用指示性手势（指示性手势组）；另一组直视摄像机，使用描述性手势（描述性手势组）。

二、实验 1

实验 1 旨在探究教师的手势能否提高他们的教学效果（自评和专家评价），降低他们的认知负荷和减轻他们的压力。本研究提出了如下假设。

假设 1：录制教学视频时，无论是自评还是专家评价，手势组的教学效果优于无手势组。

假设 2：录制教学视频时，手势组的认知负荷低于无手势组。

假设 3：录制教学视频时，手势组的压力水平低于无手势组。

（一）研究方法

1. 被试与设计

通过发布在线广告从中国某大学招募了 56 名大学生（其中 45 名女性；年龄：M=21.39，SD=2.16）。被试的专业分布广泛，包括物理、数学、思想政治教育等。每名被试至少满足以下两个标准之一：①获得国家级数学教师资格证；②有一定的数学教学经验（包括专任数学教师、家教或数学辅导教师）。所有被试均签署了知情同意书，实验结束后，每人获得了 50 元人民币的报酬。该研究方案得到了当地伦理委员会的批准。被试被随机分为两组：无手势组（n=27）和手势组（n=29）。

2. 实验设备

教学视频是在提供隔音和降噪处理的专业录影棚录制的。录影棚里有标准的录制设备，包括高清摄像机、智能平板电脑、提词器和收音机。在录制过程中，平板电脑呈现教学 PPT，提词器呈现脚本。被试站在平板电脑前，面对镜头，平板电脑和提词器同步呈现 PPT 和脚本。

3. 实验材料

（1）教学视频

在两种实验条件下，教师被要求使用相同的 15 张 PPT 录制同一主题（求解函数零点方程）的教学视频，时长约为 10 分钟。在有手势条件下，教师被鼓励在教学过程中使用指示性手势和描述性手势，他们会听到这样的指导语：“你偶尔可以用手指向 PPT 或做出与内容相关的手势，以强调内容或辅助知识解释。”其中，指示性手势示例：教师在讲到“方程的根是函数图像与 x 轴交点的横坐标值”时，她用右手指向 PPT 上相关文本的位置；描述性手势示例：教师在讲到“用图像求函数零点的方程，就是在坐标轴上画出函数曲线与 x 轴的交点”时，她用手在空中画出曲线和坐标轴的交点，如图 6-10-1 所示。在无手势条件下，被试听到了不使用手势的指导语，即“请将手贴近身体，教学时不要使用手势”。

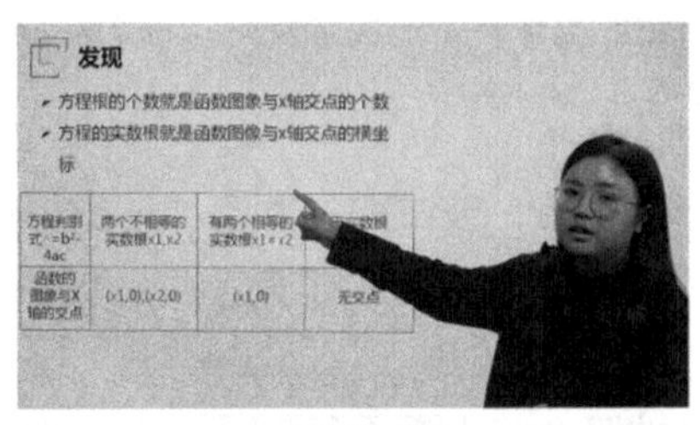

指示性手势

描述性手势

图 6-10-1　实验 1 教学视频中的指示性和描述性手势截图

（2）测量工具

1）人口统计学问卷和主题熟悉度。被试提供了性别、年龄、专业等信息，并就自己对教学视频主题的熟悉程度进行了利克特 9 点评分，1 表示“完全不熟悉”，9 表示“非常熟悉”。

2）先前知识测验。该测试由一名全职教授和两名数学领域的研究生开发。包括 2 道填空题，题目为：“对于函数 $y=f(x)$ 来说，____被称为函数的零点”，“如果函数 $y=f(x)$ 在区间[a，b]内的连续曲线有____，那么函数 $y=f(x)$ 在区间[a，b]中有零点，也就是说，存在____使得____，c 是 $f(x)=0$ 方程的根。”前者考察被试的概念性知识，后者考察被试的知识应用能力。这两道题目考察了两种不同类型的知识，且两个子主题是异质的，因此，使用主题熟悉度与先前知识测试分数之间的相关性作为可靠性的度量。分析结果显示，二者显著相关（$r=0.28$，$p<0.05$）。

3）教学效果专家评分。采用中国权威、科学的教学评价体系——“中国微课程大赛”的评价标准（王永花，马雪晨，2015）来评价教学效果（表 6-10-1）。根据研究目的，笔者删除了标准中与本研究无关的项目，如主题设计、工作规范和网络评估。本研究邀请了三位数学专家来评估这些教学视频（$r=0.90$，$p<0.001$），最终得分取三位专家评分的平均值。

表 6-10-1　实验 1 中视频教学效果的专家评分标准

以下 6 项与刚才看到的视频相关，请仔细阅读，并对每一项从 0～10 打分，0 表示“效果最差”，10 表示“效果最好”
1. 教学内容严谨，无知识错误
2. 教学内容的组织符合学生的认知逻辑，重点突出，逻辑清晰
3. 教师的讲解清晰、有节奏、有吸引力
4. 教师教学生动形象，逻辑性强
5. 教学过程通俗易懂，生动有趣，富有启发性和指导性，有利于激发学生的学习动机
6. 完成了教学目标，有效地解决了实际教学中的问题，提高了学生的思维和能力

注：题目 1—2 考察教学内容，题目 3—4 考察教师言语表达，题目 5—6 考察视频教学的实际效果。此外，题目 1—4 占整个评价标准总分的 15%，题目 5—6 占整个评价标准总分的 20%

4）教学效果自评问卷。该问卷仅有一个项目，被试需要回答“你觉得你的教学怎么样”这一问题，问卷采用利克特 9 点评分，1 表示“非常差”，9 表示“非常好”。

5）认知负荷调查问卷。认知负荷可以被概念化为两个维度：心理努力和心理负荷（Sweller et al.，1998）。心理努力是指与任务所需认知资源相关的认知能力；心理负荷是指感知到的任务难度。本研究采用 Pass 和 Merrienboer（1994）开发的自我评价量表来测量总体认知负荷（α=0.74）。该问卷包含两个项目：其中一项用于评估被试在录制教学视频过程中的心理努力；另一项用于评估被试感知到的任务难度。被试被要求在 0～9 的范围内对这些项目进行评分，0 表示“最小努力或最小难度”，9 表示“最大努力或最大难度”。认知负荷调查问卷满分为以上两项之和。

6）压力问卷。为了测量被试在录制教学视频时感受到的压力，研究人员制作了 Dundee 压力状态问卷（Matthews et al.，1999）的简化版，包含一个项目：“录制教学视频时，你感受到压力了吗？”，采用利克特 5 点评分，1 表示“完全没有压力”，5 表示“非常有压力”。原始问卷被广泛应用于压力研究（Kapfhamer et al.，2013；Allen et al.，2017）。

（3）实验流程

实验流程包括两个部分：准备阶段和录制阶段，如图 6-10-2 所示。

1）准备阶段。研究人员向被试介绍相关要求（如录制时有无手势），并为他们提供了准备材料。被试被告知要像准备正式教学一样准备，且要单独准备。准备阶段大约耗时 2 小时。

2）录制阶段。在录制之前，被试需要完成人口统计学问卷和先前知识测验。然后进行试录，试录时只有一名研究人员在场记录教师行为（如声音、语速），

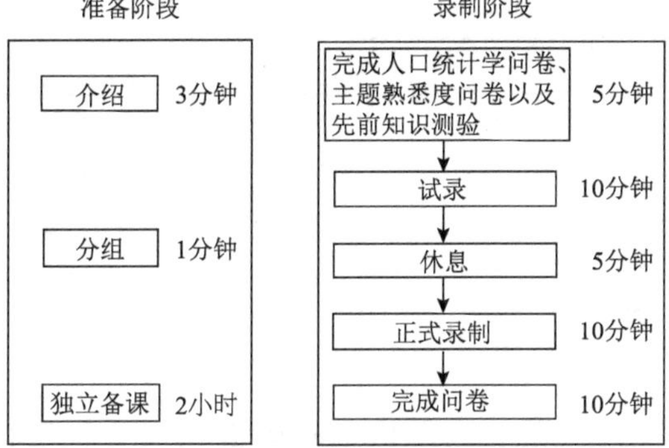

图 6-10-2　实验流程

以便在正式录制前提醒教师。休息 5 分钟后，开始正式录制，同样只有一名研究人员在场，录制大约持续 10 分钟。最后，被试完成教学效果自评问卷、认知负荷调查问卷和压力问卷。前测、试录、休息、正式录制、后测总共耗时约 40 分钟。

（4）视频处理

所有视频中教学前后的空白部分均被删除，并保存为 1280 像素×720 像素的 MP4 格式的文件。

（二）结果

为探究两种条件下相关变量的差异，本研究分别进行了独立样本 t 检验和 Bayesian 独立样本 t 检验来分析各假设的支持度。表 6-10-2 显示了能够说明对每个假设的支持程度的 BF_{10} 值范围（Wetzels & Wagenmakers，2012）。以下结果中，只有当假设被显著拒绝时才报告。表 6-10-3 报告了所有因变量的描述性结果和与两种 t 检验相关的值。

表 6-10-2　Bayer 因子 BF_{10} 的解释

BF_{10}	解释
>100	H1[①]的决定性证据
30～100	H1 的强有力证据
10～30	H1 的有力证据
3～10	H1 的中度证据
1～3	H1 证据不足
1	没有证据表明
1/3～1	H0[②]的证据不足

续表

BF_{10}	解释
1/10～1/3	H0 的中度证据
1/30～1/10	H0 的有力证据
1/100～1/30	H0 的强有力证据
< 1/100	H0 的决定性证据

①H1 为备选假设；②H0 为零假设

表 6-10-3　实验 1 中所有因变量的均值、标准差和组间差异

因变量	无手势（n=27）		有手势（n=29）		学习任务				效应值（d）	Bayesian t 检验（BF_{10}）
							95%置信区间的差值			
	M	SD	M	SD	t	p	下限	上限		
熟悉度	2.85	1.54	3.03	1.70	−0.42	0.676	−1.05	0.69	−0.11	0.29
先前知识经验	3.30	0.61	3.45	0.63	−0.92	0.364	−0.49	0.18	−0.25	0.38
教学效果自评	4.70	1.24	5.28	1.00	−1.92	0.061	−1.17	0.03	−0.52	1.21
教学效果专家评价	8.24	0.25	8.58	0.30	−4.45	<0.001	−0.49	−1.19	−1.21	640.08
脑力劳动	6.67	1.14	6.66	1.40	0.03	0.973	−0.68	0.70	0.01	0.27
感知难度	5.41	1.39	4.52	1.62	2.20	0.032	0.08	1.70	0.60	1.94
认知负荷	12.07	1.88	11.17	1.69	1.89	0.064	−0.06	1.86	0.51	1.17
压力水平	2.78	0.70	2.62	0.86	0.75	0.459	−0.27	0.58	0.20	0.34

1. 先前知识经验

t 检验与 Bayesian t 检验结果均显示，两组被试的熟悉度与先前知识经验均无显著差异。由此可知，无手势组和手势组被试具有相似的先前知识经验。

2. 教学效果

首先，分析教学效果自评是否存在组间差异。与假设 1 一致，t 检验结果显示两组之间的差异边缘显著，而 Bayesian t 检验结果显示该假设的证据不足。具体来说，教学视频录制结束后，手势组被试比无手势组被试对自己的教学效果有更积极的评价。

其次，在教学效果专家评价方面，t 检验和 Bayesian t 检验结果均显示两组之间有显著性差异。具体来说，录制教学视频时，手势组被试比无手势组被试表现得更好，结果支持假设 1。

综上所述，根据教学效果自评和专家评价，录制教学视频时，有手势比无手势的教学效果更好。

3. 认知负荷

与假设 2 一致，t 检验和 Bayesian t 检验结果均显示两种条件下被试的总认知负荷得分差异边缘显著。具体来说，在录制教学视频时，手势组被试比无手势组被试感受到的认知负荷更低。

为了进一步了解数据的差异，我们分析了心理努力和感知难度是否存在组间差异。在心理努力方面，组间差异不显著，结果不支持假设 2；而在感知难度方面，组间差异显著。具体来说，在录制教学视频时，手势组被试比无手势组被试感知到的难度更小，结果支持假设 2。

综上所述，组间对比结果表明，录制教学视频时，使用手势能够降低被试的认知负荷。

4. 压力

与假设 3 不一致，t 检验和 Bayesian t 检验结果均显示两种条件下被试的压力水平没有显著差异。具体来说，录制教学视频时，有无手势条件下的被试报告的压力水平相似。

（三）讨论

实验 1 探究了教师在录制教学视频时使用手势是否会影响教学效果。结果显示，与无手势组相比，手势组的教学效果更好，认知负荷更低。本研究首次从教师的角度探究了手势对教学效果的影响。

本研究的结果符合具身认知理论和认知负荷理论（Sweller，1988；Wilson，2002；Black et al.，2012）。具身认知理论认为，手势作为心理表征，可以帮助我们思考和记忆（Goldin-Meadow & Beilock，2010）。因此，教师手势可能有助于他们在录制教学视频时检索存储的知识并组织言语表达，从而提高他们的教学效果（Cook et al.，2008）。已有研究发现，教学中使用手势的教师比不使用手势的教师更好地处理了不同教学环节之间的过渡，教学过程也更加流畅（Alibali & Nathan，2012；Alibali et al.，2013）。

此外，有研究发现，录制教学视频时，手势可以降低教师的感知难度。根据认知负荷理论（Sweller，1988），教师在教学过程中使用手势，不仅可以将视觉信息与口头讲解整合在一起，还可以在口头讲解与手势之间建立联系，从而降低对工作记忆的要求，避免认知负荷超载的情况。此外，人们说话时会自发呈现手势（Goldin-Meadow & Alibali，2013），因此，那些不得不拒绝使用手势的教师需要耗费更多的认知资源，从而导致了较差的教学效果。

然而，本研究并未发现实验组和对照组在心理努力或压力方面的预期差异。这可能是由于自我报告测量中的社会期望偏差效应（郑俊等，2012），被试即使没有付出努力也可能会报告付出了努力，即使教学过程中的压力很大也会报告压力很小。

为了探究录制教学视频时不同类型手势的影响，我们设计了实验 2 来比较指示性手势和描述性手势对教师教学效果的影响。

三、实验 2

基于实验 1 的结果，实验 2 旨在探究录制教学视频的过程中，教师的指示性手势和描述性手势对教师教学效果（自评和专家评价）、认知负荷和压力水平是否有不同的影响。本研究提出了以下假设。

假设 1：录制教学视频时，无论是教学效果自评还是教学效果专家评价，指示性手势组的教学效果均优于描述性手势组。

假设 2：录制教学视频时，指示性手势组的认知负荷水平低于描述性手势组。

假设 3：录制教学视频时，指示性手势组感知到的压力水平低于描述性手势组。

（一）方法

1. 被试与设计

通过发布在线广告从中国某大学招募了 56 名大学生（其中 46 名女性；年龄：*M*=21.45，*SD*=4.83），被试的专业分布广泛（如文学、化学）。每名被试至少满足以下两个标准之一：①获得国家级数学教师资格证；②有一定的数学教学经验（包括专任数学教师、家教或数学辅导教师）。所有被试均签署了知情同意书，实验结束后，每人获得了 50 元人民币的报酬。该研究方案得到了当地伦理委员会的批准。被试被随机分为两组：指示性手势组（*n*=28）和描述性手势组（*n*=28）。

2. 实验设备

录播室与实验 1 相同。

3. 实验材料

（1） 教学视频

两种条件下的教学视频除教师使用的手势类型不一样外，其他全部一样。教学视频的主题均是“曲线方程”，时长约为 10 分钟。每名被试或站在或坐在呈现 PPT 的屏幕旁，看着摄像机，两组 PPT 均为相同的 15 页内容。指示性手势组被试在教学时被要求使用指示性手势，他们会得到这样的指导语：“你偶尔可以用手指向 PPT 以强调重点信息。”例如，当教师讲到“可以用集合的概念来定义‘曲线的方程’（用 C 表示）和‘方程的曲线’（用 F 表示）之间的一一对应关系”时，她可以用右手指向 PPT 上的文本“C=F”，这有助于学习者关注这部分内容（图 6-10-3 左侧图）。描述性手势组被试在教学时被要求使用象征性手势和隐喻性手势，他们会得到这样的指导语：“你在教学时有时可以做出与内容相关的手势来帮助解释知识。”例如，当教师讲到“方程的曲线和曲线的方程之间的关系具有完备性”时，她会用手做一个圆形（图 6-10-3 右侧图），这有助于学习者理解完备性的意义。

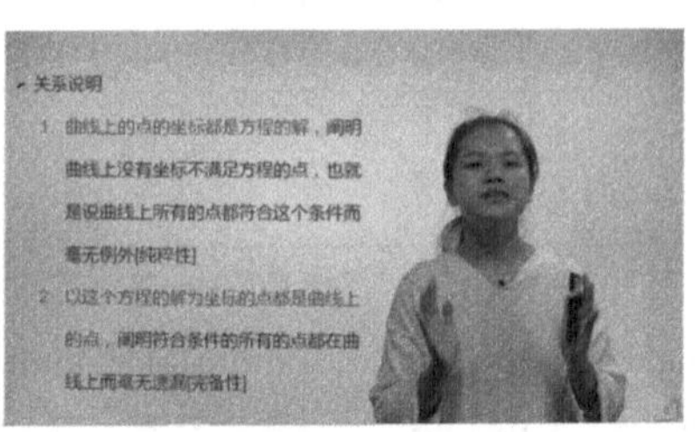

指示性手势　　　　描述性手势

图 6-10-3　实验 2 中指示性手势和描述性手势的示例

（2）测量工具

1）人口统计学问卷、主题熟悉度和其他变量的测量（先前知识测验除外），采用的问卷与实验 1 相同。

2）先前知识测验。本测验由一名全职教授和两名数学领域的研究生开发，包括一道填空题和一道证明题。题目为：“一般来说，在笛卡儿坐标系统中，如果曲线 C 上的一个点与二元方程 $f(x, y)=0$ 的____有关系，那么这个方程就是曲线的方程，曲线就是方程的曲线”和“请证明：如果坐标原点为方程 $x^2+y^2=25$ 的圆心，圆的半径是 5，那么点 M_1（3，−4）和 M_2（$-2\sqrt{5}$，2）在圆上”。前者考察曲线与方程关系的概念，后者考察这一概念的应用。这两道题目测试了两种不同类型的知识，且两个子主题是异构的，因此，我们使用熟悉度和先前知识测验之间的相关性来衡量其可靠性，两项指标的相关系数 r=0.33（p<0.05）。

（3）实验流程

实验流程与实验 1 相同，不同的是录制教学视频时使用的手势类型。

（4）视频处理

所有视频都被删除了教学前后的空白部分，并保存为 1280 像素×720 像素的 MP4 格式的文件。

（二）结果

为了探究两组之间的差异，以实验条件（指示性手势 vs.描述性手势）为自变量，对每个因变量分别进行独立样本 t 检验和 Bayesian t 检验，只有当假设被严重拒绝时才报告。所有因变量的描述性统计和 t 检验结果如表 6-10-4 所示。

表 6-10-4　实验 2 中因变量的均值、标准差和组间差异

因变量	指示性手势（n=28）		描述性手势（n=28）		学习任务				效应值（d）	Bayesian t 检验（BF_{10}）
							95%置信区间的差值			
	M	SD	M	SD	t	p	下限	上限		
熟悉度	3.89	1.79	3.75	1.78	0.30	0.766	−0.81	1.10	0.08	0.28
先前知识经验	10.75	2.26	10.54	1.97	0.38	0.706	−0.92	1.35	0.10	0.29
教学效果自评	5.21	1.57	4.64	1.31	1.48	0.145	−0.20	1.35	0.40	0.67
教学效果专家评价	8.52	0.31	8.35	0.26	2.31	0.025	0.02	0.32	0.63	2.35
脑力劳动	6.82	9.95	6.43	1.48	1.19	0.241	−0.27	1.06	0.32	0.48
感知难度	5.50	1.04	5.86	1.63	−0.98	0.332	−1.01	0.37	−0.27	0.40
认知负荷	12.32	1.25	12.29	2.25	0.07	0.945	−1.01	1.08	0.02	0.27
压力水平	2.39	0.79	3.04	0.84	−2.96	0.005	−1.08	−0.21	0.81	8.92

1. 先前知识经验

t 检验、Bayesian t 检验结果均显示两组的熟悉度与先前知识经验都无显著差异。由此可知，指示性手势组和描述性手势组的被试具有相似的先前知识经验。

2. 教学效果

首先，分析教学效果自评是否存在组间差异，*t* 检验和 Bayesian *t* 检验结果均显示两种条件之间无显著差异，不支持假设 1。

其次，在教学效果专家评价方面，*t* 检验和 Bayesian *t* 检验结果均显示两种条件之间存在显著差异。换言之，录制教学视频时，使用指示性手势的被试的教学效果优于使用描述性手势的被试。

综上所述，在录制教学视频的过程中，使用指示性手势的被试的教学效果在专家评价中表现较好，但自评效果无显著差异。上述结果部分支持假设 1。

3. 认知负荷

t 检验和 Bayesian *t* 检验结果均表明，两种条件下被试在总体认知负荷、感知难度和心理努力方面的得分无显著差异，不支持假设 2。

以上结果表明，被试在录制教学视频时所使用的手势类型对他们的认知负荷水平没有显著影响。

4. 压力水平

t 检验和 Bayesian *t* 检验结果均显示两种条件下被试的压力水平存在显著差异。具体来说，在录制教学视频时，使用描述性手势的被试比使用指示性手势的被试感受到的压力更大，支持假设 3。

（三）讨论

实验 2 依据教师体验、教学效果自评与专家评价，对录制教学视频时使用指示性手势和描述性手势的被试进行比较。与描述性手势组的被试相比，指示性手势组的被试感受到的压力更小，专家也认为指示性手势组的被试表现更好。

研究结果表明，手势类型影响教师的教学效果和压力水平。在日常交流中，不同类型的手势有不同的效果（Alibali & Nathan，2012；Dargue & Sweller，2018）。指示性手势指示物体的空间位置，而描述性手势则描述物体的形状或特征，以及传达丰富语义信息的抽象概念（皮忠玲等，2019），即描述性手势比指示性手势更复杂。在本研究中，使用指示性手势的被试只需要用手指向 PPT 上的文字或图片，而使用描述性手势的被试则需要将复杂的手势与相关内容结合起来。基于这一区别，使用指示性手势的被试比使用描述性手势的被试感知到的压力更小。可能由于这一原因，指示性手势组在录制教学视频时感到更放松，从而表现出了更好的教学效果。

在认知负荷方面，两种条件之间无显著差异。人的认知容量是有限的，而认知资源是根据动态变化的需求而分配的（Sweller，1988）。描述性手势比指示性手势更复杂，但这两组的被试有相似的认知负荷水平。这可能是由于被试可以自由地选择使用手势的频率和时间点。在这种条件下，对认知资源的需求不太可能超过认知容量，做出不同类型手势时，认知处理的细微差异可能不太明显。未来的研究应该考虑教学视频中使用教师手势的数量和时机对教学效果的影响。

四、整体讨论

本研究探究了录制教学视频时，教师手势对教学体验和教学效果的影响。结果发现，相比于描述性手势，指示性手势能带来更好的教学效果。而且，在所有显著结果中，效应值的绝对值均大于 0.52，这说明本研究具有中等或较大效应（Cohen，1988）。一般来说，效应值大于 0.40 被认为是有教育意义的（Hattie，2009）。本研究还通过 G*Power 软件进行了事前检验效应分析（d=1，α=0.05，power=0.95，ratioN2/N1=1），确定了所需样本量为 54，最后招募到的被试数量超过了所需样本量，即参加这两个实验的人数是足够的。研究结果符合具身认知理论与认知负荷理论（Sweller et al.，1998；Borghi & Cimatti，2010）。具身认知理论认为，手势能够传达信息，并能够将思维与外部世界联系起来，因此，在使用手势时，教师的思维会更加顺畅（Wilson，2002）。此外，根据认知负荷理论，教师在教学过程中使用手势可以降低他们的认知负荷。因此，使用手势的教师比不使用手势的教师的教学效果更好。

本研究存在两点局限。第一，没有考虑被试的专业对教学效果的影响。虽然本研究通过随机分组的方式来控制这一差异，但文科和理科的被试可能在思维方式和学习数学的方法上存在差异，这一点在未来的研究中应加以考虑。第二，被试备课后，没有对其进行知识测试。因此，我们无法确认两组教师对教学主题的掌握程度是否存在差异。

综上所述，本研究表明，在录制教学视频时：①教师使用手势可以提高教学效果；②与描述性手势相比，指示性手势对教学更有好处。因此，在录制教学视频时，不仅要关注教师的语言表达，还要关注教师的非语言行为（如手势、眼睛注视、身体姿势等）。此外，本研究鼓励教师在教学中使用手势，尤其是指示性手势。

第七章

教学视频中教师形象呈现的理论与实践启示

本章主要回答了“应当如何设计教学视频中的教师形象”这一问题，包括教学视频中教师形象呈现的理论启示与实践启示两部分。基于对以往研究和相关理论的梳理，以及笔者所开展的一系列实证研究，本章总结了教师形象特点对学习者学习效果的影响，并从认知和社会情绪两个层面探讨了教师形象特点的影响机制，最终提出了一系列教师形象设计的注意内容，以期为教学视频设计者提供指导。

第一节
教学视频中教师形象呈现的理论启示

尽管大部分的教学视频都呈现了教师形象，但目前尚缺乏相关的设计原则来指导教育实践者如何拍摄和设计教师形象。例如，在拍摄过程中，教师是否使用手势，教师的眼睛看向何处，教师站在什么位置等。随着教育信息化时代的到来，教学视频以其多通道呈现教学内容的主要优势，成为重要的教学资源之一。因此，探讨教师形象特点的作用对于提升教学视频的效果至关重要。

一、教学视频中教师形象对学习者学习效果的影响

无论是国外的在线开放课程，如 YouTube、可汗学院、edX 和 Coursera 等，还是国内的在线视频课程，如清华学堂在线、爱课程和网易云课堂等，教师形象通常都会呈现在教学视频中。这是因为人们普遍相信，教师形象的呈现有利于促进学习者学习。但是，这方面的实证研究并没有达成一致的结论。例如，Homer 等（2008）的研究比较了教学视频中有无教师形象对学习者的保持测验成绩和迁移测验成绩的影响。结果发现，与观看无教师形象的教学视频的学习者相比，观看有教师形象的教学视频的学习者的保持测验成绩和迁移测验成绩并没有更高。Kizilcec 等（2015）采用了较自然的教学研究，通过为期 8 周的田野观察发现，尽管学习者报告自己偏好有教师形象的教学视频，但 35%的学习者为了避免干扰，会选择观看无教师形象的教学视频，并且观看有教师形象和无教师形象的教学视频的学习者在学习效果上并不存在明显的差异。然而，另一些研究却得出了不同的结论。例如，王建等（2014）考察了教学视频中教师对学习者学习效果的影响，他们同样测量了学习者的保持测验成绩和迁移测验成绩。结果发现，观看有教师

形象的教学视频的学习者的学习成绩显著高于观看无教师形象的教学视频的学习者。Pi 等（2016）的研究进一步证实了王建等的这一研究结果。

通过本书前面章节对以往研究和相关理论的梳理，以及笔者进行的实证研究的结果可以看出，教师形象的呈现并不必然对学习者的学习起积极作用，教师形象的作用取决于教学视频中教师的行为，如眼睛注视、手势和面部表情等。例如，教师在教学中会经常使用各种手势来帮助学习者理解比较抽象的学习内容，或者是引导学习者快速找到他正在讲授的内容。有研究发现，教师手势的运用的确优化了学习者的学习过程，并提高了他们的学习效果（Sueyoshi & Hardison，2005；Valenzeno et al.，2003）。例如，Valenzeno 等（2003）比较了学习者在观看有手势和无手势的教学视频时的视觉注意力和学习效果的差异，并将头转过屏幕的次数作为评价学习者对视频课程的视觉注意力，学习效果采用自编的学习测验来测量。结果发现，观看有手势的教学视频的学习者会更少地将头转过屏幕，且取得的学习效果更好。笔者也通过一系列的实证研究证实了教师除了可以通过手势促进学习者学习之外，还可以通过目光引导等非言语行为提高学习者的视觉搜索效率和学习效果。

因此，教师形象是否能够促进学习者学习，并不单一地取决于其呈现与否，而且取决于教师在视频教学过程中的行为。根据前文的分析，教师的多种非言语行为还会相互作用，共同影响学习者的学习，如教师的面部表情加强了眼睛注视的引导作用。实际上，教学视频中通常呈现了教师的多种线索，因此，未来研究应该综合考虑多种线索对学习者通过教学视频学习的协同效应。

二、教学视频中教师形象影响学习的机制

学习是一种高级的认知活动，不仅涉及认知过程，还涉及社会情感成分。因此，我们认为，教师形象是通过认知层面和社会情绪层面影响学习者学习的。

在认知层面，一方面，教师形象的呈现可能会增加学习者的认知负荷，因为教师形象本身并不是学习材料，学习者如果耗费一定的认知资源加工教师形象，可能会出现注意力分离的情况，尤其是当视频画面中还有其他学习材料时（Ayres & Sweller，2014；Ouwehand et al.，2015a；Wilson et al.，2018）。眼动研究发现，当教师和学习材料同时呈现在教学视频中时，学习者会用超过 30%的时间加工教师的面部，并且不会随着时间的推移而下降（Pi & Hong，2016；van Wermeskerken & van Gog，2017）。认知负荷理论强调学习者的认知资源是有限的，应尽量减少学

习环境中与学习内容无关的信息，从而使有限的认知资源更多地被分配到更高级的学习过程中（Ayres & Sweller，2014）。从这一视角来看，教师形象的呈现可能会导致学习者出现注意力分离的情况。另一方面，教师通过优化学习者注意力分配过程，如教师通过指示性手势、目光引导和面部表情等提高学习者的视觉搜索效率，从而使他们分配更多的注意力资源至相关的学习内容上，并释放出更多的认知资源进行学习活动，如学习材料的选择、组织和整合，进而提高他们的学习效果（Pi et al.，2017b；Pi et al.，2019）。例如，笔者曾在 2017 年的一项研究中，当教师讲道："Photoshop 的曲线命令在未调整之前，曲线应该是这个正方形的对角线。如果图片太暗，就要将这条曲线从正方形对角线的下方往上拉"，对于无手势组来说，如果他们错过了教师的语言信息，他们就会不理解曲线在未调整之前是一条直线，以及具体怎么将曲线从下往上拉。然而，对于有手势组来说，教师在讲到曲线未调整之前是一条对角线时，会在正方形中画出一条对角线，来帮助学习者理解是一条怎样的直线，此外，在讲到图片太暗，需要将曲线从下往上拉时，教师会用手势模拟 PPT 中从下往上拉的姿势。这样，当学习者错过教师的语言信息时，还可以借助教师的手势来理解曲线的方向、位置和其他物理空间信息（Pi et al., 2017a）。因此，教师有效利用其非言语行为可以帮助学习者理解抽象的概念。

在社会情绪层面，教师通过激发学习者的社会情绪反应，如教师通过微笑的面部表情和眼神接触，促使学习者产生"这位老师很乐意给我上课"的想法，从而增强他们的学习动机，使他们投入更多的认知资源于学习活动中，进而促进深度学习的发生。多媒体学习中基于社会线索的原则和社会存在感理论均强调学习环境中社会线索的重要性，社会线索越多，学习者产生的社会情绪反应会越积极，如产生较高的社会存在感，进而提高学习效果（Gunawardena，1995；Kim & Biocca，1997；Tu，2002；Mayer，2014）。这一观点也得到了许多实证研究的支持（Beege et al.，2017，2019；Leong et al.，2017；Fiorella et al.，2019）。例如，当教学视频中教师使用直视目光与学习者发生眼神接触时，学习者与教师之间会发生更多的积极互动，并提高自身的学习效果。又如，当教学视频中教师使用丰富的面部表情时，学习者会产生更加积极的学习体验，并取得更好的学习效果（Wang et al.，2019）。因此，教师有效利用其言语和非言语行为，可以从社会情绪层面激发学习者积极的社会情绪反应，进而促进他们学习。

综上所述，教师形象对视频学习的影响是一个复杂的问题，其中涉及学习者的注意、认知负荷，以及学习动机和情绪等。因此，我们应该从认知和社会情绪两个层面探讨教师形象特点对学习者视频学习的影响。

早期的教师形象呈现的相关研究主要关注的是，教学视频中教师形象呈现与否对学习者学习的影响，当大量的研究并没有得出一致结论时，研究者开始探讨教师形象特点，如呈现比例、手势和眼睛注视等方面的特点对学习者视频学习的影响。结果发现，这些特点的确影响了学习者的视频学习效果（Fiorella et al.，2019；Pi et al.，2019）。因此，教师形象对学习者的视频学习有何种影响，取决于教师在视频教学过程中的行为。未来研究有必要探讨教师多种行为对视频学习的协同效应，并找出影响视频学习的关键因素。

三、视频学习的认知神经模型

教学视频采用多模态形式呈现教学材料，如文本、图片和音频等，不仅能够吸引学习者的注意力，还能够利用视听双通道加工的优势让学习者获得更好的学习效果。那么，学习者是如何加工教学视频中不同模态的信息的？其认知、情感、动机和大脑是如何参与学习过程的呢？基于对以往研究和相关理论的梳理，以及笔者进行的实证研究的结果，笔者构建了视频学习的认知神经模型，如图 7-1-1 所示。

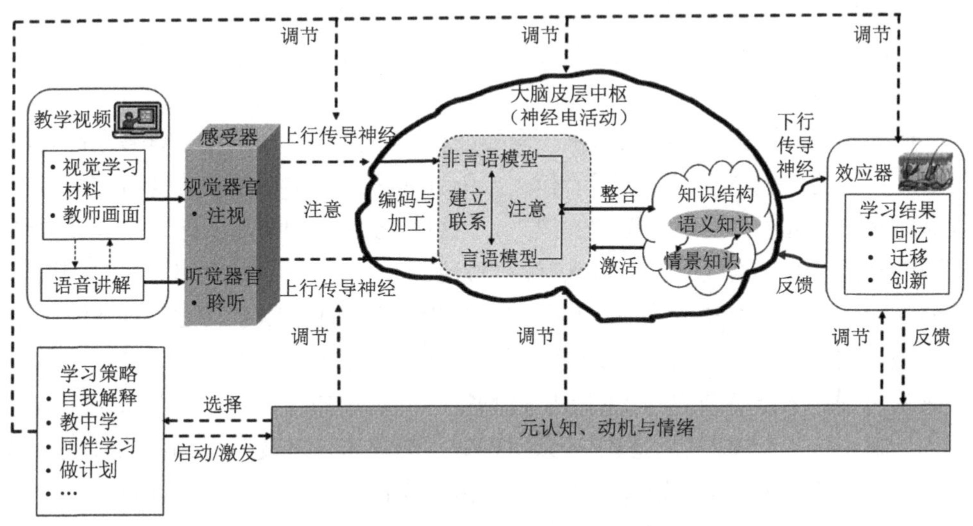

图 7-1-1　视频学习的认知神经模型

教学视频同时呈现视觉和听觉信息，其中，视觉信息包括视觉学习材料和教师形象，听觉信息就是教师的语音讲解。根据 Mayer（2005b）提出的多媒体学习认知理论，在学习者视频学习过程中，视听信息分别通过视觉器官（如眼睛）和听觉器官（如耳朵）进入其感受器，引发神经冲动。此阶段主要是进行信息输入，只有那些被注意的信息才能进入学习者的工作记忆中，并被进一步编码和加工。之后，这些神经冲动经过上行传导神经进入大脑，引发大脑皮层中枢神经电活动。此时，言语信息和非言语信息经过学习者的组织，形成联结，同时，学习者会激活头脑中已有的相关知识，将它们整合成新的信息，储存在长时记忆中。此时，学习者需要依赖他们的内部注意状态，做到注意力集中。最后，学习者通过下行传导神经，将神经冲动传导至效应器，表现形式为学习结果，包括回忆、迁移和创新，既可能是动作技能，也可能是思维产物。同样的，效应器也可以反过来作用于大脑的神经活动，从而影响信息的选择、组织和整合。

在整个教学视频学习过程中，学习者对视听信息的处理和加工及学习结果均受到其元认知、动机与情绪的调节作用。学习者在学习教学视频时的元认知、动机与情绪，不仅能够直接影响其认知神经活动的过程，还能够通过影响其对学习策略的选择，间接影响其视频学习过程。此外，学习者的学习策略也会反作用于其元认知、动机和情绪。例如，当学习者采用教中学策略时，他们期望将新学习到的知识教给其他学习者，以往研究发现，这样的教学目标与行为不仅能够激发他们的动机，也能够启动他们的元认知，从而监控整个学习过程（Kobayashi，2019；Roscoe & Chi，2008）。学习者的学习结果也会反过来影响其元认知、动机与情绪。

在视频学习的认知神经模型中，需要注意两点：第一，学习者能够进行视听信息加工的前提是注意，即学习者首先要能够注意到教学视频中的视听信息，才能够对其进行选择、组织与整合；第二，大脑神经活动的参与，即思考是获得新知识的必要条件。当视听信息进入学习者大脑后，大脑并不是简单地将它们进行存储，而是经过深思熟虑，在新知识与原有知识之间建立联系，之后才能够将新知识整合进原有的知识结构，实现知识结构的不断完善。综上，学习者加工教学视频的过程是十分复杂的。我们提出视频学习的认知神经模型，试图从认知神经层面，解释学习者如何加工教学视频呈现的视听信息，以及获得知识的过程。尽管以往研究和相关理论，以及笔者开展的系列实证研究，已经从不同方面探讨了教学视频学习过程，且积累了丰富的证据，但仍存在许多值得探究的问题，如当视觉学习材料和教师形象同时发生变化时，学习者的元认知、动机与情绪是如何调节学习过程和结果的等，未来研究需要进一步探索。

第二节

教学视频中教师呈现的实践启示

教学视频已成为学校、培训机构和公开课等的一种重要教学方式和资源。对现有教学视频的分析发现，许多教育实践者在设计和制作教学视频时，并没有依据实证研究结论，而是凭借个人的主观经验和喜好。杨九民等（2015）的一项研究发现，许多经验并不能提高视频课程的教学效果，如目前教学视频中的教师图像呈现比例通常为 65%左右。但本书研究发现，教学视频中呈现较小比例的教师图像比较有利于学习者学习满意度和学习效果的提高。此外，本书研究还发现，教学视频中教师的非言语行为，如手势也会对学习者的视觉注意力和学习效果产生影响，而以往的教学视频在呈现教师形象时，较随意地呈现其身体比例，这样会影响教师展现其身体语言，同时也不利于学习者学习。例如，部分教学视频只呈现教师的头部，在这样的教学视频中，学习者观察到的教师非言语线索较少，可能会影响他们与教师的互动感，进而影响其学习效果。

教师形象特点对视频学习的影响近年来才受到研究者的关注，研究成果还不够丰富，因此，以往教育实践者在录制教学视频时，较少考虑教师形象特点的设计。基于对以往研究和相关理论的梳理，以及笔者所开展的一系列实证研究，本书提出教师形象的设计应该从以下几个方面考虑。

1）教学视频中的教师应该采用近景或者中景的呈现方式（图 7-2-1），并且教师图像不宜过大，避免学习者因加工教师图像耗费过多的认知资源，而抵消了教师形象带来的积极社会情绪效应。

教学视频中教师近景呈现

教学视频中教师中景呈现

图 7-2-1　教学视频中教师呈现的不同景别

资料来源：刘小敏. 2018. 微课中教师画面形象效果的眼动实验研究. 芜湖：安徽师范大学

2）教师在讲解知识时，应采用第一人称或第二人称，并且应根据不同的教学目标，采用不同的言语风格，具体体现在，当教师要进一步阐述或要求学习者比较他们的想法时，可以采用“对话互动”的方式（图 7-2-2），如在视频拍摄时，教师向学习者提问，并留出一定的时间等待学习者思考或做出行为反应，并给予其类似“没错”“就是这样”“你答对了”“我也是这么想的”等积极的言语及身体动作的反馈。当要向学习者传递知识时，“权威互动”和“权威非互动”则是必不可少的。

图 7-2-2　教学视频中“对话互动”

资料来源：《微课设计与制作》. http://www.icourse163.org/learn/icourse-1001555013?tid=1206037205#/learn/content?type=detail&id=1210444808

3）教师在录制教学视频时，应该根据教学内容采用较为专业的着装。例如，如果讲授的是医学知识，教师可以穿着白大褂；如果讲授的是体育知识，教师可以穿着运动装（图 7-2-3）；如果讲授的是文学知识，教师可以尝试穿着汉服或者唐装等。教师较为专业的着装可以帮助学习者理解相关知识，同时使他们有更强的代入感。

图 7-2-3　教学视频中教师教授瑜伽的专业着装

资料来源：《大学生瑜伽》. http://www.icourse163.org/learn/PKU-1002518004?tid=1206064212#/learn/content?type=detail&id=1210479607

4）当教学视频画面中只有教师时，教师应该直视镜头，并且带上丰富的面部表情和手势（描述性手势和节拍性手势）（图 7-2-4），以增加与学习者之间的互动感，并吸引学习者更加关注教学视频。

教学视频中教师直视镜头且使用描述性手势

教学视频中教师直视镜头且使用节拍性手势

图 7-2-4　教学视频中教师直视镜头且使用丰富面部表情和手势

资料来源：《自我认知与情绪管理》. http://www.icourse163.org/learn/HIT-1002545001?tid=1206073204#/learn/content?type=detail&id=1210513099

《心理学：我知无不言，它妙不可言》. http://www.icourse163.org/learn/CCNU-1002124005?tid=1003114010#/learn/content?type=detail&id=1004484129

5）当教学视频画面中既包含教师，也包含学习内容（如幻灯片、白板和教具等）时，教师应该多采用目光引导，而不是一直直视镜头，并根据教学内容配合呈现惊讶、恐惧或微笑等的面部表情。此外，教师还可以使用手势引导学习者的注意力（如指示性手势，图 7-2-5）或者帮助他们理解一些抽象的概念（如描述性手势），以帮助学习者有效地分配注意力资源，并增强与他们之间的互动感，提高他们的学习效果。

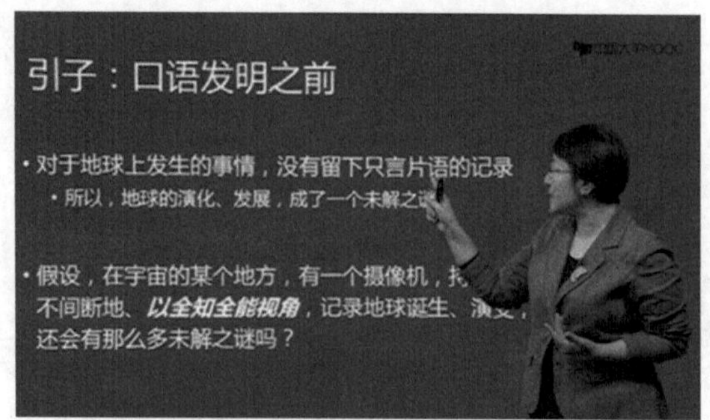

图 7-2-5　教学视频中教师使用目光引导和指示性手势

资料来源：《解密教育的技术变革史》. http://www.icourse163.org/learn/PKU-1002698020?tid=1003779049#/learn/content?type=detail&id=1005317754

6）无论教学视频的画面如何，教师在录制过程中都应该尽量不使用目光回避（图 7-2-6），以避免教师形象的加入成为学习者学习的干扰因素。

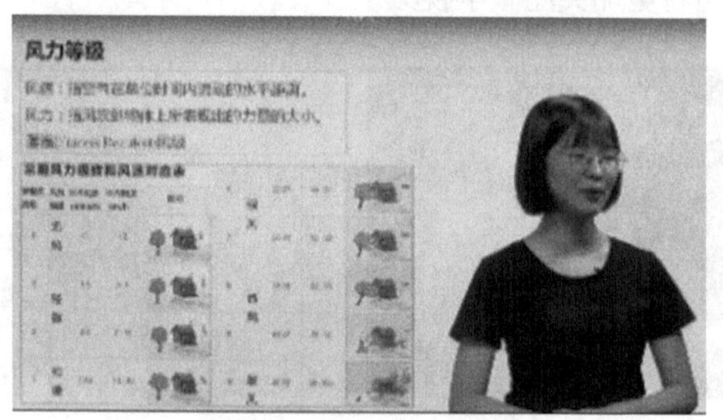

图 7-2-6　教学视频中教师的目光回避

最后，需要注意的是，本书的研究尚处于起步阶段，以上关于教师形象设计的建议是基于笔者对该领域的认识提出的，还存在尚未揭晓的部分，有待后续研究的进一步证实。

参 考 文 献

白学军，梁菲菲，张涛，等. 2009. 不同获奖等级青年教师手势语的量化研究. 宁波大学学报（教育科学版），31（4）：48-53.

本刊编辑部. 2011. 以网络电视之名. 广告人，（7）：86.

陈佳雪，谢和平，王福兴，等. 2018. 诱发的积极情绪会促进多媒体学习吗？ 心理科学进展，26（10）：1818-1830.

陈丽，陈侠，涂燊，等. 2015. 无意识情绪研究的新方向. 心理科学进展，23（10）：1701-1710.

陈玉洁. 2015. 群际威胁对"目光追随现象"的影响. 重庆：西南大学.

崔玉环. 2010. 教师服装的教学心理效应. 纺织教育，25（1）：54-56.

方其桂. 2019. 微课制作实例教程（微课版）. 北京：清华大学出版社.

冯涛，张进辅. 2006. 认知心理生理学与无创性脑功能成像技术. 心理科学，29（1）：151-153.

格雷戈里. 2016. 神秘的镜像神经元. 李婷燕译. 杭州：浙江人民出版社.

葛詹尼加，等. 2011. 认知神经科学：关于心智的生物学. 周晓林等译. 北京：中国轻工业出版社.

龚朝花，李倩，刘小会，等. 2018. 微视频自主学习中的心智游移、学习行为与学习绩效研究. 中国电化教育，5：110-117.

龚少英，上官晨雨，翟奎虎，等. 2017. 情绪设计对多媒体学习的影响. 心理学报，49(6)：771-782.

郭宏伟. 2017. "互联网+"高等教育环境下微课资源建设研究——以中医学专业系列微课为例. 中国电化教育，4：141-145.

郭小艳，王振宏. 2007. 积极情绪的概念、功能与意义. 心理科学进展，（5）：810-815.

何奎莲. 2013. 体态语：现代教师的必修课. 成都：西南交通大学出版社.

何文旦. 2014. 目光注视对 Stroop 效应的影响. 兰州：西北师范大学.

侯琳琳. 2012. 虚拟学习社区社会存在感研究. 大连：辽宁师范大学.

侯文文，李晶，李婷玉，等. 2018. 孤独症谱系障碍患者社会性注意异常的机制. 中国科学：生命科学，（1）：59-66.
江含雪. 2014. 传播学视域中的弹幕视频研究. 武汉：华中师范大学.
姜朝晖. 2014-09-23. "慕课"高辍学率亦不妨理性看待. 中国教育报，（2）.
教育部. 2019-04-29. 将分为三年全面实施"六卓越一拔尖"计划 2.0. http://www.moe.gov.cn/fbh/live/2019/50601/mtbd/201904/t20190430_380197. html.
靳娟. 2010. 跨文化商务沟通. 北京：首都经济贸易大学出版社.
卡尔森. 2007. 生理心理学(第六版). 苏彦捷等译. 北京：中国轻工业出版社.
雷家振，刘翠君. 2005. 语文对话教学的思考与实践. 语文教学与研究，（19）：46-47.
李恒，曹宇. 2015. 中国高水平英语学习者指示性手势研究. 解放军外国语学院学报，38（4）：51-58.
李红霞，张海钟. 2013. 社会身份突显性：从自我参照效应到群体参照效应的研究述评. 西华大学学报（哲学社会科学版），32（2）：52-59.
李辉，黄堂红. 2007. 浅谈网络教育中学生社会存在感的培养. 现代远距离教育，（4）：38-40.
李丽. 2019. 教学视频中教师手势和目光引导对学习者学习的影响：经验反转效应. 武汉：华中师范大学.
李明芳，张烨，张庆林. 2010. 面孔识别中脑电成分 N170 的研究概述. 心理科学进展，（12）：1942-1948.
李文静，王福兴，刘华山. 2015. 多媒体学习中动画教学代理的促进作用：来自眼动的证据. 第十八届全国心理学学术会议摘要集——心理学与社会发展，25-26.
李云飞. 2014. 课堂观察——教师在课堂上的目光分析. 数学之友，20：39.
梁进才. 2007. 谈谈教师教学语言艺术的重要性. 开封教育学院学报，27（4）：102-103.
廖声立，陶德清. 2004. 无意识情绪启动研究新进展. 心理科学，（3）：701-704.
林志成. 2005. 眼睛注视：独特的还是不独特的. 心理科学进展，13（4）：398-405.
刘庆昌. 2001. 对话教学初论. 课程・教材・教法，（12）：22-25.
刘爽，郑燕林，阮士桂. 2015. ARCS 模型视角下微课程的设计研究. 中国电化教育，377（2）：51-77.
刘万辉. 2015. 微课开发与制作技术. 北京：高等教育出版社.
刘小敏. 2018. 微课中教师画面形象效果的眼动实验研究. 芜湖：安徽师范大学.
刘亚，王振宏，孔风. 2011. 情绪具身观：情绪研究的新视角. 心理科学进展，19（1）：50-59.
卢康. 2012. 景别变化与观众反应. 文学界（理论版），3：200-201.
马美琴. 2010. 注重教师礼仪 提升职业形象. 潍坊学院学报，10（3）：118-120.
孟昭兰. 2005. 情绪心理学. 北京：北京大学出版社.
聂竹明，刘钊颖. 2018. 微课与慕课：基于信息技术的教育供给方式变革. 电化教育研究，39（4）：19-24.
皮忠玲. 2014. 视频播客呈现方式对学习效果的影响及其机制的眼动研究. 武汉：华中师范大学.
皮忠玲，章仪，杨九民. 2019. 教师手势对视频学习的影响及其认知神经机制. 中国电化教育，（4）：103-110.
钱国英. 2008. 情绪记忆的特点研究. 上海：华东师范大学.
任婷婷. 2014. 不同注意条件下视觉线索对社会性注意的影响. 兰州：西北师范大学.
尚慧琳. 2007. 浅谈电影画面的景别. 电影文学，（20）：99，123.
时宇石. 2014. 知识分类视角下 web2.0 教学模式对大学生学习影响的研究. 电化教育研究，（3）：

106-110.
舒少全. 2016. 交互式教学视频中问题的反馈内容对大学生学习效果的影响，武汉：华中师范大学.
苏小兵，管珏琪，钱冬明，等. 2014. 微课概念辨析及其教学应用研究. 中国电化教育，7：94-99.
孙崇勇. 2016. 英语多媒体学习中言语关联手势对认知负荷的影响. 心理与行为研究，14（5）：633-639.
谭雪芳. 2015. 弹幕，场景和社会角色的改变. 福建论坛：人文社会科学版，（12）：139-145.
陶彦. 2016. 教学视频呈现方式对程序性知识学习的影响研究. 武汉：华中师范大学.
腾艳杨. 2013. 社会临场感研究综述. 现代教育技术，23（3）：64-70.
万棣. 2009. 谈新时期教师素质的特性——兼谈教师服饰文化的育人功能. 教育探索，(3)：83-84.
汪羽. 2013. 大学生网络学习行为的影响因素研究——基于社会存在感视角. 中小学电教，（4）：57-60.
王蓓. 2018. 学习迁移理论在高中历史教学中的运用. 扬州：扬州大学.
王福顺，傅文青. 2015. 中医情绪心理学. 北京：中国中医药出版社.
王福兴，段朝辉，周宗奎. 2013. 线索在多媒体学习中的作用. 心理科学进展，21（8）：1430-1440.
王福兴，李文静，谢和平，等. 2017. 多媒体学习中教学代理有利于学习吗？——一项元分析研究. 心理科学进展，25（1）：12-28.
王红艳，胡卫平，皮忠玲，等. 2018. 教师行为对教学视频学习效果影响的眼动研究. 远程教育杂志，36（5）：105-114.
王健，郝银华，卢吉龙. 2014. 教学视频呈现方式对自主学习效果的实验研究. 电化教育研究，（3）：93-99.
王伟平，苏彦捷. 2007. 眼睛注视是独特的吗?——来自发展的证据. 心理学探新，27（3）：32-37.
王欣欣. 2013. 信息呈现方式与自我效能感对学习效果的影响研究. 大连：辽宁师范大学.
王永花，马雪晨. 2015. 我国中小学微课视频的分析研究——基于第一届中国微课大赛获奖视频的分析. 教学与管理，（9）：103-105.
王振宏，蒋长好. 2008. 情绪记忆的理论模型. 西北师大学报（社会科学版），45（4）：112-117.
吴润果，罗跃嘉. 2008. 情绪记忆的神经基础. 心理科学进展，16（3）：458-463.
吴岩. 2019-04-29. 2021 年形成我国高教高质量人才培养基础平台. http://www.moe.gov. cn/fbh/live/2019/50601/mtbd/201904/t20190430_380200.html.
伍尔福克. 2008. 教育心理学（第十版）. 何先友等译. 北京：中国轻工业出版社.
伍珍，郭睿. 2017. 婴儿指示性手势与其语言学习的关系. 心理科学进展，25（10）：1705-1712.
谢维奇，翟璐璐. 2003. “三分屏”课件研究. 河南广播电视大学学报，16（4）：5-6.
徐鹏. 2018. 教学视频中教师画面的形式因素分析——以在线开放课程平台“爱课程”为例. 现代教育技术，28（3）：73-79.
徐琦. 2008. 浅析虚拟环境下的社会存在感理论. 中国教育技术装备，（24）：18-19.
闫国利，熊建萍，臧传丽，等. 2013. 阅读研究中的主要眼动指标评述. 心理科学进展，21（4）：589-605.
杨芳荣. 2009. 浅谈如何集中小学生学习的注意力. 教育实践与研究，（9）：35.
杨九民. 2014. 在线视频课程中教师对学习过程与效果的影响. 武汉：华中师范大学.
杨九民，陶彦，罗丽君. 2015. 在线开放课程教学视频中的教师图像分析：现实状况与未来课题. 中国电化教育，（6）：59-61.
杨九民，章仪，李丽，等. 2019. 教师引导行为与学习者先前知识水平对视频学习的交互影响. 中国电化教育，（7）：74-81.
杨显忠. 2016. 教学视频中教师形象呈现方式对大学生学习的影响研究——以陈述性知识和程序性知识教学视频为例. 武汉：华中师范大学.
叶浩生. 2016. 镜像神经元的意义. 心理学报，48（4）：444-456.
叶浩生，肖珊珊. 2015. 镜像神经系统研究在课堂教学中的应用. 苏州大学学报（教育科学版），（2）：49-56.
于青青. 2014. MOOC 视频的分类及具体表现形式分析. 工业和信息化教育，（9）：84-87.
于青青，冯雪松. 2014. 基于内录式的 MOOCs 视频制作与分析. 中国教育信息化，（2）：14-16.
于青青，李晓明. 2015. MOOC 视频制作平民化方法的探索与评价. 现代远程教育研究，133（1）：106-112.
俞自萍，曹愈，曹凯. 1996. 色盲检查图（第五版）. 北京：人民卫生出版社.
喻静敏. 2017. 微视频中教师呈现对高中生学习过程与效果的影响研究. 郑州：河南大学.
喻韬文. 2016. 自我参照加工对有意遗忘的影响及特性. 长沙：湖南师范大学.
袁逖飞，陈巍，丁峻. 2007. 镜像神经元研究概况述评. 生命科学，（5）：86-89.
张爱玲. 1994. 童言无忌. 上海：上海书店出版社.
张恒超. 2018. 交流手势的认知特征. 心理科学进展，213（5）：40-53.
张家华，张剑平，黄丽英，等. 2009. "三分屏"网络课程界面的眼动实验研究. 远程教育杂志，17（6）：74-78.
张婕鑫. 2016. 浅谈大脑中的杏仁核. 临床医药文献电子杂志，（40）：202-203.
张晓景. 2017. 微课设计与制作专业教程. 北京：清华大学出版社.
张颖，刘幸娟，周建忠. 2014. 教师手势语言对学生学习影响的研究. 现代交际，（8）：201-202.
张智君，赵亚军，占琪涛. 2011. 注视方向的知觉对注视追随行为的影响. 心理学报，43（7）：726-738.
赵亚军，张智君. 2007. 眼睛注视的知觉及其线索效应. 应用心理学，13（4）：323-328.
郑洁琼，陈泽宇，王敏娟，等. 2012. 3G 网络下移动学习的探索与实践. 开放教育研究，18（1）：159-162.
郑俊，赵欢欢，颜志强，等. 2012. 多媒体视频学习中的教师角色. 心理研究，（5）：86-91.
中国大百科全书数据库. 2009. 情绪记忆检索结果. http://h.bkzx.cn/search?query=情绪记忆.
中国大学 MOOC. 2019-10-10. 吃货的营养学修养. http://www.icourse163.org/course/SCU-1003253003.
中国互联网络信息中心（CNNIC）. 第 43 次《中国互联网络发展状况统计报告》. http://www.cnnic.net.cn/hlwfzyj/hlwxzbg/hlwtjbg/201902/t20190228_70645. htm.
钟绍春，张琢，唐烨伟. 2014. 微课设计和应用的关键问题思考. 中国电化教育，34（12）：85-88.
周贤波. 2015. 基于学习者角度的微课建设策略研究. 中国电化教育，4：81-84.
朱明泉，张智君. 2007. 言语与手部运动关系的研究回顾. 心理科学进展，15（1）：88-93.
朱千，寇慧，毕泰勇. 2019. 面孔社会性线索的加工机制. 生理学报，（1）：73-85.
Abdous M H, Yoshimura M. 2010. Learner outcomes and satisfaction: A comparison of live video-streamed instruction, satellite broadcast instruction, and face-to-face instruction. ***Computers & Education***, 55(2): 733-741.
Adolphs R. 2002. Neural systems for recognizing emotion. ***Current Opinion in Neurobiology***, 12(2): 169-177.
Alexander R. 2008. ***Towards Dialogic Teaching: Rethinking Classroom Talk (4th ed.)***. Thirsk: Dialogos.

Alibali M W, Kita S, Young A J. 2000. Gesture and the process of speech production: We think, therefore we gesture. ***Language & Cognitive Processes***, 15(6): 593-613.

Alibali M W, Nathan M J, Church R B, et al. 2013. Teachers' gestures and speech in mathematics lessons: Forging common ground by resolving trouble spots. ***ZDM Mathematics Education***, 45(3): 425-440.

Alibali M W, Nathan M J. 2012. Embodiment in mathematics teaching and learning: Evidence from learners' and teachers' gestures. ***Journal of the Learning Sciences***, 21(2): 247-286.

Alibali M W, Nathan M J, Wolfgram M S, et al. 2014. How teachers link ideas in mathematics instruction using speech and gesture: A corpus analysis. ***Cognition & Instruction***, 32(1): 65-100.

Allen A P, Kennedy P J, Dockray S, et al. 2017. The trier social stress test: Principles and practice. ***Neurobiology of Stress***, 6(C): 113-126.

Allen I E, Seaman J. 2006. ***Making the Grade: Online Education in the United States***. Needham: Sloan Consortium.

Anderson J R. 1982. Acquisition of cognitive skill. ***Psychological Review***, 89: 369-406.

Anderson J R. 1995. ***Cognitive Psychology and its Implications (4th ed.)***. New York: W. H. Freeman and Company.

Anthony L, Carrington P, Chu P, et al. 2011. ***Gesture dynamics: Features sensitive to task difficulty and correlated with physiological sensors***//Inferring Cognitive and Emotional States from Multimodal Measures. Spain: Alicante.

Arslan-Ari I. 2018. Learning from instructional animations: How does prior knowledge mediate the effect of visual cues? ***Journal of Computer Assisted Learning***, 34(2): 140-149.

Atkinson R K, Mayer R E, Merrill M M. 2005. Fostering social agency in multimedia learning: Examining the impact of an animated agent's voice. ***Contemporary Educational Psychology***, 30(1): 117-139.

Austin E E, Sweller N. 2017. Getting to the elephants: gesture and preschoolers' comprehension of route direction information. ***Journal of Experimental Child Psychology***, 163: 1-14.

Ayres P, Paas F. 2007. Can the cognitive load approach make instructional animations more effective? ***Applied Cognitive Psychology***, 21(6): 811-820.

Ayres P, Sweller J. 2014. The split-attention principle in multimedia learning//Mayer R E. ***The Cambridge Handbook of Multimedia Learning***. New York: Cambridge University Press: 206-226.

Baddeley A. 1986. ***Working Memory***. Oxford: Oxford University Press.

Baddeley A. 1992. Working memory. ***Science***, 255(5044): 556-559.

Bandura A. 1997. ***Self-efficacy: The Exercise of Control***. New York: Worth Publishers.

Barberà G, Zwets M. 2013. Pointing and reference in sign language and spoken language: Anchoring vs. identifying. ***Sign Language Studies***, 13(4): 491-515.

Bartlett F C S. 1967. ***Remembering: A Study in Experimental and Social Psychology***. New York: Cambridge University Press.

Bayliss A P, Pellegrino G D, Tipper S P. 2005. Sex differences in eye gaze and symbolic cueing of attention. ***The Quarterly Journal of Experimental Psychology***, 58(4): 631-650.

Baylor A L. 2009. Promoting motivation with virtual agents and avatars: Role of visual presence and appearance. ***Philosophical Transactions of the Royal Society of London***, 364(1535): 3559-3565.

Baylor A L. 2011. The design of motivational agents and avatars. ***Educational Technology Research & Development***, 59(2): 291-300.

Baylor A L, Kim S. 2009. Designing nonverbal communication for pedagogical agents: When less is more. ***Computers in Human Behavior***, 25(2): 450-457.

Beege M, Nebel S, Schneider S, et al. 2019. Social entities in educational videos: Combining the effects of addressing and professionalism. ***Computers in Human Behavior***, 93: 40-52.

Beege M, Schneider S, Nebel S, et al. 2017. Look into my eyes! Exploring the effect of addressing in educational videos. ***Learning and Instruction***, 49: 113-120.

Behne T, Carpenter M, Tomasello M. 2010. One-year-olds comprehend the communicative intentions behind gestures in a hiding game. ***Developmental Science***, 8(6): 492-499.

Berge Z, Collins M. 1995. ***Computer-Mediated Communication and the Online Classroom: Overview and Perspectives.*** Cresskill: Hampton Press.

Biau E, Soto-Faraco S. 2013. Beat gestures modulate auditory integration in speech perception. ***Brain & Language***, 124(2): 143-152.

Biau E, Torralba M, Fuentemilla L, et al. 2015. Speaker's hand gestures modulate speech perception through phase resetting of ongoing neural oscillations. ***Cortex***, 68: 76-85.

Billmyer K, Varghese M. 2000. Investigating instrument-based pragmatic variability: Effects of enhancing discourse completion tests. ***Applied Linguistics***, 21(4): 517-552.

Bindemann M, Burton A M, Langton S R H. 2008. How do eye gaze and facial expression interact? ***Visual Cognition***, 16(6): 708-733.

Birmingham E, Kingstone A. 2009. Human social attention: A new look at past, present, and future investigations. ***Annals of the New York Academy of Sciences***, 1156(1): 118-140.

Black J B, Segal A, Vitale J, et al. 2012. Embodied cognition and learning environment design// Jonassen D, Land S. ***Theoretical foundations of learning environments***. New York: Routledge:198-223.

Bleichner M G, Freudenburg Z V, Jansma J M, et al. 2016. Give me a sign: Decoding four complex hand gestures based on high-density ECoG. ***Brain Structure and Function***, 221(1): 203-216.

Bock S W, Dicke P, Thier P. 2008. How precise is gaze following in humans? ***Vision Research***, 48(7): 946-957.

Bonifacci P, Ricciardelli P, Lugli L, et al. 2006. How do emotion and gaze direction interfere with overt orienting of visual attention. ***Cognitive Processing***, 7(1): 115.

Borghi A M, Cimatti F. 2010. Embodied cognition and beyond: Acting and sensing the body. ***Neuropsychologia***, 48(3): 763-773.

Borup J, West R E, Graham C R. 2012. Improving online social presence through asynchronous video. ***The Internet and Higher Education***, 15(3): 195-203.

Borup J, West R E, Graham C R. 2013. The influence of asynchronous video communication on learner social presence: A narrative analysis of four cases. ***Distance Education***, 34(1): 48-63.

Borup J, West R E, Thomas R A, et al. 2014. Examining the impact of video feedback on instructor social presence in blended courses. ***International Review of Research in Open and Distance Learning***, 15(3): 232-256.

Bradley B P, Mogg K, Millar N H. 2000. Covert and overt orienting of attention to emotional faces in anxiety. ***Cognition and Emotion***, 14(6): 789-808.

Breckinridge C R, Garber P, Rogalski K. 2007. The role of gesture in memory and social communication. ***Gesture***, 7(2): 137-158.

Brooks J R, Passaro A D, Kerick S E, et al. 2018. Overlapping brain network and alpha power changes suggest visuospatial attention effects on driving performance. ***Behavioral Neuroscience***, 132(1): 23-33.

Calder A J, Beaver J D, Winston J S, et al. 2007. Separate coding of different gaze directions in the superior temporal sulcus and inferior parietal lobule. ***Current Biology***, 17(1): 20-25.

Calder A J, Nummenmaa L. 2009. Neural mechanisms of social attention. ***Trends in Cognitive Sciences***, 13(3): 135-143.

Calvo M G, Lang P J. 2004. Gaze patterns when looking at emotional pictures: Motivationally biased attention. ***Motivation & Emotion***, 28(3): 221-243.

Cameron H, Xu X. 2011. Representational gesture, pointing gesture, and memory recall of preschool children. ***Journal of Nonverbal Behavior***, 35(2): 155-171.

Carlin J D, Calder A J. 2013. The neural basis of eye gaze processing. ***Current Opinion in Neurobiology***, 23(3): 450-455.

Carlson J M, Walla P. 2016. Facilitated orienting underlies fearful face-enhanced gaze cueing of spatial location. ***Cogent Psychology***, 3(1): 1147120.

Cassell J, McNeill D. 1991. Gesture and the Poetics of Prose. ***Poetics Today***, 12(3): 375-404.

Cha A, Hecht B R, Nelson K. 2004. Resident physician attire: Does it make a difference to our patients? ***American Journal of Obstetrics and Gynecology***, 190(5): 1484-1488.

Charman T, Baron-cohen S, Swettenham J, et al. 2000. Testing joint attention, imitation, and play as infancy precursors to language and theory of mind. ***Cognitive Development***, 15(4): 481-498.

Charness N, Reingold E M, Pomplun M, et al. 2001. The perceptual aspect of skilled performance in chess: Evidence from eye movements. ***Memory & Cognition***, 29(8): 1146-1152.

Chase W G, Simon H A. 1973. Perception in chess. ***Cognitive Psychology***, 4(1): 55-81.

Chawla P, Krauss R M. 1994. Gesture and speech in spontaneous and rehearsed narratives. ***Journal of Experimental Social Psychology***, 30(6): 580-601.

Chen C M, Wu C H. 2015. Effects of different video lecture types on sustained attention, emotion, cognitive load, and learning performance. ***Computers & Education***, 80(5): 108-121.

Chi M T, Kang S, Yaghmourian D L. 2017. Why students learn more from dialogue-than monologue-videos: Analyses of peer interactions. ***Journal of the Learning Sciences***, 26(1): 10-50.

Chui K. 2011. Do gestures compensate for the omission of motion expression in speech? ***Chinese Language & Discourse***, 2(2): 153-167.

Clifford C W G, Palmer C J. 2018. Adaptation to the direction of others' gaze: A review. ***Frontiers in Psychology***, 9: 2165.

Cochet H, Byrne R W. 2016. Communication in the second and third year of life: Relationships between nonverbal social skills and language. ***Infant Behavior and Development***, 44: 189-198.

Cohen J. 1988. ***Statistical Power Analysis for the Behavioral Sciences (2nd ed.)***. Hillsdale: Lawrence

Erlbaum Associates.

Cole R A . 2000. Issues in Web-based pedagogy: A critical prime. ***Review of Higher Education***, 27(2): 280-281.

Congdon E L, Novack M A, Brooks N, et al. 2017. Better together: Simultaneous presentation of speech and gesture in math instruction supports generalization and retention. ***Learning & Instruction***, 50(6): 65-74.

Conty L, George N, Hietanen J K. 2016. "Watching eyes" effects: When others meet the self: Consciousness and cognition. ***Consciousness & Cognition***, 45: 184-197.

Conty L, Grèzes J. 2012. Look at me, I'll remember you: The perception of self-relevant social cues enhances memory and right hippocampal activity. ***Human Brain Mapping***, 33(10): 2428-2440.

Cook S W, Duffy R G, Fenn K M. 2013. Consolidation and transfer of learning after observing hand gesture. ***Child Development***, 84(6): 1863-1871.

Cook S W, Mitchell Z, Goldin-Meadow S. 2008. Gesturing makes learning last. ***Cognition***, 106(2): 1047-1058.

Cooney S M, Brady N, Ryan K. 2017. Spatial orienting of attention to social cues is modulated by cue type and gender of viewer. ***Experimental Brain Research***, 235 (5): 1481-1490.

Cooper K M, Ding L, Stephens M D, et al. 2018. A course-embedded comparison of instructor-generated videos of either an instructor alone or an instructor and a student. ***CBE Life Sciences Education***, 17(2): 1-5.

Courchesne E, Norcia A M, Ganz L. 1981. Event-related brain potentials to human faces in infants. ***Child Development***, 52(3): 804-811.

Coyle J R, Thorson E. 2001. The effects of progressive levels of interactivity and vividness in web marketing sites. ***Journal of Advertising***, 30(3): 65-77.

Crook C, Schofield L. 2017. The video lecture. ***The Internet and Higher Education***, 34: 56-64.

Csibra G, Gergely G. 2009. Natural pedagogy. ***Trends in Cognitive Sciences***, 13(4): 148-153.

Cummins R G, Cui B. 2014. Reconceptualizing address in television programming: The effect of address and affective empathy on viewer experience of parasocial interaction. ***Journal of Communication***, 64(4): 723-742.

Dalgleish T. 2004. The emotional brain. ***Nature Reviews Neuroscience***, 5(7): 583-589.

Dalmaso M, Pavan G, Castelli L, et al. 2012. Social status gates social attention in humans. ***Biology Letters***, 8(3): 450-452.

Danielson J, Preast V, Bender H, et al. 2014. Is the effectiveness of lecture capture related to teaching approach or content type? ***Computers & Education***, 72: 121-131.

Dargue N, Sweller N. 2018. Not all gestures are created equal: The effects of typical and atypical iconic gestures on narrative comprehension. ***Journal of Nonverbal Behavior***, 42(3): 327-345.

Deaner R O, Shepherd S V, Platt M L. 2007. Familiarity accentuates gaze cuing in women but not men. ***Biology Letters***, 3(1): 64-67.

de Koning B B, Tabbers H K, Rikers R M J P, et al. 2009. Towards a framework for attention cueing in instructional animations: Guidelines for research and design. ***Educational Psychology Review***, 21(2): 113-140.

Dibble J L, Hartmann T, Rosaen S F. 2016. Parasocial interaction and parasocial relationship:

Conceptual clarification and a critical assessment of measures. ***Human Communication Research***, 42(1): 21-44.

Dick A S, Goldin-Meadow S, Solodkin A, et al. 2012. Gesture in the developing brain. ***Developmental Science***, 15(2): 165-180.

Dimitrova D, Chu M, Wang L, et al. 2016. Beat that word: How listeners integrate beat gesture and focus in multimodal speech discourse. ***Journal of Cognitive Neuroscience***, 28(9): 1255-1269.

Doi H, Sawada R, Masataka N. 2007. The effects of eye and face inversion on the early stages of gaze direction perception—An ERP study. ***Brain Research***, 1183: 83-90.

Downing P, Jiang Y, Shuman M, et al. 2001. A cortical area selective for visual processing of the human body. ***Science***, 293(5539): 2470-2473.

Driver J, Davis G, Ricciardelli P, et al. 1999. Gaze perception triggers reflexive visuospatial orienting. ***Visual Cognition***, 6(5): 509-540.

Du Y, Zhang Q, Zhang J X. 2014. Does N200 reflect semantic processing?—an ERP study on Chinese visual word recognition. ***PLoS One***, 9(3): e90794.

Dunbar R I M, Shultz S. 2007. Evolution in the social brain. ***Science***, 317(5843): 1344-1347.

Ekman P, Friesen W V. 1971. Constants across cultures in the face and emotion. ***Journal of Personality and Social Psychology***, 17(2): 124-129.

Emery N. 2000. The eyes have it: The neuroethology, function and evolution of social gaze. ***Neuroscience & Biobehavioral Reviews***, 24(6): 581-604.

Erickson K, Schulkin J. 2003. Facial expressions of emotion: A cognitive neuroscience perspective. ***Brain & Cognition***, 52(1): 52-60.

Evans M A. 1987. Discourse characteristics of reticent children. ***Applied Psycholinguistics***, 8(2): 171-184.

Farroni T, Csibra G, Simion F, et al. 2002. Eye contact detection in humans from birth. ***Proceedings of the National Academy of Sciences***, 99(14): 9602-9605.

Farroni T, Mansfield E M, Lai C, et al. 2003. Infants perceiving and acting on the eyes: Tests of an evolutionary hypothesis. ***Journal of experimental child psychology***, 85(3): 199-212.

Fernandez V, Simo P, Algaba I, et al. 2011. "Low-cost educational videos" for engineering students: A new concept based on video streaming and YouTube channels. ***International Journal of Engineering Education***, 27(3): 518-527.

Ferrari P F, Kohler E, Fogassi L, et al. 2000. The ability to follow eye gaze and its emergence during development in macaque monkeys. ***Proceedings of the National Academy of Sciences***, 97(25): 13997-14002.

Feyereisen P. 2006. Further investigation on the mnemonic effect of gestures: Their meaning matters. ***European Journal of Cognitive Psychology***, 18(2): 185-205.

Fiedler K, Nickel S, Asbeck J, et al. 2003. Mood and the generation effect. ***Cognition and Emotion***, 17(4): 585-608.

Fiorella L, Stull A T, Kuhlmann S, et al. 2019. Instructor presence in video lectures: The role of dynamic drawings, eye contact, and instructor visibility. ***Journal of Educational Psychology***, 111(7): 1162-1171.

Flevares L M, Perry M. 2001. How many do you see? The use of nonspoken representation in first-grade mathematics lessons. ***Journal of Educational Psychology***, 93(2):330-345.

Fogassi L. 2011. The mirror neuron system: How cognitive functions emerge from motor organization. ***Journal of Economic Behavior and Organization***, 77(1): 66-75.

Fox E. 2002. Processing emotional facial expressions: The role of anxiety and awareness. ***Cognitive Affective & Behavioral Neuroscience***, 2(1): 52-63.

Fox E, Lester V, Russo R, et al. 2000. Facial expressions of emotion: Are angry faces detected more efficiently? ***Cognition and Emotion***, 14(1): 61-92.

Freire A, Eskritt M, Lee K. 2004. Are eyes windows to a deceiver's soul? Children's use of another's eye gaze cues in a deceptive situation. ***Developmental Psychology***, 40(6): 1093-1104.

Friesen C K, Kingstone A. 1998. The eyes have it! Reflexive orienting is triggered by nonpredictive gaze. ***Psychonomic Bulletin & Review***, 5: 490-495.

Friesen C K, Kingstone A. 2003. Covert and overt orienting to gaze direction cues and the effects of fixation offset. ***NeuroReport***, 14(3): 489-493.

Frischen A, Bayliss A P, Tipper S P. 2007. Gaze cueing of attention: Visual attention, social cognition, and individual differences. ***Psychological bulletin***, 133(4): 694-724.

Fulk J, Steinfield C W, Schmitz J, et al. 1987. A social information processing model of media use in organizations. ***Communication Research***, 14(5): 529-552.

Ganel T, Goshen-Gottstein Y, Goodale M A. 2005. Interactions between the processing of gaze direction and facial expression. ***Vision Research***, 45(9): 1191-1200.

Gard T. 2000. ***Building Character***. Gama Network: Gamasutra. com.

Garrison D R, Anderson T, Archer W. 1999. Critical inquiry in a text-based environment: Computer conferencing in higher education. ***The Internet and Higher Education***, 2(2-3): 87-105.

Gee J P. 1996. ***Social Linguistics and Literacies: Ideology in Discourses (2nd ed.)***. London: Routledge .

Gentilucci M, Benuzzi F, Gangitano M, et al. 2001. Grasp with hand and mouth: A kinematic study on healthy subjects. ***Journal of Neurophysiology***, 86(4): 1685-1699.

Giannakos M N. 2013. Exploring the video-based learning research: A review of the literature. ***British Journal of Educational Technology***, 44(6): 191-195.

Giles D C. 2002. Parasocial interaction: A review of the literature and a model for future research. ***Media Psychology***, 4(3): 279-305.

Ginns P, Martin A J, Marsh H W. 2013. Designing instructional text in a conversational style: A meta-analysis. ***Educational Psychology Review***, 25(4): 445-472.

Gobel M S, Kim H S, Richardson D C. 2015. The dual function of social gaze. ***Cognition***, 136: 359-364.

Goldin-Meadow S. 2005. ***Hearing gesture: How our hands help us think***. Cambridge: Belknap Press of Harvard University Press.

Goldin-Meadow S. 2010. Hands in the air. ***Scientific American Mind***, 21(4): 48-55.

Goldin-Meadow S. 2014. How gesture works to change our minds. ***Trends in Neuroscience and Education***, 3(1): 4-6.

Goldin-Meadow S. 2015. From action to abstraction: Gesture as a mechanism of change. ***Developmental Review***, 38: 167-184.

Goldin-Meadow S, Alibali M W. 2013. Gesture's role in speaking, learning, and creating language. ***Annual Review of Psychology***, 64(1): 257-283.

Goldin-Meadow S, Beilock S L. 2010. Action's influence on thought: The case of gesture. ***Perspectives on Psychological Science***, 5(6): 664-674.

Goldin-Meadow S, Cook S W, Mitchell Z A. 2009. Gesturing gives children new ideas about math. ***Psychological Science***, 20(3): 267-272.

Goldin-Meadow S, Kim S, Singer M. 1999. What the teacher's hands tell the student's mind about math. ***Journal of Educational Psychology***, 91(4): 720-730.

Goldin-Meadow S, McNeill D, Singleton J. 1996. Silence is liberating: Removing the handcuffs on grammatical expression in the manual modality. ***Psychological Review***, 103(1): 34-55.

Goldin-Meadow S, Mylander C, Butcher C. 1995. The resilience of combinatorial structure at the word level: Morphology in self-styled gesture systems. ***Cognition,*** 56(3): 195-262.

Goldin-Meadow S, Nusbaum H, Garber P, et al. 1993. Transitions in learning: Evidence for simultaneously activated strategies. ***Journal of Experimental Psychology Human Perception & Performance***, 19(1): 92-107.

Goldin-Meadow S, Singer M. 2003. From children's hands to adults' ears: Gesture's role in the learning process. ***Developmental Psychology***, 39(3): 509-520.

Goldman R, Pea R, Barron B, et al. 2014. ***Video Research in the Learning Sciences***. London: Routledge.

González-Gómez F, Guardiola J, Martín-Rodríguez Ó, et al. 2012. Gender differences in e-learning satisfaction. ***Computers & Education***, 58(1): 283-290.

Graham R, Kelland-Friesen C K, Fichtenholtz H M, et al. 2010. Modulation of reflexive orienting to gaze direction by facial expressions. ***Visual Cognition***, 18(3): 331-368.

Grossmann T, Striano T, Friederici A D. 2007. Developmental changes in infants' processing of happy and angry facial expressions: A neurobehavioral study. ***Brain & Cognition***, 64(1): 30-41.

Grubb A, Hines M. 2000. Tearing down barriers and building communities: Pedagogical strategies for the Web-based environment, ***Issues in Web-Based Pedagogy*** : 365-380.

Gunawardena C N. 1995. Social presence theory and implications for interaction and collaborative learning in computer conferences. ***International Journal of Educational Telecommunications***, 1(2): 147-166.

Gunawardena C N, Zittle F J. 1997. Social presence as a predictor of satisfaction within a computer-mediated conferencing environment. ***American Journal of Distance Education***, 11(3): 8-26.

Gunes H, Piccardi M. 2007. Bi-modal emotion recognition from expressive face and body gestures. ***Journal of Network and Computer Applications***, 30(4): 1334-1345.

Guo P J, Kim J, Rubin R. 2014. How video production affects student engagement: An empirical study of MOOC videos// Sahami M. ***Proceedings of the First ACM Conference on Learning***. New York: The Association for Computing Machinery: 41-50.

Gütl C, Rizzardini R H, Chang V, et al. 2014. Attrition in MOOC: Lessons learned from drop-out students//Uden L, Sinclair J, Toa Y, et al. ***Learning Technology for Education in Cloud: MOOC and Big Data***. Zurich: Springer: 37-48.

Harp S F, Mayer R E. 1998. How seductive details do their damage: A theory of cognitive interest in science learning. ***Journal of Educational Psychology***, 90(3): 414-434.

Hartmann T, Schramm H, Klimmt C. 2004. Personenorientierte medienrezeption: Ein zwei-ebenen-modell parasozialer interaktionen. ***Publizistik***, 49(1): 25-47.

Hattie J. 2009. ***Visible learning: A synthesis of over 800 meta-analyses relating to achievement.*** New York: Routledge.

Hayes A. 2018. ***Introduction to Mediation, Moderation, and Conditional Process Analysis: A Regression-Based Approach (2nd ed.***). New York: Guilford Press.

Hegarty M, Canham M S, Fabrikant S I. 2010. Thinking about the weather: How display salience and knowledge affect performance in a graphic inference task. ***Journal of Experimental Psychology: Learning, Memory, and Cognition***, 36(1): 37-53.

Heidig S, Clarebout G. 2011. Do pedagogical agents make a difference to student motivation and learning? ***Educational Research Review***, 6(1): 27-54.

Henderson J M. 2003. Human gaze control during real-world scene perception. ***Trends in Cognitive Sciences***, 7(11): 498-504.

Herrmann C S, Strüber D, Helfrich R F, et al. 2016. EEG oscillations: From correlation to causality. ***International Journal of Psychophysiology***, 103: 12-21.

Hertenstein M J, Campos J J. 2004. The retention effects of an adult's emotional displays on infant behavior. ***Child Development***, 75(2): 595-613.

Hietanen J K. 1999. Does your gaze direction and head orientation shift my visual attention? ***Neuroreport***, 10(16): 3443-3447.

Hietanen J K. 2002. Social attention orienting integrates visual information from head and body orientation. ***Psychological Research***, 66(3): 174-179.

Hill J L, Nelson A. 2011. New technology, new pedagogy? Employing video podcasts in learning and teaching about exotic ecosystems. ***Environmental Education Research***, 17(3): 393-408.

Ho C L, Dzeng R J. 2010. Construction safety training via e-Learning: Learning effectiveness and user satisfaction. ***Computers & Education***, 55(2): 858-867.

Hoehl S, Palumbo L, Heinisch C, et al. 2008. Infants' attention is biased by emotional expressions and eye-gaze direction. ***Neuroreport***, 19(5): 579-582.

Hoehl S, Striano T. 2008. Neural processing of eye gaze and treat-related emotional facial expressions in infancy. ***Child Development***, 79(6): 1752-1760.

Hoehl S, Striano T. 2010. The development of emotional face and eye gaze processing. ***Developmental Science***, 13(6): 813-825.

Hoehl S, Wiese L, Striano T. 2008. Young infants' neural processing of objects is affected by eye gaze direction and emotional expression. ***PLoS One***, 3(6): e2389.

Höffler T N, Leutner D. 2007. Instructional animation versus static pictures: A meta-analysis. ***Learning and Instruction***, 17(6): 722-738.

Hoffman E A, Haxby J V. 2000. Distinct representations of eye gaze and identity in the distributed human neural system for face perception. ***Nature Neuroscience***, 3(1): 80-84.

Holle H, Gunter T C, Rüschemeyer S A, et al. 2008. Neural correlates of the processing of co-speech gestures. ***NeuroImage***, 39(4): 2010-2024.

Holle H, Obleser J, Rueschemeyer S A, et al. 2010. Integration of iconic gestures and speech in left superior temporal areas boosts speech comprehension under adverse listening conditions. ***NeuroImage***, 49(1): 875-884.

Holler J, Kokal I, Toni I, et al. 2015. Eye'm talking to you: Speakers' gaze direction modulates co-speech gesture processing in the right MTG. ***Social Cognitive & Affective Neuroscience***, 10(2): 255-261.

Holler J, Schubotz L, Kelly S, et al. 2014. Social eye gaze modulates processing of speech and co-speech gesture. ***Cognition***, 133(3): 692-697.

Holmqvist K, Nystrom M, Andersson R, et al. 2011. ***Eye Tracking: A Comprehensive Guide to Methods and Measures***. Oxford: Oxford University Press.

Homer B D, Plass J L, Blake L. 2008. The effects of video on cognitive load and social presence in multimedia-learning. ***Computers in Human Behavior***, 24(3): 786-797.

Hong J, Heikkinen J, Blomqvist K. 2010. Culture and knowledge co-creation in R&D collaboration between MNCs and Chinese universities. ***Knowledge and Process Management***, 17(2): 62-73.

Hong J, Pi Z, Yang J. 2018. Learning declarative and procedural knowledge via video lectures: Cognitive load and learning effectiveness. ***Innovations in Education and Teaching International***, 55(1): 74-81.

Hooker C I L, Paller K A, Gitelman D R, et al. 2003. Brain networks for analyzing eye gaze. ***Cognitive Brain Research***, 17(2): 406-418.

Horton D, Wohl R. 1956. Mass communication and para-social interaction. ***Psychiatry***, 19(3): 215-229.

Hostetter A B, Alibali M W. 2008. Visible embodiment: Gestures as simulated action. ***Psychonomic Bulletin & Review,*** 15(3): 495-514.

Hostetter A B. 2011. When do gestures communicate? A meta-analysis. ***Psychological Bulletin***, 137(2): 297-315.

Howard Gola A A, Richards M N, Lauricella A R, et al. 2013. Building meaningful parasocial relationships between toddlers and media characters to teach early mathematical skills. ***Media Psychology***, 16(4): 390-411.

Howe C, Abedin M. 2013. Classroom dialogue: A systematic review across four decades of research. ***Cambridge Journal of Education***, 43(3): 325-356.

Hubbard A L, McNealy K, Zeeland S V, et al. 2012. Altered integration of speech and gesture in children with autism spectrum disorders. ***Brain and Behavior***, 2(5): 606-619.

Hubbard A L, Wilson S M, Callan D E, et al. 2009. Giving speech a hand: Gesture modulates activity in auditory cortex during speech perception. ***Human Brain Mapping***, 30(3): 1028-1037.

Iacoboni M, Dapretto M. 2006. The mirror neuron system and the consequences of its dysfunction. ***Nature Reviews Neuroscience***, 7(12): 942-951.

Ianì F, Burin D, Salatino A, et al. 2018. The beneficial effect of a speaker's gestures on the listener's memory for action phrases: The pivotal role of the listener's premotor cortex. ***Brain and Language***, 180-182: 8-13.

Igualada A, Esteve-Gibert N, Prieto P. 2017. Beat gestures improve word recall in 3-to 5-year-old children. ***Journal of Experimental Child Psychology***, 156: 99-112.

Ilioudi C, Giannakos M N, Chorianopoulos K. 2013. Investigating differences among the commonly used video lecture styles//Teasley S D. ***Proceedings of the Workshop on Analytics on Video-Based Learning***. New York: The Association for Computing Machinery: 21-26.

Iverson J M, Goldin-Meadow S. 1998. Why people gesture when they speak. ***Nature***, 396(6708): 228.

Jackson M C. 2018. Eye gaze influences working memory for happy but not angry faces. ***Cognition and Emotion***, 32(4): 719-728.

Jamet E. 2014. An eye-tracking study of cueing effects in multimedia learning. ***Computers in Human Behavior***, 32: 47-53.

Jeannerod M. 1994. The representing brain: Neural correlates of motor intention and imagery. ***Behavioral and Brain Sciences***, 17(2): 187-245.

Johnson A M, Ozogul G, Reisslein M. 2015. Supporting multimedia learning with visual signalling and animated pedagogical agent: Moderating effects of prior knowledge. ***Journal of Computer Assisted Learning***, 31(2): 97-115.

Johnston J. 2015. Issues of professionalism and teachers: Critical observations from research and the literature. ***The Australian Educational Researcher***, 42(3): 299-317.

Jones B C, DeBruine L M, Main J C, et al. 2010. Facial cues of dominance modulate the short-term gaze-cuing effect in human observers. ***Proceedings Biological Sciences,*** 277(1681): 617-624.

Kalyuga S. 2007. Expertise reversal effect and its implications for learner-tailored instruction. ***Educational Psychology Review***, 19(4): 509-539.

Kalyuga S. 2011. Cognitive load theory: How many types of load does it really need? ***Educational Psychology Review***, 23(1): 1-19.

Kalyuga S. 2014. The Expertise Reversal Principle in Multimedia Learning//Mayer R E. ***The Cambridge Handbook of Multimedia Learning***. New York: Cambridge University Press: 683-707.

Kalyuga S, Chandler P, Sweller J. 2000. Incorporating learner experience into the design of multimedia instruction. ***Journal of Educational Psychology***, 92(1): 126-136.

Kalyuga S, Rikers R, Paas F. 2012. Educational implications of expertise reversal effects in learning and performance of complex cognitive and sensorimotor skills. ***Educational Psychology Review***, 24(2): 313-337.

Kang S, Hallman G L, Son L K, et al. 2013. The different benefits from different gestures in understanding a concept. ***Journal of Science Education & Technology***, 22(6): 825-837.

Kapfhamer J D, Strawn E Y, Eastwood D, et al. 2013. Pregnancy rate in women with primary infertility based on self-reported stress level at the time of initial infertility consultation with a reproductive specialist. ***Fertility & Sterility***, 100(3): S413.

Kay R, Kletskin I. 2012. Evaluating the use of problem-based video podcasts to teach mathematics in higher education. ***Computers & Education***, 59(2): 619-627.

Kear K. 2010. Social presence in online learning communities. ***7th International Conference on Networked Learning***: 541-548.

Kelly S D. 2001. Broadening the units of analysis in communication: speech and nonverbal behaviours in pragmatic comprehension. ***Journal of Child Language***, 28(2): 325-349.

Kelly S D, Church R B. 1998. A comparison between children’s and adults’ ability to detect conceptual

information conveyed through representational gestures. ***Child Development***, 69(1):85-93.

Kelly S D, Creigh P, Bartolotti J. 2010. Integrating speech and iconic gestures in a Stroop-like task: Evidence for automatic processing. ***Journal of Cognitive Neuroscience***, 22(4): 683-694.

Kelly S D, Goldsmith L. 2004. Gesture and right hemisphere involvement in evaluating lecture material. ***Gesture***, 4(1): 25-42.

Kelly S D, Ozyürek A, Maris E. 2010. Two sides of the same coin: Speech and gesture mutually interact to enhance comprehension. ***Psychological Science***, 21(2): 260-267.

Kendon A. 1986. Some reasons for studying gesture. ***Semiotica***, 62(1-2): 3-28.

Kendon A. 2004. ***Gesture: Visible Action as Utterance***. Cambridge: Cambridge University Press.

Kennedy A. 2016. Eye tracking: A comprehensive guide to methods and measures. ***Quarterly Journal of Experimental Psychology***, 69(3): 607-609.

Kessous L, Castellano G, Caridakis G. 2010. Multimodal emotion recognition in speech-based interaction using facial expression, body gesture and acoustic analysis. ***Journal of Multimodal User Interfaces***, 3(1-2): 33-48.

Khacharem A. 2017. Top-down and bottom-up guidance in comprehension of schematic football diagrams. ***Journal of Sports Sciences***, 35(12): 1204-1210.

Kilner J M, Lemon R N. 2013. What we know currently about mirror neurons. ***Current Biology***, 23(23): 1057-1062.

Kim D, Kim D J. 2012. Effect of screen size on multimedia vocabulary learning. ***British Journal of Educational Technology***, 43(1): 62-70.

Kim T, Biocca F. 1997. Telepresence via television: Two dimensions of telepresence may have different connections to memory and persuasion. ***Journal of Computer-Mediated Communication***, 3(2): 9-10.

Kizilcec R F, Bailenson J N, Gomez C J. 2015. The instructor's face in video instruction: Evidence from two large-scale field studies. ***Journal of Educational Psychology***, 107(3): 724-739.

Kizilcec R F, Papadopoulos K, Sritanyaratana L. 2014. Showing face in video instruction: Effects on information retention, visual attention, and affect//Jones M, Palanque P. ***Proceedings of the Annual SIGCHI Conference on Human Factors in Computing Systems***. New York: The Association for Computing Machinery: 2095-2102.

Knörzer L, Brünken R, Park B. 2016. Facilitators or suppressors: Effects of experimentally induced emotions on multimedia learning. ***Learning & Instruction***, 44: 97-107.

Kobayashi K. 2019. Learning by preparing-to-teach and teaching: A meta-analysis. ***Japanese Psychological Research***, 61(3): 192-203.

Koumoutsakis T, Church R B, Alibali M W, et al. 2016. Gesture in instruction: Evidence from live and video lessons. ***Journal of Nonverbal Behavior***, 40(4): 301-315.

Kounios J, Holcomb P J. 1994. Concreteness effects in semantic processing: ERP evidence supporting dual-coding theory. ***Journal of Experimental Psychology: Learning, Memory, and Cognition***, 20(4): 804-823.

Krahmer E, Swerts M. 2007. The effects of visual beats on prosodic prominence: Acoustic analyses, auditory perception and visual perception. ***Journal of Memory & Language***, 57(3): 396-414.

Krauss R M. 1998. Why do we gesture when we speak? ***Current Directions in Psychological Science***,

7(2): 54-60.

Kushch O, Igualada A, Prieto P. 2018. Prominence in speech and gesture favour second language novel word learning. ***Language, Cognition and Neuroscience***, 33(8): 992-1004.

Kylhammar M. 2012. ***Scoop! A movement-based math game designed to reduce math anxiety***. Chi 12 Extended Abstracts on Human Factors in Computing Systems. Austin: Texas.

Laidlaw K E W, Foulsham T, Kuhn G, et al. 2011. Potential social interactions are important to social attention. ***Proceedings of the National Academy of Sciences of the United States of America***, 108(14): 5548-5553.

Langton S R H, Watt R J, Bruce V. 2000. Do the eyes have it? Cues to the direction of social attention. ***Trends in Cognitive Sciences***, 4(2): 50-59.

Lassalle A, Itier R J. 2013. Fearful, surprised, happy, and angry facial expressions modulate gaze-oriented attention: Behavioral and ERP evidence. ***Social Neuroscience***, 8(6): 583-600.

Lawson R P, Calder A J. 2016. The "where" of social attention: Head and body direction aftereffects arise from representations specific to cue type and not direction alone. ***Cognitive Neuroscience***, 7(1-4): 103-113.

Lawson R, Aylward J, Roiser J, et al. 2018. Adaptation of social and non-social cues to direction in adults with autism spectrum disorder and neurotypical adults with autistic traits. ***Developmental Cognitive Neuroscience***, 29: 108-116.

Lebarton E S, Goldin-Meadow S, Raudenbush S. 2015. Experimentally-induced increases in early gesture lead to increases in spoken vocabulary. ***Journal of Cognition & Development***, 16(2): 199-220.

LeDoux J. 1994. Emotion, memory and the brain. ***Scientific American***, 270(6): 50-57.

LeDoux J. 2003. The emotional brain, fear, and the amygdala. ***Cellular and Molecular Neurobiology***, 23(4-5): 727-738.

Lee T M C, Liu H L, Hoosain R, et al. 2002. Gender differences in neural correlates of recognition of happy and sad faces in humans assessed by functional magnetic resonance imaging. ***Neuroscience Letters***, 333(1): 13-16.

Leeb R T, Rejskind F G. 2004. Here's looking at you, kid! A longitudinal study of perceived gender differences in mutual gaze behavior in young infants. ***Sex Roles***, 50: 1-14.

Leong V, Byrne E, Clackson K, et al. 2017. Speaker gaze increases information coupling between infant and adult brains. ***Proceedings of the National Academy of Sciences of the United States of America***, 114(50): 13290-13295.

Lin P, Chang Y, Lin H, et al. 2017. Fostering college students' creative capacity through computer-supported knowledge building. ***Journal of Computers in Education***, 4(1): 43-56.

Liszkowski U. 2014. Pointing//Brooks P, Kempe V. ***Encyclopedia of Language Development***. Thousand Oaks: SAGE Publications: 471-473.

Llanes-Coromina J, Vilà-Giménez I, Kushch O, et al. 2018. Beat gestures help preschoolers recall and comprehend discourse information. ***Journal of Experimental Child Psychology***, 172: 168-188.

Lowe R K. 1993. Constructing a mental representation from an abstract technical diagram. ***Learning and Instruction***, 3(3): 157-179.

Lowe R K. 1994. Selectivity in diagrams: Reading beyond the lines. ***Educational Psychology***, 14(4):

467-491.

Lowe R K. 2004. Interrogation of a dynamic visualization during learning. ***Learning & Instruction***, 14(3): 257-274.

Lowenthal P R. 2009. The evolution and influence of social presence theory on online learning// Kidd T T. ***Online Education and Adult Learning: New Frontier for Teaching Practices***. Hershey: IGI Global: 124-139.

Lutchmaya S, Baron-Cohen S, Raggatt P. 2002. Foetal testosterone and eye contact in 12-month-old human infants. ***Infant Behavior and Development***, 25(3): 327-335.

Lyons A, Reysen S, Pierce L. 2012. Video lecture format, student technological efficacy, and social presence in online courses. ***Computers in Human Behavior***, 28(1): 181-186.

Macedonia M, Müller K, Friederici A D. 2011. The impact of iconic gestures on foreign language word learning and its neural substrate. ***Human Brain Mapping***, 32(6): 982-998.

Major L, Warwick P, Rasmussen I, et al. 2018. Classroom dialogue and digital technologies: A scoping review. ***Education and Information Technologies***, 23(5): 1995-2028.

Maniar N, Bennett E, Hand S, et al. 2008. The effect of mobile phone screen size on video-based learning. ***Journal of Software***, 3(4): 51-61.

Margoniner V, Bürki J, Kapp M. 2019. Monkeying around in mechanics: Using student-student dialogue videos to increase physics learning. ***The Physics Teacher***, 57(4): 232-235.

Marí-Beffa P, Valdés B, Cullen D J, et al. 2005. ERP analyses of task effects on semantic processing from words. ***Cognitive Brain Research***, 23(2): 293-305.

Mariooryad S, Kannan A, Hakkani-Tur D, et al. 2014. Automatic characterization of speaking styles in educational videos. ***IEEE International Conference on Acoustics, Speech and Signal Processing-Proceedings***: 4848-4852.

Marstaller L, Burianová H. 2014. The multisensory perception of co-speech gestures—A review and meta-analysis of neuroimaging studies. ***Journal of Neurolinguistics***, 30: 69-77.

Matthews G, Joyner L, Gilliland K, et al. 1999. Validation of a comprehensive stress state questionnaire: Towards a state big three. ***Personality Psychology in Europe***, 7: 335-350.

Mayer R E. 2001. ***Multimedia Learning***. New York: Cambridge University Press.

Mayer R E. 2005a. Principles of multimedia learning based on social cues: Personalization, voice, and image principles// Mayer R E. ***The Cambridge Handbook of Multimedia Learning***. Cambridge: Cambridge University Press: 201-214.

Mayer R E. 2005b. ***The Cambridge Handbook of Multimedia Learning***. New York: Cambridge University Press.

Mayer R E. 2014. ***The Cambridge Handbook of Multimedia Learning (2nd ed.)***. New York: Cambridge University Press.

Mayer R E. 2019. Thirty years of research on online learning. ***Applied Cognitive Psychology***, 33(2): 152-159.

Mayer R E. 2020. Searching for the role of emotions in e-learning. ***Learning and Instruction***, 70: 101213.

Mayer R E, Dapra C S. 2012. An embodiment effect in computer-based learning with animated pedagogical agents. ***Journal of Experimental Psychology: Applied***, 18(3): 239-252.

Mayer R E, Estrella G. 2014. Benefits of emotional design in multimedia instruction. ***Learning & Instruction***, 33(33): 12-18.

Mayer R E, Fennell S, Farmer L, et al. 2004. A Personalization effect in multimedia learning: Students learn better when words are in conversational style rather than formal style. ***Journal of Educational Psychology***, 96(2): 389-395.

Mayer R E, Fiorella L. 2014. Principles for reducing extraneous processing in multimedia learning: Coherence, signaling, redundancy, spatial contiguity, and temporal contiguity principles// Mayer R E. ***The Cambridge Handbook of Multimedia Learning (2nd ed.)***. Cambridge: Cambridge University Press: 336-381.

Mayer R E, Sobko K, Mautone P D. 2003. Social cues in multimedia learning: Role of speaker's voice. ***Journal of Educational Psychology***, 95(2): 419-425.

Mcgowan W R, Graham C R. 2009. Factors contributing to improved teaching performance. ***Innovative Higher Education***, 34(3): 161-171.

McIntyre N A, Mainhard M T, Klassen R M. 2017. Are you looking to teach? Cultural, temporal and dynamic insights into expert teacher gaze. ***Learning & Instruction***, 49: 41-53.

McLaren B M, DeLeeuw K E, Mayer R E. 2011. A politeness effect in learning with web-based intelligent tutors. ***International Journal of Human-Computer Studies***, 69(1-2): 70-79.

McLaren B M, Lim S J, Gagnon F, et al. 2006. Studying the effects of personalized language and worked examples in the context of a web-based intelligent tutor. ***Lecture Notes in Computer Science***, 4053: 318-328.

McNeill D. 1992. ***Hand and Mind: What Gestures Reveal about Thought***. Chicago: University of Chicago Press.

Mehrabian A. 1969. Significance of posture and position in the communication of attitude and status relationships. ***Psychological Bulletin***, 71(5): 359-372.

Mehrabian A. 1971. ***Silent Messages***. Belmont: Wadsworth Publishing.

Mercer N, Dawes L. 2014. The study of talk between teachers and students, from the 1970s until the 2010s. ***Oxford Review of Education***, 40(4): 430-445.

Meyrowitz N K. 1986. Intermedia: The architecture and construction of an object-oriented hypermedia system and applications framework. ***Acm Sigplan Notices,*** 21(11): 186-201.

Molenberghs P, Cunnington R, Mattingley J B. 2012. Brain regions with mirror properties: A meta-analysis of 125 human fMRI studies. ***Neuroscience & Biobehavioral Reviews***, 36(1): 341-349.

Montoya R M, Horton R S. 2013. A meta-analytic investigation of the processes underlying the similarity-attraction effect. ***Journal of Social and Personal Relationships***, 30(1): 64-94.

Moors P, Verfaillie K, Daems T, et al. 2016. The effect of head orientation on perceived gaze direction: Revisiting gibson and Pick (1963) and Cline (1967). ***Frontiers in psychology***, 7: 1191.

Moos D C, Azevedo R. 2008. Self-regulated learning with hypermedia: The role of prior domain knowledge. ***Contemporary Educational Psychology***, 33(2): 270-298.

Moreno R. 2007. Optimising learning from animations by minimising cognitive load: Cognitive and affective consequences of signalling and segmentation methods. ***Applied Cognitive Psychology***, 21(6): 765-781.

Moreno R, Mayer R E. 2000. Engaging students in active learning: The case for personalized multimedia messages. ***Journal of Educational Psychology***, 92(4): 724-733.

Moreno R, Mayer R E. 2004. Personalized messages that promote science learning in virtual environments. ***Journal of Educational Psychology***, 96(1): 165-173.

Moreno R, Reislein M, Ozogul G. 2010. Using virtual peers to guide visual attention during learning: A test of the persona hypothesis. ***Journal of Media Psychology***, 22(2): 52-60.

Mortimer E F, Scott P H. 2003. ***Meaning Making in Science Secondary Classrooms***. Milton Keynes: Open University Press.

Müller C. 1998. ***Redebegleitende Gesten: Kulturgeschichte, Theorie, Sprachvergleich***. Berlin: Berlin Verlag.

Muller D A. 2008. ***Designing effective multimedia for physics education***. University of Sydney Australia : 142.

Mundy P, Newell L. 2007. Attention, joint attention, and social cognition. ***Current Directions in Psychological Science***, 16(5): 269-274.

Mundy P, Sigman M, Ungerer J, et al. 1986. Defining the social deficits of autism: The contribution of non-verbal communication measures. ***Journal of Child Psychology and Psychiatry and Allied Disciplines***, 27(5): 657-669.

Myles-Worsley M, Johnston W A, Simons M A. 1988. The influence of expertise on X-ray image processing. ***Journal of Experimental Psychology Learning Memory and Cognition***, 14(3): 553-557.

Nagels A, Kircher T, Steines M, et al. 2015. Feeling addressed! The role of body orientation and co-speech gesture in social communication. ***Human Brain Mapping***, 36(5): 1925-1936.

Nass C, Moon Y. 2000. Machines and mindlessness: Social responses to computers. ***Journal of Social Issues***, 56(1): 81-103.

Neill S R. 1989. The effects of facial expression and posture on children's reported responses to teacher nonverbal communication. ***British Educational Research Journal***, 15(2): 195-204.

Nelson C A. 1994. Neural correlates of recognition memory in the first postnatal year//Coch D, Dawson G, Fischer K. ***Human Behavior, Learning, and the Developing Brain***. New York: Guilford Press: 269-313.

Nelson C A, Haan M D. 1996. Neural correlates of infants' visual responsiveness to facial expressions of emotion. ***Developmental Psychobiology***, 29(7): 577-595.

Niedenthal J. 1997. A history of the people of Bikini following nuclear weapons testing in the Marshall Islands: With recollections and views of elders of Bikini Atoll. ***Health Physics***, 73(1): 28-36.

Niedenthal P M. 2007. Embodying emotion. ***Science,*** 316(5827): 1002-1005.

Niedenthal P M, Barsalou L W, Winkielman P, et al. 2005. Embodiment in attitudes, social perception, and emotion. ***Personality and Social Psychology Review***, 9(3): 184-211.

Nisbett R E, Miyamoto Y. 2005. The influence of culture: Holistic versus analytic perception. ***Trends in Cognitive Sciences***, 9(10): 467-473.

Novack M A, Goldin-Meadow S, Woodward A L. 2015. Learning from gesture: How early does it happen? ***Cognition***, 142: 138-147.

Nuku P, Bekkering H. 2008. Joint attention: Inferring what others perceive (and don't perceive).

Consciousness and cognition, 17(1): 339-349.

Nummenmaa L, Calder A J. 2009. Neural mechanisms of social attention. ***Trends in Cognitive Sciences***, 13(3): 135-143.

Nummenmaa L, Passamonti L, Rowe J, et al. 2010. Connectivity analysis reveals a cortical network for eye gaze perception. ***Cerebral Cortex***, 20: 1780-1787.

Ohman A. 2005. The role of the amygdala in human fear: Automatic detection of threat. ***Psychoneuroendocrinology***, 30(10): 953-958.

Ohman A, Lundqvist D, Esteves F. 2001. The face in the crowd revisited: A threat advantage with schematic stimuli. ***Journal of Personality and Social Psychology***, 80(3): 381-396.

Olafsen K S, Ronning J A, Kaaresen P I, et al. 2006. Joint attention in term and preterm infants at 12 months corrected age: The significance of gender and intervention based on a randomized controlled trial. ***Infant Behavior & Development***, 29(4): 554-563.

Ouwehand K, van Gog T, Paas F. 2015a. Designing effective video-based modeling examples using gaze and gesture cues. ***Educational Technology & Society***, 18(4): 78-88.

Ouwehand K, van Gog T, Paas F. 2015b. Effects of gestures on older adults' learning from video-based models. ***Applied Cognitive Psychology***, 29(1): 115-128.

Ozcelik E, Arslan-Ari I, Cagiltay K. 2010. Why does signaling enhance multimedia learning? Evidence from eye movements. ***Computers in Human Behavior***, 26(1): 110-117.

Paas F. 1992. Training strategies for attaining transfer of problem-solving skill in statistics: A cognitive load approach. ***Journal of Educational Psychology***, 84(4): 429-434.

Paas F, Sweller J. 2012. An evolutionary upgrade of cognitive load theory: Using the human motor system and collaboration to support the learning of complex cognitive tasks. ***Educational Psychology Review***, 24(1): 27-45.

Paas F, Tuovinen J E, Tabbers H, et al. 2003. Cognitive load measurement as a means to advance cognitive load theory. ***Educational Psychologist***, 38(1): 63-71.

Paas F, van Merriënboer J J G. 1993. The efficiency of instructional conditions: An approach to combine mental effort and performance measures. ***Human Factors: The Journal of the Human Factors and Ergonomics Society***, 35(4): 737-743.

Paas F, van Merriënboer J J G. 1994. Instructional control of cognitive load in the training of complex cognitive tasks. ***Educational Psychology Review***, 6(4): 351-371.

Park B, Knörzer L, Plass J L, et al. 2015. Emotional design and positive emotions in multimedia learning: An eyetracking study on the use of anthropomorphisms. ***Computers & Education***, 86(C): 30-42.

Park S Y, Kim S W, Cha S B, et al. 2014. Comparing learning outcomes of video-based E-learning with face-to-face lectures of agricultural engineering courses in Korean agricultural high schools. ***Interactive Learning Environments***, 22(4): 418-428.

Parker E B, Short J, Williams E, et al. 1978. The social psychology of telecommunications. ***Contemporary Sociology***, 7(1): 32.

Paulus M, Murillo E, Sodian B. 2016. When the body reveals the mind: Children's use of others' body orientation to understand their focus of attention. ***Journal of Experimental Child Psychology***, 148: 101-118.

Peeters D, Snijders T M, Hagoort P, et al. 2017. Linking language to the visual world: Neural correlates of comprehending verbal reference to objects through pointing and visual cues. ***Neuropsychologia***, 95: 21-29.

Pelphrey K A, Singerman J D, Allison T, et al. 2003. Brain activation evoked by perception of gaze shifts: The influence of context. ***Neuropsychologia***, 41(2): 156-170.

Perrett D I, Hietanen J K, Oram M W, et al. 1992. Organization and functions of cells responsive to faces in the temporal cortex. ***Philosophical Transactions of the Royal Society B: Biological Sciences***, 335(1273): 23-30.

Pi Z, Hong J. 2016. Learning process and learning outcomes of video podcasts including the instructor and PPT slides: A Chinese case. ***Innovations in Education and Teaching International***, 53(2): 135-144.

Pi Z, Hong J, Yang J. 2017a. Effects of the instructor's pointing gestures on learning performance in video lectures. ***British Journal of Educational Technology***, 48 (4): 1020-1029.

Pi Z, Hong J, Yang J. 2017b. Does instructor's image size in video lectures affect learning outcomes? ***Journal of Computer Assisted Learning***, 33(4): 347-354.

Pi Z, Xu K, Liu C, et al. 2020. Instructor presence in video lectures: Eye gaze matters, but not body orientation. ***Computers & Education***, 144: 103713.

Pi Z, Zhang Y, Yang J, et al. 2019. All roads lead to rome: Instructors' pointing and depictive gestures in video lectures promote learning through different patterns of attention allocation. ***Journal of Nonverbal Behavior***, 43(4): 549-559.

Pi Z, Zhang Y, Zhu F, et al. 2019. Instructors' pointing gestures improve learning regardless of their use of directed gaze in video lectures. ***Computers & Education***, 128(1): 345-352.

Picciano A G. 2002. Beyond student perceptions: Issues of interaction, presence, and performance in an online course. ***Journal of Asynchronous Learning Network***, 6(1): 21-40.

Ping R M, Goldin Meadow S, Beilock S L. 2014. Understanding gesture: Is the listener's motor system involved? ***Journal of Experimental Psychology General***, 143(1): 195-204.

Plass J L, Kaplan U. 2016. Emotional design in digital media for learning. ***Emotions Technology Design & Learning***:131-161.

Plass J L, Heidig S, Hayward E O, et al. 2014. Emotional design in multimedia learning: Effects of shape and color on affect and learning. ***Learning and Instruction***, 29: 128-140.

Pomianowska I, Germeys F, Verfaillie K, et al. 2012. The role of social cues in the deployment of spatial attention: Head-body relationships automatically activate directional spatial codes in a Simon task. ***Frontiers in Integrative Neuroscience***, 6: 1-7.

Posner M I. 1980. Orienting of attention. ***Quarterly Journal of Experimental Psychology***, 32(1): 3-25.

Post L S, van Gog T, Paas F, et al. 2013. Effects of simultaneously observing and making gestures while studying grammar animations on cognitive load and learning. ***Computers in Human Behavior***, 29(4): 1450-1455.

Pourtois G, Grandjean D, Sander D, et al. 2004. Electrophysiological correlates of rapid spatial orienting towards fearful faces. ***Cerebral Cortex***, 14(6): 619-633.

Pouw W, van Gog T, Zwaan R A, et al. 2018. Co-thought gestures in children's mental problem solving: Prevalence and effects on subsequent performance. ***Applied Cognitive Psychology***, 32(1): 66-80.

Quandt L C, Marshall P J, Shipley TF, et al. 2012. Sensitivity of alpha and beta oscillations to sensorimotor characteristics of action: An EEG study of action production and gesture observation. ***Neuropsychologia***, 50(12): 2745-2751.

Reeves B, Lang A, Kim E Y, et al. 1999. The effects of screen size and message content on attention and arousal. ***Media Psychology***, 1(1): 49-67.

Reichelt M, Kämmerer F, Niegemann H M, et al. 2014. Talk to me personally: Personalization of language style in computer-based learning. ***Computers in Human Behavior***, 35(6): 199-210.

Reingold E M, Charness N, Pomplun M, et al. 2001. Visual span in expert chess players: Evidence from eye movements. ***Psychological Science***, 12(1): 48-55.

Renwick M, Shattuck Hufnagel S, Yasinnik Y. 2004. The timing of speech - accompanying gestures with respect to prosody. ***Journal of the Acoustical Society of America***, 5(5): 2397-2402.

Reynolds G D, Richards J E. 2005. Familiarization, attention, and recognition memory in infancy: An event-related potential and cortical source localization study. ***Developmental Psychology***, 41(4): 598-615.

Ribot T. 1903. ***The Psychology of the Emotions***. London: Walter Scott Publishing Co.: 140-177.

Richards J E. 2003. Attention affects the recognition of briefly presented visual stimuli in infants: An ERP study. ***Developmental Science***, 6(3): 312-328.

Riehemann J, Jucks R. 2018. "Address me personally!": On the role of language styles in a MOOC. ***Journal of Computer Assisted Learning***, 34(6): 713-719.

Rizzolatti G, Craighero L. 2004. The mirror-neuron system. ***Annual Review of Neuroscience***, 27(1): 169-192.

Rogers T B, Kuiper N A, Kirker W S. 1977. Self-reference and the encoding of personal information. ***Journal of Personality and Social Psychology***, 35(9): 677-688.

Roscoe R D, Chi M T H. 2008. Tutor learning: The role of explaining and responding to questions. ***Instructional Science***, 36: 321-350.

Rosenberg-Kima R B, Baylor A L, Plant E A, et al. 2007. The importance of interface agent visual presence: Voice alone is less effective in impacting young women's attitudes toward engineering // de Kort Y, I Jsselsteijn W, Midden C, et al. ***Persuasive Technology.*** Heidelberg: Springer: 214-222.

Roth W M. 2001. Gestures: Their role in teaching and learning. ***Review of Educational Research***, 71(3): 365-392.

Roth W M, Welzel M. 2001. From activity to gestures and scientific language. ***Journal of Research in Science Teaching***, 38(1): 103-136.

Rourke L, Anderson T, Garrison D R, et al. 1999. Assessing social presence in asynchronous text-based computer conferencing. ***Journal of Distance Education***, 14(2): 50-71.

Rowe M L, Goldin-Meadow S. 2009. Early gesture selectively predicts later language learning. ***Developmental Science***, 12(1): 182-187.

Rueckert L, Church R B, Avila A, et al. 2017. Gesture enhances learning of a complex statistical concept. ***Cognitive Research Principles & Implications***, 2(1): 2-7.

Sato W, Kochiyama T, Uono S, et al. 2009. Commonalities in the neural mechanisms underlying automatic attentional shifts by gaze, gestures, and symbols. ***NeuroImage***, 45(3): 984-992.

Sawyer R K. 2005. ***The Cambridge Handbook of the Learning Sciences***. Cambridge: Cambridge University Press.

Schreiber B E, Fukuta J, Gordon F. 2010. Live lecture versus video podcast in undergraduate medical education: A randomised controlled trial. ***BMC Medical Education***, 10: 68.

Schunk D H. 1996. ***Learning Theories (2nd ed.)***. Englewood Cliffs: Prentice-Hall.

Schwartz G M, Izard C E, Ansul S E. 1985. The 5-month-old's ability to discriminate facial expressions of emotion. ***Infant Behavior and Development***, 8(1): 65-77.

Senju A, Csibra G. 2008. Gaze following in human infants depends on communicative signals. ***Current Biology***, 18(9): 668-671.

Senju A, Hasegawa T. 2005. Direct gaze captures visuospatial attention. ***Visual Cognition***, 12(1): 127-144.

Senju A, Johnson M H. 2009. The eye contact effect: mechanisms and development. ***Trends in Cognitive Sciences***, 13(3): 127-134.

Shattuck-Hufnagel S, Ren A, Mathew M, et al. 2016. Non-referential gestures in adult and child speech: Are they prosodic? ***8th International Conference on Speech Prosody: Proceedings***, 31: 836-839.

Shea P J, Fredericksen E, Pickett A, et al. 2001. Measures of learning effectiveness in the SUNY learning network//Bourne J, Moore J C. ***Online Education: Learning Effectiveness, Faculty Satisfaction, and Cost Effectiveness***. Needham: Scole: 31-54.

Shepherd S V. 2010. Following gaze: Gaze-following behavior as a window into social cognition. ***Frontiers in Integrative Neuroscience***, 4: 1-13.

Short J, Williams E, Christie B. 1976. ***The Social Psychology of Telecommunications***. London: John Wiley & Sons.

Shum M S. 1998. The role of temporal landmarks in autobiographical memory processes. ***Psychological Bulletin***, 124(3): 423-442.

Sinclair J M, Coulthard R M. 1975. ***Towards An Analysis of Discourse: The English Used by Teachers and Pupils***. Oxford: Oxford University Press.

Singer T, Seymour B, O'Doherty J, et al. 2004. Empathy for pain involves the affective but not sensory components of pain. ***Science***, 303(5661): 1157-1162.

Slessor G, Laird G, Phillips L H, et al. 2010. Age-related differences in gaze following: Does the age of the face matter? ***The Journals of Gerontology Series B: Psychological Sciences and Social Sciences***, 65(5): 536-541.

So W C, Chen-Hui C S, Wei-Shan J L. 2012. Mnemonic effect of iconic gesture and beat gesture in adults and children: Is meaning in gesture important for memory recall? ***Language & Cognitive Processes***, 27(5): 665-681.

Son J Y, Ramos P, Dewolf M, et al. 2018. Exploring the practicing-connections hypothesis: Using gesture to support coordination of ideas in understanding a complex statistical concept. ***Cognitive Research: Principles and Implications***, 3(1): 1-13.

Song Y, Chen X, Hao T, et al. 2019. Exploring two decades of research on classroom dialogue by using bibliometric analysis. ***Computers & Education***, 137(8): 12-31.

Stein T, Senju A, Peelen M V, et al. 2011. Eye contact facilitates awareness of faces during interocular suppression. ***Cognition***, 119(2): 307-311.

Steinfield C W. 1986. Computer-mediated communication in an organizational setting: Explaining task-related and socioemotional uses// McLaughlin M L. ***Communication Year Book 9***. Newbury Park: Sage.

Striano T, Kopp F, Grossmann T, et al. 2006. Eye contact influences neural processing of emotional expressions in 4-month-old infants. ***Social Cognitive and Affective Neuroscience***, 1(2): 87-94.

Stull A T, Fiorella L, Mayer R E. 2018. An eye-tracking analysis of instructor presence in video lectures. ***Computers in Human Behavior***, 88: 263-272.

Sueyoshi A, Hardison D M. 2005. The role of gestures and facial cues in second language listening comprehension. ***Language Learning***, 55(4): 661-699.

Sweller J. 1988. Cognitive load during problem solving: Effects on learning. ***Cognitive Science***, 12(2): 257-285.

Sweller J. 1994. Cognitive load theory, learning difficulty, and instructional design. ***Learning and Instruction***, 4(4): 295-312.

Sweller J, Ayres P, Kalyuga S. 2011. ***Cognitive Load Theory***. New York: Springer.

Sweller J, van Merrienboer J J G, Paas F. 1998. Cognitive architecture and instructional design. ***Educational Psychology Review***, 10(3): 251-296.

Tallent-Runnels M K, Thomas J A, Lan W Y, et al. 2006. Teaching courses online: A review of the research. ***Review of Educational Research***, 76(1): 93-135.

Taylor S E, Peplau L A, Sears D O. 2000. ***Social Psychology (10th ed.)***. Upper Saddle Rive: Prentice Hall.

Teufel C, Alexis D M, Clayton N S, et al. 2010. Mental-state attribution drives rapid, reflexive gaze following. ***Attention, Perception, & Psychophysics***, 72(3): 695-705.

Thayer J, Johnsen B H. 2000. Sex differences in judgement of facial affect: A multivariate analysis of recognition errors. ***Scandinavian Journal of Psychology***, 41(3): 243-246.

Theonas G, Hobbs D, Rigas D. 2008. Employing virtual lecturers' facial expressions in virtual educational environments. ***International Journal of Virtual Reality***, 7: 31-44.

Thomson A, Bridgstock R, Willems C. 2014. "Teachers flipping out" beyond the online lecture: Maximizing the educational potential of video. ***Journal of Learning Design***, 7(3): 67-78.

Tipples J. 2006. Fear and fearfulness potentiate automatic orienting to eye gaze. ***Cognition & Emotion***, 20(2): 309-320.

Tipples J, Atkinson A P, Young A W. 2002. The eyebrow frown: A salient social signal. ***Emotion***, 2(3): 288-296.

Toftness A R, Carpenter S K, Geller J, et al. 2018. Instructor fluency leads to higher confidence in learning, but not better learning. ***Metacognition and Learning***, 13(1): 1-14.

Tomasello M, Carpenter M, Liszkowski U. 2007. A new look at infant pointing. ***Child Development***, 78(3): 705-722.

Tsay-Vogel M, Schwartz M L. 2014. Theorizing parasocial interactions based on authenticity: The development of a media figure classification scheme. ***Psychology of popular media culture***, 3(2): 66.

Tu C H. 2000. On-line learning migration: From social learning theory to social presence theory in a CMC environment. ***Journal of Network and Computer Applications***, 23(1): 27-37.

Tu C H. 2002. The measurement of social presence in an online learning environment. ***International Journal on E-Learning***, 1(2): 34-45.

Tu C H, Corry M. 2004. Online discussion durations impact online social presence//Ferdig R, Crawford C, Carlsen R, et al. ***Proceedings of SITE 2004—Society for Information Technology & Teacher Education International Conference***. Atlanta: Association for the Advancement of Computing in Education: 3073-3077.

Tu C H, McIsaac M. 2002. The relationship of social presence and interaction in online classes. ***American Journal of Distance Education***, 16(3): 131-150.

Tversky B. 2011. Visualizing thought. ***Topics in Cognitive Science***, 3(3): 499-535.

Um E R, Plass J L, Hayward E O, et al. 2012. Emotional design in multimedia learning. ***Journal of Educational Psychology***, 104(2): 485-498.

Urban W M. 1901. The problem of a "logic of the emotions" and affective memory. ***Psychological Review***, 8(3): 360-370.

Valenzeno L, Alibali M W, Klatzky R. 2003. Teachers' gestures facilitate students' learning: A lesson in symmetry. ***Contemporary Educational Psychology***, 28(2): 187-204.

van Gog T. 2014. The signaling (or cueing) principle in multimedia learning//Mayer RE. ***The Cambridge Handbook of Multimedia Learning***. New York: Cambridge University Press: 263-278.

van Gog T, Verveer I, Verveer L. 2014. Learning from video modeling examples: Effects of seeing the human model's face. ***Computers & Education***, 72(1): 323-327.

van Wermeskerken M, Ravensbergen S, van Gog T. 2018. Effects of instructor presence in video modeling examples on attention and learning. ***Computers in Human Behavior***, 89: 430-438.

van Wermeskerken M, van Gog T. 2017. Seeing the instructor's face and gaze in demonstration video examples affects attention allocation but not learning. ***Computers & Education***, 113: 98-107.

Vecera S P, Johnson M H. 1995. Gaze detection and the cortical processing of faces: Evidence from infants and adults. ***Visual Cognition***, 2(1): 59-87.

Vygotsky L S. 1962. ***Thought and Language***. Cambridge: MIT Press.

Vygotsky L S. 1978. ***Mind in Society: Development of Higher Psychological Processes***. Cambridge: Harvard University Press.

Wakabayashi A, Baron-Cohen S, Wheelwright S. 2006. Are autistic traits an independent personality dimension? A study of the Autism-Spectrum Quotient (AQ) and the NEO-PI-R. ***Personality and Individual Differences***, 41(5): 873-883.

Walker-Andrews A S. 1997. Infants' perception of expressive behaviors: differentiation of multimodal information. ***Psychological Bulletin***, 121(3): 437-456.

Walther J B. 1992. Interpersonal effects in computer-mediated interaction. ***Communication Research***, 19(1): 52-90.

Walther J B. 1996. Computer-mediated communication: impersonal, interpersonal, and hyperpersonal interaction. ***Communication Research***, 23(1): 3-43.

Wang L, Chu M. 2013. The role of beat gesture and pitch accent in semantic processing: An ERP study. ***Neuropsychologia***, 51(13): 2847-2855.

Wang Y, Liu Q, Chen W, et al. 2019. Effects of instructor's facial expressions on students' learning with video lectures. ***British Journal of Educational Technology***, 50(3): 1381-1395.

Webb M. 1992. Learning by building rule-based models. ***Computers & Education***, 18(1-3): 89-100.

Wegerif R. 2007. ***Dialogic, Education and Technology: Expanding the Space of Learning***. New York: Springer.

Wicker B, Keysers C, Plailly J, et al. 2003. Both of us disgusted in my insula: The common neural basis of seeing and feeling disgust. ***Neuron***, 40(3): 655-664.

Wilson K E, Martinez M, Mills C, et al. 2018. Instructor presence effect: Liking does not always lead to learning. ***Computers & Education***, 122: 205-220.

Wilson M. 2002. Six views of embodied cognition. ***Psychonomic Bulletin & Review***, 9(4): 625-636.

Winslett G. 2014. What counts as educational video? Working toward best practice alignment between video production approaches and outcomes. ***Australasian Journal of Educational Technology***, 30(5): 487-502.

Wise A, Chang J, Duffy T, et al. 2004. The effects of teacher social presence on student satisfaction, engagement, and learning. ***Journal of Educational Computing Research***, 31(3): 247-271.

Witmer D F. 1997. Risky business: Why people feel safe in sexually explicit online communication. ***Journal of Computer-Mediated Communication***, 2(4).

Wu Y C, Coulson S. 2011. Are depictive gestures like pictures? Commonalities and differences in semantic processing. ***Brain & Language***, 119(3): 184-195.

Yamagishi T. 2001. Trust as a form of social intelligence//Cook K S. ***Russell Sage Foundation Series on Trust, Vol. 2. Trust in Society***. New York: Russell Sage Foundation: 121-147.

Yamagishi T, Yamagishi M. 1994. Trust and commitment in the United States and Japan. ***Motivation & Emotion***, 18(2): 129-166.

Yang J, Andric M, Mathew M M. 2015. The neural basis of hand gesture comprehension: A meta-analysis of functional magnetic resonance imaging studies. ***Neuroscience and Biobehavioral Reviews***, 57: 88-104.

Yang J, Zhu F, Guo P, et al. 2020. Instructors' gestures enhance their teaching experience and performance while recording video lectures. ***Journal of Computer Assisted Learning***, 36(2): 189-198.

Yeo A, Ledesma I, Mitchell J, et al. 2017. Teachers' gestures and students' learning: Sometimes "hands off" is better. ***Cognitive Research: Principles and Implications***, 2(1): 41-52.

Yerrick R, Ross D, Molebash P. 2004. Promoting equity with digital video. ***Learning & Leading with Technology***, 31(4): 16-19.

Yokoyama T, Noguchi Y, Kita S. 2013. Unconscious processing of direct gaze: Evidence from an ERP study. ***Neuropsychologia***, 51(7): 1161-1168.

Zhang D, Zhou L, Briggs R, et al. 2006. Instructional video in e-learning: Assessing the impact of interactive video on learning effectiveness. ***Information & Management***, 43(1): 15-27.